sapientia
サピエンティア 55

イスラエルに関する十の神話

Ten Myths About Israel

イラン・パペ［著］
脇浜義明［訳］

法政大学出版局

イスラエルに関する十の神話◉目次

第三部　未来の虚偽

凡例

一　本書はIlan Pappe, *Ten myths about Israel*, Paris, Verso, 2017の全訳である。
二　『　』は原書の書名イタリック。
三　傍点は原書の強調イタリック。
三　「　」は原書の引用符。
四　（　）［　］は原書に準じる。
五　〔　〕は訳者による補足。
六　原註および訳註は行間に番号（1、2、3……）、〔訳註1、訳註2、訳註3……〕を付して各章末にまとめた。

イスラエルに関する十の神話

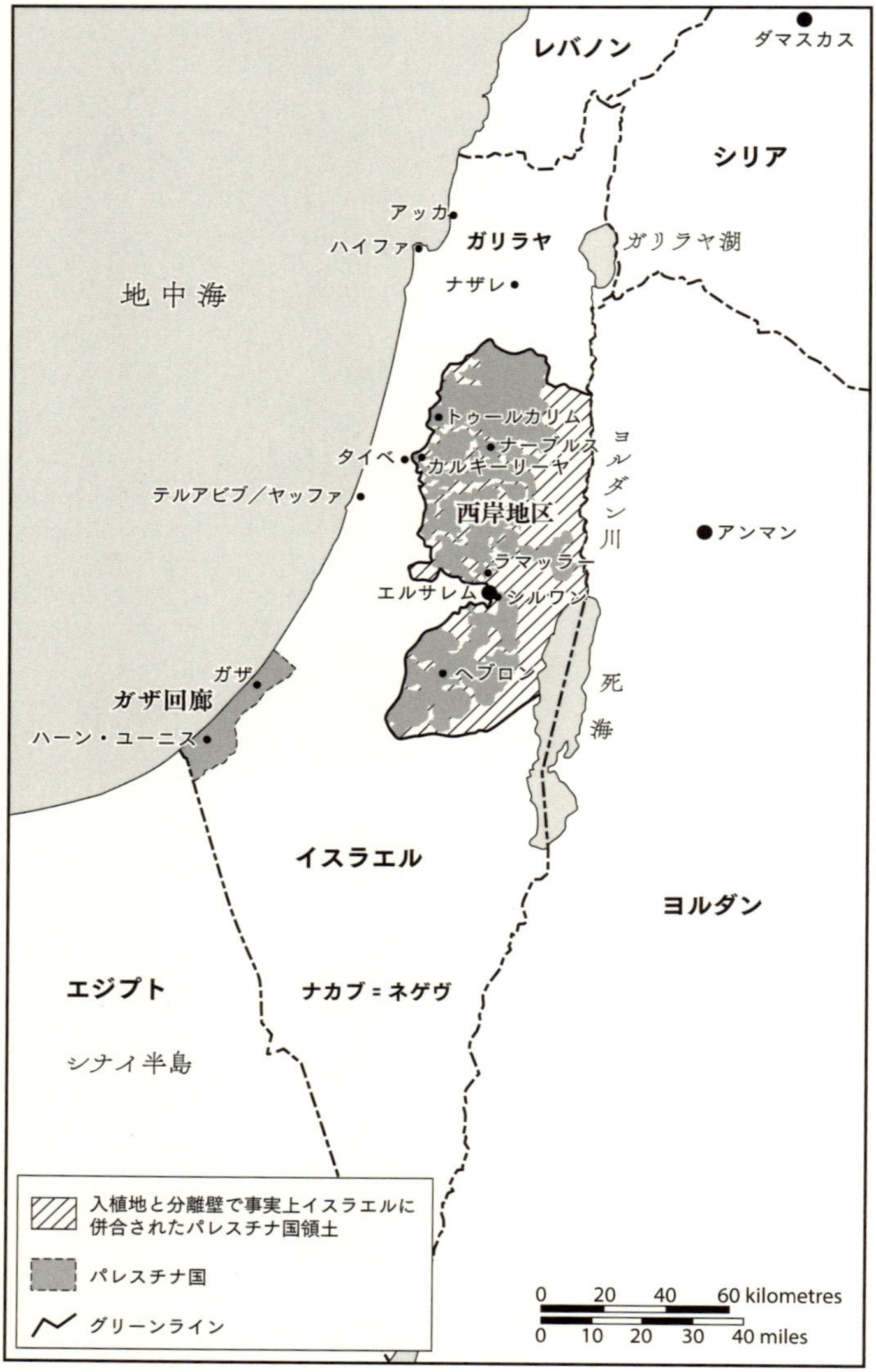

西岸地区のイスラエル入植地

序

あらゆる紛争の根底には歴史がある。その歴史を偏ることなく正確に理解することで紛争解決の可能性が見出せる。しかし歴史を歪曲・操作すると、災いの種を撒くだけである。イスラエル・パレスチナ紛争の場合、歴史、それも誰もが知っている直近の歴史までも故意に歪めて、途方もなく大きな危害を引き起こしている。この意図的な歴史の歪曲が抑圧を強化し、植民・占領政権を擁護しているのだ。だから、偽情報を流して事実を捻じ曲げる政策が昔から現在まで続いているために紛争が永続化し、未来への希望が奪われているのは、驚くには当たらない。

イスラエル・パレスチナの過去と現在に関するでたらめな嘘が作り出されて、紛争の起源を見えなくしている。その一方で、関連事実を絶えず政治的に操作し、現在続いている流血の暴力の犠牲者を逆に加害者として鞭打つ作用が働いている。この逆立ちした状態に対していったいどうすればよいのだろう。

領有を争った地がイスラエル国になったことを、イスラエルの歴史家は、その地におけるパレスチナ人の道義に適った権利主張に巧妙に疑問を投げかけるような神話群で正当化する。欧米の主要メディアや政治家は往々にしてこの神話を当然の真理として受け取り、それに基づいて過去六〇年間以上のイスラエルの行為を正当なものと見做してきた。西洋諸政権がイスラエル建国以来ずっと続いている紛争に真剣に介入するのを渋る傾向にあったのは、この神話の暗黙の受け入れで大方説明できる。

本書は、議論の余地がないと公的に表明されている神話に挑戦する。これらの神話は歴史の歪曲であり、捏造である。歴史的記録の検証を通じて否定できる神話であり、そうしなければならないと、私は思う。本書全体を通じて流れている共通テーマは、一種の社会的通念と化している神話と歴史的事実とを対照的に並置するやり方である。各章は、一つ一つの神話を歴史的真実とされる事実と比較対照し、最新の歴史研究の手法を用いて、以前の歴史家や政治家が社会通念にまで高めた神話の脆さを明らかにしていく。

本書は十の基本的神話あるいは神話群を扱う。それらはイスラエル・パレスチナ問題に関わる者なら誰でも知っている神話である。神話の提示と反論は年代順に行う。

第一章は、十九世紀後半、シオニズムが上陸する前のパレスチナについての神話を取り上げる。パレスチナはほぼ無人の砂漠のようなところで、シオニスト・ユダヤ人によって開発されるのを待つ荒地だったという神話。この神話の虚偽を暴くために、パレスチナには近代化と民族主義化の過程を辿っている社会が存在し、繁栄していたことを論述する。

「民なき地」パレスチナという神話は、第二章で取り上げる「土地なき民」という有名な神話と相関関係にある。ユダヤ人が最初のパレスチナ住民であり、今や世界に離散しているユダヤ人には彼らの「郷土」パレスチナへ「帰還」する権利があり、それはいかなる方法を用いても実現・支援されるに値するというもの。この神話は、一八八二年にパレスチナへやってきたユダヤ人が紀元七〇年頃にローマ軍によって追放されたユダヤ教徒の子孫だというもので、今や社会的通念の一つになっている。しかし、厳密な歴史的・科学的研究と検証によって、ローマ占領下のパレスチナにはユダヤ人が残り、最初はキリスト教徒に、その後イスラム教徒に改宗して暮らしていたことが明らかになった。これらのユダヤ人がどうなったかはまだ解明されていない謎である——ひょっとしたら九世紀にユダヤ教に改宗したハザール人〔訳註1〕だったかもしれないし、ひょっとしたらそのような質問への答えが不可能であるほど長年にわたる人種混合の産物になっているかもしれない。そんなことより重要なのは、第二章で私が論述しているように、シオニズムが生まれる前にパレスチナ・ユダヤ人と世界のユダヤ人を結びつけていたのが、宗教・文化・精神的なもので、政治ではなかったことだ。シオニズム出現前に「パレスチナ帰還」・「ユダヤ人国家」という発想をしたのは十六世紀以前のキリスト教徒であった。十六世紀以後は、プロテスタント（とりわけアングリカン・チャーチ派）の中にそういう考えがあった。〔訳註2〕

第三章では、シオニズムとユダヤ教を等質化する神話、そうすることで反シオニズムを反ユダヤ主義に仕立てあげるからくりを詳述する。ユダヤ教徒のシオニズムに対する態度の歴史と、シオニストがユダヤ教をパレスチナ植民のため、後には政治的戦略のために利用した事実を提示し、この等質化のからくりを解明する。

第四章では、シオニズムは植民地主義ではないという神話を分析する。この神話はシオニズムをリベラルな民族解放運動として描く。これに対して私は、シオニズムを植民地主義、それも南アフリカ、南北アメリカ、オーストラリアと同じような殖民・植民地主義（settler colonial-ism）プロジェクトであると規定する。この対抗的なシオニズムの規定が重要であるのは、シオニズム、後にはイスラエルに対するパレスチナ人の抵抗運動への見方と大いに関係するからである。もしイスラエルが単なる民族主義国家で、やむを得ず自衛しているだけならば、PLOなどのパレスチナ人団体はテロ集団になってしまう。しかしイスラエルを植民地主義国と見るならば、パレスチナ人の闘いは反植民地主義闘争であり、彼らのイメージは、イスラエルやイスラエル支持国が世界世論に植え付けたがっているイメージとはまったく異なるものとなる。

第五章では、有名な一九四八年神話を取り上げ、特にパレスチナ人は自発的に郷土を放棄したというシオニストの主張が全くの嘘であることが歴史的研究で明らかにされていることを、読者に確認してもらう目的で書いた。一九四八年に関連するその他の神話もこの章で論じている。

過去の神話に関する最終章では、一九六七年戦争はイスラエルに押し付けられたものであり、「やむを得ない」自衛戦争だったという神話を解体する。私は、この戦争を一九四八年戦争で取りこぼしたパレスチナ奪取の仕上げを試みたものと考えている。西岸地区とガザ回廊の占領はすでに一九四八年に計画されており、一九六七年六月のエジプトの向こう見ずな決定を歴史的チャンスと見て、未完だった計画を実行したのである。〔訳註3〕占領後イスラエルがとった諸政策を見れば、この戦争が突発的に巻き込まれた戦争ではなく、最初から計画されていたものであることがわかることを論述する。

第七章からは現在を扱う。イスラエルが民主主義国かそれとも非民主主義国かという設問を設定し、イスラエル内パレスチナ人や占領地パレスチナ人（両方合わせてイスラエルが統治する人口の半分になる）の地位や処遇を検討し、答えが後者であることを実証する。

第八章はオスロー合意プロセスを扱う。オスロー合意調印からほぼ四半世紀、今やその欺瞞性が明確に見えている。それが単に挫折した和平協定だったのか、それとも占領強化のための巧妙な策略だったのかを考察する。

同じことがガザ回廊についてもいえる。ガザの人々の悲惨な状態はテロ組織ハマース政権のためだという西側とその同盟国で広く受け入れられている神話を、第九章で検討する。私はその神話と異なる立場に立ち、二十世紀末以降ガザで本当に起こったことを記述して、神話の欺瞞の仮面を剝ぐ。

最後の第十章では、二国解決案を唯一の道とする神話を批判する。この解決案に関する活動家や研究者の優れた批判はかなり多く、オールタナティブも提起されている。近年このオールタナティブが、従来のパレスチナ分離二国案に対し、無視できない重みを増してきている。

巻末には、読者に私の議論を歴史的文脈の中で理解してもらうための参考として、イスラエル・パレスチナ紛争の略年表を付した。

本書が、この問題の初心者にとっても、永年の活動や研究を通して豊かな経験を持っている人にとっても役に立つ書になることが、私の希望である。これは、イスラエル・パレスチナ問題という常に新鮮な要素や性格を孕む紛争に関心を持ち、関与する人々に向けて書いた本である。いわゆる中立的記述を装う本ではなく、イスラエル・パレスチナの地で被植民地人化され、占領と抑圧の犠牲になっている人々の方に加勢する努力の一つである。もしシオニズムの提唱者あるいはイスラエルに忠実な人が本書で展開した議論に関わる気になってくれれば、なによりの幸せである。なにしろ、著者の私はイスラエル人で、パレスチナ社会と同じようにイスラエル社会のことを心配しているからである。この国の不正を支える神話の間違いを明らかにすることは、この国に住む人々、この国に住もうと思う人々にとって、有益であるはずである。そうすることで、現在一つの特権的グループだけが享受している偉大なる成果をこの国に住むすべての人々が享受する方向へ向かう基礎を形成することができるだろう。

さらに私は、本書が、パレスチナの解放と理想にコミットすると同時にパレスチナに関する知識を持つことも重要であると認識する活動家諸君にとって、有効なツールとなることを望んでいる。長年にわたって多くの研究者たちが世に出してきた素晴らしい研究成果があるおかげで、本書を書きあげることができた。それらのような知識の宝庫の代用にはならないが、そういう世界への入門書となれば幸甚である。

現代のアカデミズムを蝕んでいる病気——実践的参加や献身的関与は学問研究の卓越性を破壊するという発想や束縛から解放されることを願う学生や研究者には、ぜひ本書を読んでもらいたい。私がこれまで接してきた学生や院生の中の最良の人々は、みな運動に参加し献身的に関与していた。本書は未来の研究者たちに象牙の塔を出て社会と再接触するように、慎み深く呼びかけるものである。研究というもの——テーマが地球温暖化であろうと貧困であろうとパレスチナであろうと——は、本来社会のために為すものであるから、学生や研究者たちは堂々と社会参加を打ち出すべきである。もっとも大学にそれを支援する準備がない場合は、仕方がない。敵対的論争が多いテーマに取り組むときに、いわゆる「中立で、客観的な学問研究」という体裁を採る狡さも必要だろう。偽りの装いを自覚しながら、真実の探求を行うという叡智が必要な世の中なのだから。

一般の人々に対しては、本書は非常に複雑に見えることが多い問題（確かにそういう部分もあるが）を簡略に説明する本となるだろう。簡略にというのは、正義と人権の観点からわかり易く、という意味である。

最後に、本書によって過去及び現在のイスラエル・パレスチナ問題の根底にある大きな誤解が少しでも解かれることが、私の希望である。歪曲と代々受け継がれている思い込みを検証というふるいにかけない限り、それらがパレスチナの地の非人間的現政権に免罪符を与え続ける。最新の研究成果に照らしてそれらがいかに歴史的真実とかけ離れたものであるかを明らかにし、偽りの歴史を正すことが、イスラエル・パレスチナ紛争における和解と和平の可能性に影響をおよぼすだろう。

註

〔訳註1〕七世紀～十世紀にかけてカスピ海北部からコーカサス、黒海沿いで栄えた遊牧民で、八世紀にイスラムに、九世紀初頭にユダヤ教に改宗した。

〔訳註2〕宗教改革によって聖書が身近なものとなり、プロテスタント・キリスト教徒は『旧約聖書』を歴史解釈の手本とし、パレスチナをユダヤ人の国と考える傾向が出てきた。オリヴァー・クロムウェルはパレスチナにユダヤ人が帰還すればキリスト再臨の序曲になると言ったと伝えられる。現在では親イスラエルの米国右翼キリスト教原理主義福音派は、世界はいったんユダヤ人が征服するが、キリスト再臨によってユダヤ教徒はキリスト教に改宗するか、しない者は皆殺しになるという教義を唱えている。

〔訳註3〕六月戦争の糸口になったのは、イスラエルが「ナーセル主義」と非難した新シリア政権（エジプトとの連合解消の後のバアス党政権）に対して挑発的態度をとり、ソ連の諜報機関が五月にイスラエルのシリア攻撃があるかもしれないとナーセルに警告したこと。エジプトは前線に軍を集結し、アラブ的な大言壮語を放送してイスラエルを威嚇しただけで、先に戦争を仕掛けたわけではない。ところが、西側との全面衝突を恐れたソ連がナーセルに先制攻撃をするなと警告、イスラエルの先制攻撃がないかのような印象を与えた。エジプトは防衛態勢を解除し、先制攻撃したイスラエル軍はチラン海峡に機雷敷設もなく、基地に飛行機カモフラージュもない無防備さに驚いたほどであった。(Isaac Deutscher, "The Israeli-Arab War, June 1967," *New Left Review*, 23 June 1967)

第一部　過去の虚偽

第一章　パレスチナは無人の地であった

現在イスラエルまたはパレスチナと呼ばれている地政学的空間は、古代ローマ時代以降ずっと一つの国として認められてきたところである。その地が大昔にどんな地位・状態にあったかは、聖書記述に歴史的価値を認めない人々と聖書を歴史的記録だと主張する人々の間の激しい論争テーマであった。古代ローマによる征服以前のこの国の存在意義は続く数章で記述するが、この国にパレスチナという名を与えたのが古代ローマ人であったことは、歴史研究者の間ではぼ一致した見解のようである。この地をパレスチナと呼んだ文献の中で古代ローマの文献が一番古いからだ。ローマ帝国時代、後にはビザンティン帝国時代、パレスチナはそれらの帝国の属地で、その命運はそれら帝国の興亡に大きく左右された。

七世紀中葉以降パレスチナの歴史はアラブ・ムスリム世界（十字軍の支配下に入った中世の一時期を除いて）と密接に結びついていた。北方、東方、南方に成立した様々なムスリム帝国や王朝がパレスチナを統治したがった。何しろパレスチナは、メッカやメディナに次いで第二のイスラム聖地であったからだ。それ以外にも、パレスチナの肥沃性や戦略的位置が彼らを惹きつけた。それらの帝国や王朝が残した豊かな文化遺産は今でもイスラエル・パレスチナのところどころに見られる。ただ、同地における考古学的発掘や研究はもっぱら古代ローマ時代やユダヤ教の遺跡が優先され、ムスリムのマムルーク王朝（一二五〇〜一五一七年）やセルジューク朝（一〇三八〜一三〇八年）の遺跡発掘は手が付けられていない。

現代のイスラエルとパレスチナを理解するうえでもっと重要なのは、一五一七年にパレスチナを属領にしたオスマン帝国の時代である。四〇〇年間にわたるオスマン帝国の統治の痕跡は今も感じ取れる。たとえば、イスラエルの法制度、宗教裁判記録（シッジル）、土地登記（タプ）、いくつかの建築物などがオスマン・トルコの影響を物語っている。オスマン・トルコ人がやってきたとき、パレスチナは主としてスンニ派ムスリム農民の社会で、一部アラビア語を話す都市部のエリートがいるだけだった。ユダヤ教徒の人口は五％以下、キリスト教徒の人口は一〇〜一五％であった。ヨナタン・メンデル〔訳註1〕を引用すると、

シオニズムがやってくる前にパレスチナに住んでいたユダヤ教徒の人口は正確にはわからない。おそらく、二〜五％であっただろう。オスマン帝国の記録によると、現在イスラエ

ル・パレスチナとなっている地域の一八七八年時点の人口は四六万二四六五人で、その内訳はムスリムが四〇万三七九五人（八七％）、キリスト教徒が四万六六五九人、ユダヤ教徒が一万一一一人（三％）であった。(1)

当時世界のユダヤ人社会はパレスチナを聖書に描かれている聖地と見ていた。ユダヤ教では巡礼がキリスト教やイスラム教におけるような位置づけをされていなかったが、それでも巡礼を信仰上の義務と考えるユダヤ教徒もいて、少人数でパレスチナ参りをしていた。後述するが、宗教的理由でユダヤ教徒のパレスチナ永住を望んだのは主としてキリスト教徒であった。イスラエル外務省の公式ウェブサイトに記述されている十六世紀以降のパレスチナの歴史を読めば、ヨナタンの記述がオスマン帝国統治下四〇〇年間のパレスチナだとは思えなくなるだろう。

一五一七年オスマン・トルコの征服によって、パレスチナの地は四地域に分けられ、行政上はダマスカス県に入れられ、イスタンブールから統治された。オスマン時代が始まった頃、約一〇〇〇世帯のユダヤ人が、主としてエルサレム、ナーブルス（シェケム）、ヘブロン、ガザ、サファド（ツファット）、ガリラヤ地方の村々に住んでいた。ユダヤ人社会は先祖代々パレスチナの地に住んでいたユダヤ人の子孫と北アフリカやヨーロッパからの移住者から成っていた。

オスマン帝国を最盛期に導いた大帝スレイマン一世が没した一五六六年まで統治が順調であったため、ユダヤ人移民が促進され増加した。新移民の一部はエルサレムに定住したが、大多数はサファドに住み着いた。サファドのユダヤ人人口は、十六世紀中葉までに、約一万人に増加、織物産業を興隆させた。(2)

この記述を読むと、十六世紀のパレスチナはほぼユダヤ人が主人公で、パレスチナの通商は引用文で挙げられた町々のユダヤ人コミュニティが中心になって担っていたような印象を受ける。では、その後どうなったのか？　再び外務省ウェブを見よう。

オスマン帝国の統治力が次第に衰弱し、パレスチナは放置されるようになった。十八世紀末頃には、パレスチナの土地の多くは不在地主が所有し、貧しい小作農民に貸し出していた。徴税は気紛れで苛酷、社会はどんどん衰退していった。ガリラヤの森林やカルメル山岳地帯の樹木がなくなり、砂漠と湿地が農地に押し寄せた。

この説明だと、パレスチナは一八〇〇年までに砂漠になっていて、そこに住んでいない農民が自分の所有していない干乾びた土地をなんとかして耕していたことになる。そこは一つの島のようで、かなりの数のユダヤ人が住んでいて、外からオスマン帝国に支配され、帝国のいい加減な属領支配で土地の肥沃さが失われていった。年々土地が痩せていき、森林破壊が進み、農地が砂漠化していった。この捏造されたパレスチナ像は、イスラエル政府の公式ウェブサイトを通じて、広範に広まった。

この出鱈目な話をウェブに書いた役人たちは、イスラエルの歴史研究者に従って書いたわけではない。大方の学者はそのような説明を正しいと認めて支持することに躊躇した。それどころか、かなりの数の研究者、たとえばダヴィド・グロスマン（有名作家のグロスマンでなく、人口統計学者のグロスマン）、アムノン・コーエン〔訳註2〕、イエホシュア・ベン＝アリー〔訳註3〕などは政府公式ウェブサイトの記述を批判した。彼らは、パレスチナは砂漠地どころか、数世紀にわたって繁栄したアラブ人社会だった——主としてムスリム社会で、全般的に農村社会だったが、ところどころに活気に溢れた都市も散在していた、という研究成果を発表した。

これらの反証があるにもかかわらず、公式ウェブサイトの歴史物語が、イスラエルの学校教育カリキュラムやメディアを通じて、学問的研究業績はぱっとしないが教育制度に大きな影響力を持つ亜流学者たちによって、今でも一般国民や外国人に伝播されている[3]。外国、とりわけ米国では、シオニズムが上陸する前の約束の地は荒涼とした無人の荒地であったという解釈が今だに根強くはびこっているので、きちんと対処する必要があるだろう。

事実検証こそが一番の方法だ。事実検証から浮かび上がってくるのは、イスラエル政府の公式ウェブサイトの歴史物語とはまったく異なる物語である。オスマン帝国時代のパレスチナは周囲のアラブ社会と同じような社会であった。パレスチナ人は孤立した人々ではなく、広大なオスマン帝国の一部として他国や他民族と文化的・経済的に交流していた。彼らは時代の変化と近代化にも心を開いていて、シオニズム到来のずっと以前から、すでにネーション（民族、国民）意識を発展させ始めていた。ザーヒル・アル＝ウマル〔訳註4〕（一六九〇～一七〇五年）のような精力的な地方豪族たちによって、ハイファ、シエファ＝アムル、ティベリア、アッカなどが刷新され、繁栄した。地中海沿岸の町々はヨーロッパとの交易で栄え、内陸部平原の町々も近隣諸国との交易で賑わった。パレスチナは不毛の砂漠どころか、ビラード・アッ＝シャーム（北の地）の繁栄部分、あるいは絶頂期のレバーント〔訳註5〕の一部であった。農産業、小都市群、歴史的都市などが、シオニスト上陸前のパレスチナの五〇万の住民を支えていた。(4)

十九世紀末においては、五〇万人はかなり大きな人口で、前述したように、そのうちユダヤ人の人口はわずかであった。しかもそのユダヤ人住民たちが当時のシオニズムが推進する運動に反対していたことは、注目に値する。パレスチナ人のほとんどは農村地帯の村落に住んでいた。村落の数は約一〇〇〇村。裕福な都市エリートは沿岸都市、内陸部平原の都市、山岳地帯の都市に屋敷を構えていた。

今では、シオニストによる植民地化前のパレスチナ住民がどのような自己認識をしていたかについては、研究の結果かなり理解が深まっている。他の中東地域、あるいは中東以外の地と同じように、パレスチナ社会も、十九世紀〜二十世紀の支配的な概念——ネーション——の影響を受けていた。世界の各地と同じように、この新しい自己表現様式を発展させる力が、パレスチナでも、内部的にも外部との関係からも、働いていた。中東に民族主義的思想を持ち込んだのは、一部は米国人宣教師だった。十九世紀初頭にパレスチナ入りした彼らの使命はもちろん住民をキリスト教に改宗させることであったが、同時に民族自決という新しい考え方を伝播した。何しろ彼らは世界で一番新しい独立国を代表していたのだった。パレスチナ人知識人は、他のアラブ地域の知識人と同じように、この民族主義・民族自決ドクトリンを吸収し、定式化していった。彼らはオスマン帝国属領内での自治権拡大、独立国家樹立を願望した。〔訳註6〕

オスマン帝国側でも、十九世紀中葉頃には、知識人や政治家実力者は、オスマン主義をトルコ人中心主義と同一視する浪漫主義的民族主義思想を発展させていた。このトルコ民族主義化プロセスには十九世紀後半の世俗化プロセスが伴い、そのためイスタンブールに集中していた宗教的権威が次第に弱体化していった。

アラブ世界では、民族主義化の一部として世俗化が進行した。当然のことだが、キリスト教徒などのマイノリティも、共通の領土、言語、歴史、文化を基盤とする世俗主義的・民族的アイデンティティを歓迎した。〔訳註7〕パレスチナではキリスト教徒も民族主義に熱中し、ムスリム実力者や著名人と熱い同盟関係を結び、第一次世界大戦末期には、パレスチナの各所で、ムスリム・クリスチャン協会が誕生していた。アラブ世界では、ユダヤ教徒も同じような異宗教活動家たちの連合に加わっていた。もし、シオニズムがパレスチナ・ユダヤ人社会に全面的忠誠を強要していなかったら、パレスチナでも同じことが起こっていたであろう。

シオニズム到来前のパレスチナ民族主義に関する丁寧で包括的な研究は、ムハンマド・ムスリフやラシード・ハーリデイなどのパレスチナ人歴史研究者の作品に見られる。(5)彼らの研究は、すでに一八八二年以前からパレスチナの指導層も一般大衆もある種の民族的感情と民族的運動を発展させていたことを明らかにしている。特にハーリデイは、その新生民族主義を構成するものとして、愛国的感情、郷土への忠誠、アラブ主義、宗教的感情、高度な教育と知識を挙げ、それが後年シオニズムへの抵抗によっていっそう強化されていったことを説明している。

なによりもハーリデイが論証したのは、一九一七年に英国がユダヤ人民族郷土建設を約束し〔訳註8〕たために、シオニズムがパレスチナで頭角を現す前に、近代化、オスマン帝国崩壊、ヨーロッパ列強の中東への領土的野心がパレスチナ民族主義を強化していったプロセスである。このパレスチナ人アイデンティティの出現によって、地理的・文化的統一体としてのパレスチナが成立し、後にはそれが政治的統一体となった。もちろん国家として存在したわけではなかったが、パレスチナという文化的実体は確実に存在し、住民たちもそれに所属しているという統一的感情を抱いていた。『フィラスティーン』という新聞〔訳註9〕には、住民たちが自分たちの国を命名する有様が報道されている。(6) パレスチナ人はアラビア語パレスチナ方言をしゃべり、独自の習慣と宗教儀式を持ち、世界地図にパレスチナと表記される国で生活していた。

十九世紀の間にオスマン帝国の首都イスタンブール発の行政区改革の影響で、パレスチナは、近隣地域と同じように、一つの地理的統一体としてのまとまりを得た。そのため、パレスチナの有力者たちは統一シリア、あるいは統一アラブ国と呼んでもいいが、その内部でより強い独立性を求めるようになった。この統一シリアとか統一アラブという汎アラブ主義運動はアラビア語で「カウミーヤ」(qawmiyya) と呼ばれ、パレスチナでも他のアラブ地域でも民衆から歓迎された。

有名な、いや悪名高い一九一六年の英・仏のサイクス・ピコ条約〔訳註8参照。露は革命後条約破棄〕に従って、二大植民地主義大国は中東地域をいくつかの新国民国家に分割した。分割の結果、時の経過の中で、新しいもっと地域的な民族主義が生まれていった。アラビア語で

「ワタニーヤ」(wataniyya)と呼ばれるものである。パレスチナも自らを一つの独立アラブ人国と見る雰囲気であった。シオニズムがやって来なければ、パレスチナはレバノン、ヨルダン、シリアと同じように近代化と発展のプロセスを辿っていたであろう。[7] 実際、その徴候は、前述した十九世紀後半のオスマン帝国の行政区改革の影響で、すでに一九一六年に始まっていた。行政区改革とは、一八七二年イスタンブール中央政府がエルサレムをサンジャック(行政区としての県)に昇格させ、パレスチナに地理的統一性を持つ区域を作り上げたことだ。そればかりか、帝国政府は県よりも下位地域であるナーブルス地区やアッカ地区など、今日我々がパレスチナと見ている多くの地区をエルサレム県に包含させることを、漠然と考えていたようである。もしそれが実行されていたら、パレスチナに、エジプトのように、一つの地理的統一体が生じ、もっと早くから独自の民族主義が誕生していたであろう。[8]

この行政区改革は地域を北部(ベイルートが支配)と南部(エルサレムが支配)に分割するものであったが、それでもパレスチナは小さな地方的下位行政区が分散する周辺的地位から、全体として一つのまとまりを持つ行政区へと昇格した。一九一八年にオスマン帝国が崩壊し、パレスチナが英国統治下に置かれたとき、北部・南部の分割がなくなって一つのまとまりとなった。同様に、同じ年、英国はモースル、バグダッド、バスラの旧オスマン帝国の三県を統合、近代イラクの基礎を作った。パレスチナではイラクのような人為的な編成はなかったが、地理的境界（北部のリタニ川、東部のヨルダン川、西部の地中海）を超える親族的つながりの働きで、南ベイルート、ナーブルス、エルサレムの三下位地区がまとまって一つの社会的・文化的統一体が誕生した。この地理的空間は独自の方言と、習慣と、民間伝承を共有していたのだった。(9)

だから一九一八年のパレスチナはオスマン帝国時代のパレスチナよりもまとまり、住民の一体感があった。それが、後に大きな変化を蒙ることになったのだ。一九二三年に正式にパレスチナ委任統治を開始した英国は、国際連盟による最終的なパレスチナ地位決定を待っている間に、民族運動の活動の場、住民の帰属感の対象となる地理的スペースの輪郭を明確にしようと、国境線に関する国際交渉に尽力した。おかげで、どこからどこまでがパレスチナかはかなりはっきりしたが、はっきりしなかったのは、それが誰のパレスチナであるのか、つまり先住民パレスチナ人のパレスチナか、新規参入ユダヤ人入植者のパレスチナか、ということであった。この委任統治国が演じた決定的な皮肉は、国境線明確化がシオニズム運動の「エレツ・イスラエル」（イスラエルの地）――ユダヤ人だけが土地と資源に対して権利をもつ――思想に、具体的な地理的概念を提供したことだった。

従って、パレスチナは無人の地ではなかった。十九世紀に近代化と民族主義化の過程にあった、豊かで肥沃な東地中海世界の一部であった。それは開墾されるのを待っていた荒地ではなかった。近代化への変化が持つ悪い点も良い点も合わせ備えた社会として二十世紀を迎えようとしていた、一つの牧歌的社会であった。それがシオニスト運動による植民地化という大きな変化を被り、先住民たちに大災難が降りかかったのである。

註

（1）Jonathan Mendel, *The Creation of Israeli Arabic: Political and Security Considerations in the Making of Arabic Language Studies in Israel*, London: Palgrave Macmillan, 2014, p. 188.

（2）外務省公式ウェブサイト mfa.giv.il から。

（3）一例を紹介すると、オスマン帝国下エルサレムの歴史に関する高等学校教育カリキュラムが、cms.education.gov.il で見られる。

（4）交易に関する研究については、Beshara Doumani, *Rediscovering Palestine: Merchants and Peasants in Jabal Nablus, 1700-1900*, Berkeley: University of California Press, 1995を参照されたい。

（5）Rashid Khalidi, *Palestinian Identity: The Construction of Modern National Consciousness*, New York: Columbia University Press, 2010; Muhammad Muslih, *The Origin of Palestinian Nationalism*, Institute for Palestine Studies, 1989.

（6）この新聞についての詳細及びそれの民族運動への貢献については、Khalidi, *Palestinian Identity* を参照されたい。

（7）Salim Tamari の論文集 *The Mountain Against the Sea: Essays on Palestinian Society and Culture*, Berkeley:

University of California Press, 2008がシオニズムに阻害されなかった場合のパレスチナ近代化の可能性について見事に論じている。
（8）Butrus Abu-manneh, "The Rise of the Sanjak of Jerusalem in the Nineteenth Century," in Ilan Pappe (ed.), *The Israel/Palestine Question*, London and New York: Routledge, 2007, pp. 40-50を参照されたい。
（9）より詳しくは、Ilan Pappe, *A History of Modern Palestine: One Land, Two Peoples*, Cambridge: Cambridge University Press, 2006, pp. 14-60を参照されたい。

〔訳註1〕ケンブリッジ大学でアラブ学を学び、オックスフォード大学の研究グループである「イスラエル戦略フォーラム」の責任者を務めた。現在ネゲヴのベン＝グリオン大学で教えている。英国委任統治時代のアラブ学へのドイツ・オリエンタリズムの影響の研究で有名。

〔訳註2〕一九六〇年、旧ソ連サマルカンド生まれ。一九七三年にイスラエルへ移民。一九九九〜二〇一五年シャス党国会議員。

〔訳註3〕地理学者。ヘブライ大学名誉教授。

〔訳註4〕ベドウィン系パレスチナ・アラブ人で、名目上はオスマン帝国属領だが事実上の自治国家としてパレスチナ北部を統治。彼の統治下でアッカはヨーロッパとの綿布交易センターとなった。

〔訳註5〕主に十五世紀にヨーロッパ交易で栄えた地中海東側沿岸諸都市を表す言葉で、仏語lever（上る）を語源とする「陽が上る地」。レバーントは現在のアラブ・ユダヤ対立を止揚する言葉として使われることがある。cf. Ammiel Alcalay, *After Jews and Arabs: Remaking Levantine Cultures*, University of Minnesota Press, 1993.

〔訳註6〕オスマン帝国内では宗教、民族の別にかかわらず、住民全ての平等を基礎に、政治的一体性を維持するという考え方。

〔訳註7〕「そもそも、パレスチナの住民を『ユダヤ人』と『非ユダヤ人』に二分する考え方は、ヨーロッパから持ち込まれたものなのだ。現地の人々が『アラブ人』という場合は、ムスリム、キリスト教徒だけでなく、ユダヤ教徒もふくんでいた。」（奈良本英佑著『君はパレスチナを知っているか』、はるぷ社、一九九七）

〔訳註8〕ユダヤ人の戦争協力をとりつけるために、パレスチナにユダヤ民族郷土建設を約束したバルフォア宣言のこと。前年の一九一六年には、英、仏、露で戦後の領土分割を決めたサイクス・ピコ秘密条約を結び、さらにその前年にはアラブの協力をとりつけるために、アラブ独立国建設を約束するマクマホン書簡を出すなどの英国の三枚舌外交が、パレスチナ問題ばかりか、現在のＩＳＩＳ問題などの元凶となった。

〔訳註9〕一九一一～一九六七。オスマン帝国下、英国委任統治下で最も影響力があった日刊紙で、アラビア語版と英語版があった。反シオニズム、パレスチナ民族主義を基調としていた。

第二章　ユダヤ人は土地なき民族であった

前章で論じた「パレスチナは無人の地であった」という神話は本章のテーマ「ユダヤ人は土地なき民族であった」という神話と表裏一体の関係にある。

そもそも、ユダヤ人入植者は一つの民族だったのか？　ユダヤ人が民族かどうかは何年も昔に提起された疑問だが、最近の研究で再びそれが取り上げられた。よく知られたこの重要問題は、シュロモー・ザンド〔訳註1〕著『ユダヤ民族の発明』(1)（*The Invention of the Jewish People*）の中で見事にまとめられている。ザンドは、近代史のある時点でキリスト教世界が、自分たちの都合のために、ユダヤ教徒はいつの日か聖地へ帰還すべき民族であるという考え方を支持した、と書いている。彼によれば、この帰還は終末へ向かっての神の企図の一部で、それには死者の蘇りとメシア（キリスト）の再臨を伴う。〔訳註2〕

十六世紀に起こった宗教改革がもたらした神学的・宗教的大激動から、千年王国《ミレニアム》〔訳註3〕の終わりとユダヤ教徒のパレスチナ帰還及びキリスト教への改宗という道筋が、特にプロテスタントの間に生まれた。十六世紀英国の聖職者トーマス・ブライトマンは「彼ら〔ユダヤ教徒〕は再びエルサレムへ戻る。それは明らかである。預言者たちが至る所でそれを語り、確認している」と書いた。(2) ブライトンは神の約束の実現を望んだだけではない。彼の後に続く多くの宗教者と同じように、ユダヤ教徒がキリスト教に改宗するか、そうしないなら一斉にヨーロッパから出て行くことを望んだ。一〇〇年後には、ドイツの神学者で自然哲学者のハインリッヒ・オルデンブルグが、「人間に関する事柄に必然的に付き纏う変化が機会を提供することがあれば、〔ユダヤ教徒が〕王国を再び立ち上げることだってあるだろう……再び神が彼らを選ぶかもしれない」と書いた。(3) オーストリア・ハンガリー帝国陸軍元帥であったリーニュ侯爵シャルル・ジョゼフは十八世紀後半に次のように書いた。

私はユダヤ教徒がキリスト教徒に改宗することはないと思う。彼らはどこにいても民族の中の民族、国民の中の国民を絶えず形成するだろう。だから、単純に彼らを大昔に追い出された場所に戻すことが、最善策だと私は思う。(4)

この引用文から読み取れるように、これらシオニズム形成的発想と伝統的な反ユダヤ主義の間の関連は明らかであった。

ほぼ同じ時期に、著名なフランス人作家で政治家のフランソワ＝ルネ・ド・シャトーブリアンが、ユダヤ人は「ユダヤの地の正統的な主人」〔訳註4〕だと書いた。〔訳註5〕ナポレオン・ボナパルトは彼の影響を受けた。十九世紀初頭、中東征服の過程で、パレスチナの住民はもちろん、ユダヤ教徒コミュニティの協力を得ることを望んだ。彼はユダヤ教徒に「パレスチナへの帰還」とユダヤ人国家樹立を約束した。(5) これらのことからわかるように、シオニズムはユダヤ人の入植運動になる前に、キリスト教徒の植民地プロジェクトだったのである。

これら外見上は宗教的で神話的な発想が植民地主義と強奪という現実的計画に具体化する不吉な徴候が見え始めたのは、一八二〇年代のビクトリア時代の英国においてであった。パレスチナを奪取してキリスト教領とする戦略計画の真ん中に、ユダヤ教徒をパレスチナへ帰還させるという神学的・帝国的な運動が出現していた。この考え方は十九世紀の英国でどんどん盛り上がり、大英帝国の公式政策に影響を与えた。「パレスチナの地は……そこから追放された子どもたちの帰還を待っている。農業だけでなく工業も応用すれば、〔パレスチナは〕再び全般的繁栄へと返り咲き、ソロモンの時代のパレスチナが再来する……」と、スコットランドの貴族で軍司令官であったジョン・リンゼイが書いた。(6) この思いは英国人思想家デイヴィッド・ハートリーの作品にも反映されていた。「ユダヤ民族はパレスチナへ戻れば再建されるかもしれな

い」と、彼は書いた。(7)

しかし、ユダヤ人をパレスチナに送還する計画は、米合衆国が参加するまで、必ずしも順調に進んだわけではなかった。米国も、ユダヤ民族はパレスチナへ帰ってシオンを建設する権利があるという考え方を引き継いだ。ヨーロッパでプロテスタントがその考えを吹聴していたとき、大西洋の反対側でもそれが現れていたのだ。米大統領ジョン・アダムズ(一七三五〜一八二六年)は「私はユダヤ人がヘロデ王国があったユダヤの地で再び独立国家を作ることを望む」と言った。(8) この思想を語った聖職者たちの単純な発想が、パレスチナの運命を変える力を持った世俗的権力者へとつながっていったのだ。その権力者たちの中で特筆すべき人物は第七代シャフツベリ伯爵(アントニー・アシュリー=クーパー、一八〇一〜一八八五年)であろう。〔訳註6〕彼は、パレスチナにおける英国のプレゼンスを高めることは宗教的であると同時に戦略的であると説いた。(9)

すぐに説明するが、この十九世紀中葉のシャフツベリ伯爵の宗教的情熱と社会改良への情熱との危険な結合が、一九一七年のバルフォア宣言へとつながったのである。彼は、英国がユダヤ人のパレスチナ帰還に賛成するだけでは十分ではなく、彼らのパレスチナ入植を具体的に援助すべきだと考えた。ユダヤ人がオスマン帝国領パレスチナへ移住するのを財源的に援助することから、英国キリスト教徒とユダヤ人の連携を始めるべきだと主張した。彼は、エルサレムの英国国教主教センターと大聖堂を説得して、最初の献金を出させた。これは、彼の義父であり、英国外相で、後に首相になった第三代パーマストン子爵（ヘンリー・ジョン・テンプル）の同意と協力を取り付けたから可能になったのであり、英政府の協力がなければ教会は金を出さなかっただろう。一八三八年八月一日の日記に、シャフツベリは次のように記している。

夕食会でパーマストンと同席。食後二人きりになった。私は計画を説明し、彼は興味を示した。二、三質問した後、彼はそれ［ユダヤ人のパレスチナ帰還を援助し、パレスチナを英国支配領とすること］を検討すると即座に約束した。神の為せる業はなんと非凡なことか。もちろん人間の目から見て非凡なのだが。パーマストンはすでに選ばれし古代の民にとっての善の道具として選ばれていたのだ。その民の運命を信じていないのに、彼らの遺産に敬意を表し、彼らの権利を認める善の道具として、神から選ばれていたのだ。彼が為すのはそれだけではないように思える。確かに彼は善意から動くのだろうが、必ずしも健全な動機だけではない。私もやむなく政治的な言葉、経済的な言葉、商業的な言葉を使って説明せざるを得なかった。彼は、主イエスのようにエルサレムのために涙することはない［訳註7］し、シオンよ、輝く衣を纏え、と祈ることもない［訳註8］だろう。(10)

シャフツベリは、第一段階として、自分の弟子の復興主義者（パレスチナにおけるユダヤ民族復興を主張する運動に従事する者）ウィリアム・ヤングを駐エルサレム英国副領事第一号に任命するように、パーマストンを説得した。それについて、シャフツベリは「何と素晴らしいことだ！ 神の民の古代都市が復活し、諸国家の中で一つの地位を獲得することになるのだ。しかも、英国が、『神の民を差別する』のを止める最初のキリスト教国となるのだ」と、日記に書いた。[11] それから一年後の一八三九年、シャフツベリは「ユダヤ民族の国家と復活」（State and Restauration〔ママ〕 of the Jews）と題する三〇頁の論文を『ザ・ロンドン・クオータリー・レビュー』で発表した。その中で、神が選んだ民にとって新しい時代が到来することを予言、次のように主張した。

> もっともっと多くのユダヤ人に帰郷を奨励し、彼らが再びユダヤとガリラヤの農夫になるようにしなければならない……残念ながらユダ人は強情で歪んだ性格の民族で、道徳的に退廃し、頑固であり、聖書の福音書について無知な人々であることを認めざるを得ないが、それでも救いに値するし、そもそも救いの望みはキリスト教徒にとって欠かすことができない徳である。[12]

シャフツベリのパーマストンに対する丁寧なロビー活動は成功した。パーマストンもユダヤ民族復興論者になったが、それは宗教的理由からではなく政治的理由からであった。彼の思考要因となったのは、「没落しつつあるオスマン帝国の崩壊を支えるうえでユダヤ人が役に立つので、ユダヤ人のオスマン帝国領パレスチナへの帰還を推し進めることは、英国の中東政策の中核的目的の実現に資する」という考えであった(13)。

一八四〇年八月一一日、パーマストン外相は、ユダヤ人のパレスチナ帰還を許可することはオスマン帝国と大英帝国両国の相互利益になることをオスマン・トルコ皇帝に進言せよと指示する書簡を、駐イスタンブール英国大使に送った。ユダヤ民族のパレスチナ移住はオスマン帝国の崩壊を防ぎ、現状を維持する重要な手段であると説く、実に皮肉な書簡であった。

現在ヨーロッパに分散しているユダヤ人の間に、いよいよパレスチナ帰還の時が近づきつつあるという考えが広まっています……ユダヤ人帰還の奨励がオスマン・トルコ皇帝と政府にとって非常に重要な意味をもつことは明白です。ユダヤ人が持ち込む富が帝国の資源を豊かにすることは確実です。それに、皇帝の許可と保護と積極的な奨励でユダヤ人がパレスチナに帰還・定住すれば、彼らがモハメット・アリや彼の後継者が将来オスマン帝国に対して起こすかもしれない邪まな謀反を抑える機能を果たすでしょう……従って、私は、大使閣下がオスマン帝国政府に対し、ヨーロッパ・ユダヤ人にパレスチナ帰還の手を差し伸べるように進言することを指示します。[14]

モハメット・アリというのは、一般にはムハンマド・アリとして知られるオスマン領エジプト総督で、十九世紀前半にオスマン帝国からエジプト統治を割譲された。パーマストン卿が駐イスタンブール英国大使に書簡を送った頃には、総督アリが独力で同地におけるオスマン皇帝の力をほぼ転覆してすでに一〇年が経過していた。そんなときに、パレスチナに入れたユダヤ人の富がオスマン帝国を外部及び内部の敵から守るという発想は、シオニズムが反ユダヤ主義、英帝国主義、神学理論と結びついたものであることを明白に示すものであった。

パーマストン卿が大使へ書簡を送ってから数日後、「ユダヤ民族を祖先の地へ入植させる」計画を呼びかける社説が『タイムズ』に出た。この計画は「真剣な政治的配慮」のもとで生まれたもので、その計画の父としてシャフツベリの尽力を褒め称え、「現実的で、政治家らしい叡智」に溢れたものと評した。[15] パーマストン夫人も夫の考えを支持した。彼女は友人への手紙の中で、「私たちには熱狂的なユダヤ教徒分子が味方についています。彼らを支持する者たちがこの国にいます。彼らはエルサレムとパレスチナ全土がユダヤ民族の帰還地として用意されるべきだと頑なに信じています。ユダヤ民族復興が彼らの唯一の願いなのです」と書いた。[16] かくして、シャフツベリ伯爵は「十九世紀最大のキリスト教シオニズム主唱者で、パレスチナにユダヤ人が民族郷土を建設する道を開拓した偉大な政治家」として描かれるようになった。[17]

この英国政権のユダヤ民族復興思想をプロト・シオニズムと名付けてよいだろう。十九世紀の現象を現代のイデオロギーに読み込むことには慎重にならなければならないが、それでもそこには先住パレスチナ住民を抹消し、その基本的権利を否定することを正当化する現代イデオロギーの構成要素がすべて含まれていた。もちろん、地元パレスチナ住民と一体感を抱く教会や牧師たちも存在した。中でも有名なのは英国教会牧師のジョージ・フランシス・ポパム・ブライスで、彼は、仲間の高位の聖職者たちといっしょに、パレスチナ人が抱く希望と権利に対して強い共感を抱いて活動した。一八八七年に彼は聖ジョージ・カレッジを設立した。この学校は東エルサレムで最良の高等教育学校として今も存続している（地域実力者の子どもたちがここで学び、二十世紀前半にパレスチナ政治世界で重要な役割を担った）。しかし、パレスチナ人に味方する英国人牧師の力は、ユダヤ人に、後にはシオニストに協力した英国人牧師たちの力に比べると、微弱だった。

最初の英国領事館は一八三八年エルサレムに開かれた。領事館は、非公式の使命として、ユダヤ人のパレスチナ移住を奨励し、ユダヤ人を保護し、場合によってはユダヤ人のキリスト教への改宗を試みた。初期の領事で最も有名な人物はジェームズ・フィン（一八〇六～七二年）である。彼の性格と露骨なやり方のために、領事館の非公式な使命をパレスチナ人から隠蔽することはできなかった。彼は、ユダヤ人をパレスチナへ帰還させること、そのためパレスチナ人を追放することを公然と文書化した。おそらく、そういうことを平然とやってのけた最初の人物であっただろう。[18] これが、二十世紀のシオニスト入植者殖民プロジェクトの中核となった。

フィンのエルサレム駐在は一八四五〜一八六三年であった。彼は後世のイスラエル人歴史家からユダヤ人が祖先の地へ帰るのを援助した人物として称賛され、彼の回顧録はヘブライ語に翻訳された。もっとも、一つの民族の名誉の殿堂に飾られ、他の民族の犯罪者リストに名を残した歴史的人物は、フィン以外にもかなりいるが。フィンはイスラム全体を嫌悪し、とりわけエルサレムのアラブ人名士を憎悪していた。アラビア語を学ぼうとはせず、常に通訳を通して伝達するだけだったので、土地のパレスチナ住民との関係は円滑ではなかった。

フィンにとって助けとなったのは、一八四一年にマイケル・ソロモン・アレキサンダー（ユダヤ教徒からキリスト教徒への改宗者）を主教とする英国教会主教区がエルサレムに設置されたこと、さらに一八四三年に最初の英国教会の教会がエルサレム旧市街のヤッフォ門近くに建立されたことであった。後年これらの宗教機関はパレスチナ人の民族自決権へ共感を持つようになったが、当時はフィンのプロト・シオニズム的野心に協力していた。フィンはエルサレムに恒久的な西洋のプレゼンスを確立することに他のヨーロッパ人以上に熱心で、キリスト教布教活動、西洋民間人の商業活動、英政府機関のための土地と不動産購入を組織的に行った。

こういう初期の、主に英国を中心としたキリスト教シオニズムという芽と本格的なシオニズムを結びつける環となったのが、一八六〇年代から第一次世界大戦勃発時までパレスチナで活動したドイツのテンプル敬虔主義運動（後に「テンプラーズ」と呼ばれた）であった。この敬虔主義運動は、北米を含む世界中に広まっているドイツのルター宗教改革運動から生まれた（初期北米の殖民・植民地主義に対する影響は今も顕著に見られる）。テンプラーズがパレスチナに関心を抱いたのは一八六〇年代であり、クリストフ・ホフマンとゲオルグ・ダヴィド・ハルデッグという二人のドイツ人牧師が一八六一年にテンプル協会（Tempelgesellshaft）を立ち上げた。二人はヴュルテンベルグの敬虔主義運動とつながっていたが、自分たちのキリスト教解釈に基づく活動を展開するために独自の計画を開発した。彼らは、エルサレムにユダヤ教徒の神殿《テンプル》を建立することこそ贖罪と赦しという神の構想を実現する第一歩だと考えた。もっと大切なことは、自分たち自身がパレスチナに住み着くことがメシアの再来を促進すると考えたことだ。[19] 敬虔主義を実践する教会や各国の宗教団体のすべてが彼らのパレスチナ入植を敬虔主義運動とする解釈を支持したわけではなかったが、プロイセン王国の権力者や英国教会神学者の一部が彼らの教義を熱狂的に支持した。

テンプル運動が目立ち始めると、ドイツのほとんどの体制的教会が迫害側へ回った。しかし、テンプラーズは自らの思想を具体化し、パレスチナへ移住していった――その過程で互いに争い、同時に新しい参加者も獲得した。一八六六年最初の入植地をハイファのカルメル山に建設、その勢いで他の地域にも入植地を作った。十九世紀末ドイツ皇帝ヴィルヘルム二世〔訳註9〕とオスマン・トルコ皇帝の親交が深かったおかげで、彼らの入植地建設事業に拍車がかかった。テンプラーズはパレスチナが英国委任統治下に置かれた時代も存続していたが、一九四八年に建国されたユダヤ人国によって追い出された。

初期シオニストたちはテンプラーズの入植方法や入植地経営を模倣した。ドイツ人歴史家アレキサンダー・ショルヒはテンプラーズの入植活動を「静かなる十字軍」と呼んだが、一八八二年〔訳註10〕以降に建設された初期シオニスト・コロニーは決して「静か」ではなかった。[20] テンプラーズがパレスチナに入植した頃、すでにシオニズムはヨーロッパで顕著な政治運動になっていた。一言で言えば、シオニズムとは、パレスチナを植民地化し、そこにユダヤ人国を作ることでヨーロッパのユダヤ人問題が解決できるという主張であった。この発想は、啓蒙主義運動、一八四八年の「諸国民の春」〔訳註11〕、そして後には社会主義によって刺激され、一八六〇年代にヨーロッパのいくつかの場所で生まれた。シオニズム思想は一つの知的・文化的運動から、テオドール・ヘルツルの思想（ヘルツル著『ユダヤ人国家』）によって政治的プロジェクトに変化した。これは、一八七〇年代後半から一八八〇年代初期にかけてロシアや東欧で燃え盛った苛酷なユダヤ人迫害（ポグロム）と、西ヨーロッパでも反ユダヤ主義的ナショナリズムが台頭したことへの反応であった（特にフランスのユダヤ系軍人ドレフュスに対する差別裁判は、反ユダヤ主義がフランスやドイツの社会に深く根付いていることを明らかにした）。

ヘルツルや同じような考えを持つユダヤ人指導者のロビー活動などにより、シオニズムは国際社会から認められた運動となった。しかし、初めは、東ヨーロッパのユダヤ人グループがヨーロッパのユダヤ人問題を解決する道として同じような考えを抱いて自立的に始めたものであり、国際社会の承認など求めなかった。〔訳註12〕彼らは居住国でコミューン生活を行って地固めし、一八八二年からパレスチナ移住を開始した。これは、シオニズム用語で第一次アリヤーと呼ばれるシオニスト移住の第一波であった。第二波（一九〇五〜一四年）は第一波と同じく実践的シオニズムだが、質的に異なっていた。移住者の中心になったのは行き場を失った共産主義者や社会主義者で、彼らはシオニズムを単にユダヤ人問題の解決策として見るだけでなく、パレスチナの集団入植地で社会主義・共産主義を先鋭的に実践するものと考えた。しかし、どちらのアリヤーでも、移住者の大多数は都市部に住み、パレスチナ人やアラブ人不在地主から辺境の土地を購入して耕したのは一握りの人々であった。しかも、初めのうちはヨーロッパのユダヤ人企業家の援助に依存した生活であり、経済的に自立する道を模索し始めたのは、後になってからであった。

結局シオニストとドイツの結び付きは影が薄くなり、代わって英国との結びつきが重要になった。シオニズム運動は、現実問題としても、強国の支援を必要とした。なぜなら、この特殊な形態の移住はこの国の未来にとって悪いことが起きる前触れではないかと、先住パレスチナ人が感じ始めたからだ。地元有力者たちは、ユダヤ人の大量移住は自分たちの社会に非常に好ましくない結果をもたらすと、心配し始めた。その一人がエルサレムのムフティ〔イスラム指導者〕ターヒル・アル＝フサイニー二世〔訳註13〕であった。彼は、ヨーロッパ・ユダヤ人のエルサレム移住をヨーロッパによるムスリム聖都攻略ではないかと疑った。すでに彼の先輩指導者たちの間でも、ユダヤ人移民を通じて十字軍の栄光を再興しようとするのがジェームズ・フィンの野望だという見方があった。だから、彼はユダヤ人の移民に反対し、土地を売らないように強くムスリムに訴えた。ユダヤ人が土地を所有すれば正当な権利を主張できるが、入植地を建設する土地を持たないユダヤ人は単なる聖地巡礼者として扱えると考えたのだ。(21)

かくして、ユダヤ人のパレスチナ移住を英国の「聖地」掌握を深める手段と考える帝国戦略の勢いと、新しい文化的・知的シオニズム思想がヨーロッパ各地で誕生していく勢いとが、多くの点で、合致した。キリスト教徒、ユダヤ教徒の両者は、パレスチナ植民地化を、帰還及び神との約束の実行だと見たのだ。二つの勢いの合致から強力な同盟関係が生まれた。この同盟関係を通じて、反ユダヤ主義及びユダヤ教徒をヨーロッパからパレスチナへ「トランスファー」（移転）するという千年王国思想が、現実的な入植地建設事業へと変形し、先住民パレスチナ人を犠牲にしたのである。この同盟関係は、一九一七年一一月二日のバルフォア宣言で、世界に知れ渡った。英国外相バルフォアが、英国はパレスチナにユダヤ人民族郷土を建設することに全面的に協力することを約束すると書いた書簡を、英国のユダヤ人社会指導者に送ったのである。

英国のアーカイブが利用し易く便利な仕組みになっているおかげで、バルフォア宣言の背景を研究した優れた文献を多く見ることができる。中でも秀逸なのはエルサレムのヘブライ大学のマイヤール・ヴェルタが一九七〇年に著した論文である。[22] 彼が特に明らかにしたのは、ボルシェヴィキ運動の中のユダヤ人指導者もシオニストと同じ願望を持っているだろうから、バルフォア宣言は親シオニズム宣言であり、ロシアで誕生した新しい政権と親交を結ぶ道を開くものだ、と英政府が見当違いの判断をしたことだ。さらにもっと重要なことは、バルフォア宣言に表現されている英国の姿勢が、米国内で大きな政治勢力を持っていると英政府が思っていた米国のユダヤ人から歓迎されると考えたことだ。それに、バルフォア宣言には、千年王国思想とイスラム嫌悪の混合が内包されている。当時の英国首相で信心深いキリスト教徒だったデヴィッド・ロイド・ジョージは、宗教的理由でユダヤ人のパレスチナ帰還を支持した。彼と彼の同僚政治家たちは、聖地にムスリム・コロニー（彼らはパレスチナ人社会をそのように見た）ではなくユダヤ教徒コロニーを望んだのである。

最近になって、一九三九年に書かれたもっと包括的な論文が発見された。ずっと行方不明だったのだが、二〇一三年に見つかったのだ。英国人ジャーナリストのJ・M・N・ジェフリーズの『パレスチナ――その現実』(*Palestine: The Reality*)で、七〇〇頁以上を費やしてバルフォア宣言の背景を論述したものである。[23] ジェフリーズの個人的コネクションやもう現存しない大量の資料類を通じて、まさに英国海軍、英国陸軍、英国政府のどういう人物がバルフォア宣言に関わり、何故関わったかを詳述している。これを読むと、英国が主導してユダヤ人をパレスチナに入植させることについては、当事者であるシオニストよりも親シオニズム・キリスト教徒の方が熱心であったことが窺われる。

バルフォア宣言に関するこれまでの研究から導き出せる結論は、英国の政策決定者たちが、パレスチナにユダヤ人郷土を建設することが同地における英国の戦略的利益と一致すると考えたことだった。英軍がパレスチナを占領支配すると、前述した同盟関係のもとでユダヤ人は、英国の後援と女王陛下軍隊の銃剣に守られて、ユダヤ人国のためのインフラ建設を進めることができた。

しかし、パレスチナ攻略は簡単ではなかった。英国軍のトルコ軍撃退は一九一七年ほぼ丸一年かかった。初めのうちは、シナイ半島を北上して快進撃したが、ガザ回廊とビール・サバ

〔ベエルシェバ〕の間の戦線で、一進一退の塹壕消耗戦となった。やっとこの膠着状態を克服した後は、万事好調で、エルサレムは事実上戦闘無しで獲得できた。エルサレム占領開始とともに、三つのイデオロギー――シオニズム、プロテスタントの千年王国思想、英帝国主義――がパレスチナに上陸、その後三〇年間かけてその国と住民を破壊し続けた。

一九一八年の英軍のパレスチナ占領を受けてシオニストとしてパレスチナに移住したユダヤ人が本当に二〇〇〇年前にローマ軍に追放されたユダヤ人の子孫なのかと疑う人々が出現した。この懐疑は、ハンガリーのユダヤ人学者アーサー・ケストラー（一九〇五～八三年）が書いた本から発したもので、大きな話題となった。彼は、『第一三支族』（*The Thirteenth Tribe*）の中で、パレスチナへのヨーロッパ・ユダヤ人〔アシュケナージム〕入植者はコーカサス山脈のトルコ民族の一派で、八世紀にユダヤ教に改宗し、その後西方へ移動したハザール人の子孫だという説を展開した。[24] イスラエルの学者たちは、ローマ時代のユダヤ人と現在のイスラエル人の間に遺伝的つながりがあることを証明しようと懸命になった。しかし、この問題は今も未決着である。

シオニズムの影響を受けていない聖書研究者による、もっとまともな研究もある。たとえば、キース・ホワイトラム〔シェフィールド大学聖書学部名誉教授〕、トーマス・トンプソン〔コペンハーゲン大学神学部教授〕、イスラエル・フィンケルスタイン〔テルアビブ大学考古学学者〕などで、彼らは聖書を史実物語とする俗説を否定した。[25] ホワイトラムとトンプソンはまた聖書時代に民族国家（nation）が存在したとは考えられないとし、他の多くの人々と同じように、「近代イスラエルの発明」を親シオニズム・キリスト教神学者の捏造と呼んで、批判した。最も新しい「帰還神話」の脱構築が、シュロモー・ザンド〔テルアビブ大学歴史学者〕の二著書『ユダヤ民族の発明』（*The Invention of the Jewish People*）と『イスラエルの地の発明』（*The Invention of the Land of Israel*）に見られる。[26]私はこの研究に敬意を払い評価するものであるが、政治的には、パレスチナ人の存在を否定する言説（ザンドはその言説を補完している）を除いてはあまり重要な記述はない。けだし民族は自己発見する権利を有し、実際多くの民族主義運動は自己発見により誕生したものである。ただ、その民族創生物語が他の人々へのジェノサイド、民族浄化、弾圧という政治的行動に転じると、危険である。

十九世紀のシオニズムの主張に関して言えば、その主張が歴史的に正確であるかどうかは大して重要ではない。問題とすべきは、現在イスラエルにいるユダヤ人がローマ時代にパレスチナに住んでいたユダヤ人の子孫であるかどうかではなく、イスラエルが世界のユダヤ人全体を代表しており、イスラエルの行為はすべてユダヤ民族の利益のための行為だという主張である。この主張は一九六七年までイスラエル国にとって非常に役立った。世界のユダヤ人、とりわけ米国のユダヤ人は、イスラエルの行為が世界世論から非難されたとき、常にイスラエルを支持した。この傾向は米国ではいまだに続いている。しかしその米国でも、他国のユダヤ人社会と

同じように、イスラエルがユダヤ人全体を代表するという考え方に異論が出ている。〔訳注14〕

次章で見るように、シオニズムは元来ユダヤ人の中でも少数派の思想であった。シオニストは、ユダヤ民族は本来パレスチナに属する民族であるからパレスチナへの帰還は世界から奨励されるべきであるという考え方を形成するうえで、英国の個々の政治家、次いで英帝国、英国軍に依存した。ユダヤ人は土地なき民族であるという考え方にも、ユダヤ人一般も国際世論一般も概して納得していないようであった。シャフツベリ、フィン、バルフォア、ロイド・ジョージがユダヤ人のパレスチナ帰還に賛成したのは、それが英国のパレスチナに足場を形成するのに役立つと思ったからだった。しかし、英国がパレスチナを武力奪取してからは、もうそのことは大して重要ではなくなった。この土地がパレスチナ人のものであるかユダヤ人のものであるかは、改めて新しい視点で判断しなければならなくなった。ところが英国はその判断ができず、三〇年間ユダヤ人とパレスチナ人両者を苛々させた末に、とうとう委任統治問題を放棄し、国際連合に委ねたのである。

註

（1）Shlomo Sand, *The Invention of the Jewish People*, London and New York: Verso, 2010.

（2）Thomas Brightman, *The Revelation of St. John Illustrated with an Analysis and Scholions*（sic）, 4th edn, London, 1644, p. 544.

（3）これは一六六五年一二月四日に彼がスピノザに書いた手紙の一部。Franz Kobler, *The Vision Was There: The History of the British Movement for the Restoration of the Jews to Palestine*, London: Brit Am Publications, 1956, pp. 25-6.

（4）Hagai Baruch, *Le Sionisme Politique: Precurseurs et Militants: Le Prince De Linge*, Paris: Beresnik, 1920, p. 20.

（5）Suja R. Sawafta, "Mapping the Middle East: From Bonaparte's Egypt to Chateaubriand's Palestine," PhD thesis submitted to the University of North Carolina at Chapel Hill, 2013.

（6）A. W. C. Crawford, Lord Lindsay, *Letters on Egypt, Edom and the Holy Land*, Vol. 2, London, 1847, p. 71.

（7）Anthony Julius, *Trials of the Diaspora: A History of Anti-Semitism in England*, Oxford: Oxford University Press, 2010, p. 432で引用されているもの。

（8）"Jews in America: President John Adams Embraces a Jewish Homeland"（1819）, at jewishvirtuallibrary.org.

（9）Donald Lewis, *The Origins of Christian Zionism: Lord Shaftesbury and Evangelical Support for a Jewish Homeland*, Cambridge: Cambridge University Press, 2014, p. 380.

（10）シャフツベリ伯爵（アントニー・アシュリー）の日記、Edwin Hodder, *The Life and Work of the Seventh Earl of Shaftesbury*, London, 1886, Vol. 1, pp. 310-11より引用; Geoffrey B. M. Finlayson, *The Seventh Earl of Shaftesbury*, London: Eyre Methuen, 1981, p. 114; The National Register Archives, London,

Shaftesbury (Broadlands) MSS, SHA/PD/2, August 1, 1840.

(11) Gertrude Himmelfarb, *The People of the Book: Philosemitism in England, From Cromwell to Churchill*, New York: Encounter Books, 2011, p. 119で引用されているもの。

(12) *The London Quarterly Review*, Vol. 64, pp. 104-5.

(13) Ibid.

(14) Ibid.

(15) *The Times of London*, August 17, 1840.

(16) Geoffrey Lewis, *Balfour and Weizmann: The Zionist, the Zealot and the Emergence of Israel*, London: Continuum Books, 2009, p. 19で引用されているもの。

(17) Deborah J. Schmidle, "Anthony Ashley-Cooper, Seventh Earl of Shaftsbury," in Huge D. Hindman (ed.), *The World of Child Labour: An Historical and Regional Survey*, London and New York: M. E. Sharpe, 2009, p. 569.

(18) 拙著*The Rise and Fall of a Palestinian Dynasty: The Husaynis, 1700–1948*, London: Saqi Books, 2010, pp. 84, 117でこの考え方を詳述した。

(19) Helmut Glenk, *From Desert Sands to Golden Oranges: The History of the German Templers Settlement of Sarona in Palestine*, Toronto: Trafford, 2005が、英語で書かれた数少ない本の一つで、テンプラーズに関する文献はほとんどドイツ語かヘブライ語で書かれている。

(20) Alexander Scholch, *Palestine in Transformation, 1856–1882: Studies in Social, Economic, and Political Development*, Washington D.C.: Institute of Palestine Studies, 2006.

(21) Pappe, *The Rise and Fall of a Palestinian Dynasty*, p. 115.

(22) ヴェルタの一九七〇年の論文は、"The Balfour Declaration and Its Makers" in N. Rose (ed.), *From*

Palmerston Balfour: Collected Essays of Mayer Verte, London: Frank Cass, 1992, pp. 1-38として出版されている。

（23） J. M. N. Jeffries, *Palestine: The Reality*, Washington D.C.: Institute of Palestine Studies, 2013.

（24） 同書は一九九九年にリプリント。Arthur Koestler, *The Khazar Empire and its Heritage*, New York: Random House, 1999.

（25） Keith Whitelam, in *The Invention of Ancient Israel*, London and New York: Routledge, 1999, and Thomas L. Thompson, in *The Mythical Past: Biblical Archaeology and the Myth of Israel*, London: Basic Books, 1999. この両者からこれをテーマとして研究するCopenhagen School of biblical minimalismが生まれた。

（26） Shlomo Sand, *The Invention of the Jewish People*, and *The Invention of the Land of Israel: From Holy Land to Homeland*, London and New York: Verso, 2014.

〔訳註1〕一九四六年オーストリア生まれ。テルアビブ大学歴史学名誉教授。

〔訳註2〕この世を創造した神は未来のある時にそれを終わらせる（終末論）。その終わりの後は神に選ばれた民が永遠に生きるという考え方が、ユダヤ・キリスト教にある。仏教の永劫回帰や輪廻と違い、直線的な宗教思想である。

〔訳註3〕キリストが再臨してこの世を統治するという千年間。

〔訳註4〕西岸地区をユダヤ人は「ユダヤとサマリア」と呼ぶ。ユダヤの地にはヘロデ王国があったとされる。

〔訳註5〕『ハアレツ』のジャーナリストであるシュロモ・パピールブラットはフランソワ＝ルネ・ド・シャトーブリアンに関する論文で、シャトーブリアンがユダヤ人に対し、パレスチナにユダ

ヤ人国を作りたいという陳情をするよう勧めたことを評価し、彼の友人ヴォルテールは反ユダヤ主義者だったが、シャトーブリアンはユダヤ教徒を理解した異教徒だったと称賛している。今なおキリスト教シオニズムとキリスト教の反ユダヤ主義との関連は見抜かれていないのだ。(Shlomo Papirblat, "A Century Before Herzl: The Gentile Who Preached Zionism Ahead of His Time," Haaretz.com, July 25, 2017)

〔訳註6〕労働者のために一〇時間労働法の成立に尽力した社会改良家であったが、同時に最大のキリスト教シオニストであった。ユダヤ人の味方を装いながら彼らをキリスト教に改宗させることを最終目的としていた。現在米国で猛威を振るっている親イスラエル右翼のキリスト教原理主義福音派は彼の流れを受け継いでいる。

〔訳註7〕ルカによる福音書一九、四一～四四。

〔訳註8〕イザヤ書五二、一。

〔訳註9〕第三代ドイツ皇帝兼第九代プロイセン国王。プロイセン・アイデンティティが強かったと言われる。彼はテンプラーズの入植地の一つを訪れ、「ヴィルヘルマ」と名付けた。

〔訳註10〕最初のユダヤ教徒シオニスト移民は一八八二年であった。

〔訳註11〕欧州各地で起きた一連の民衆暴動や革命で、ヨーロッパ革命とか一八四八革命とも呼ばれている。これで欧州の国際秩序だったウィーン体制が崩壊へ向かった。

〔訳註12〕列強やオスマン帝国への政治的工作を行うヘルツル等の政治的シオニズムに対して、この既成事実として移民社会を作り出す運動を実践的シオニズムと呼ぶことがある。国際的ユダヤ人資産家が援助したので、必ずしも自立的運動ではなかった。

〔訳註13〕一八四二～一九〇八。アラブの反乱を指導し、最後にはナチ・ドイツへ逃げ込んだエルサレムの大ムフティで最高ムスリム評議会議長のアミーン・フサイニーの父。フサイニー家はオスマン

帝国時代から英国委任統治終焉までの二五〇年間、エルサレムを中心にパレスチナで強い影響力を発揮した名家で、民族主義運動を指導した。

〔訳注14〕若い米国のユダヤ人には反イスラエルの者が多く、大学で反イスラエル・親パレスチナ抗議デモを行っている学生の中心はユダヤ人である。

第三章　シオニズムはユダヤ教である

シオニズムはユダヤ教と同じであるという主張を正確に検討するためには、シオニズムが生まれた歴史的文脈の検討から始めなければならない。十九世紀中葉に形成されたシオニズムは、ユダヤ人文化の中ではさして重要ではない一つの憧憬にすぎなかった。それは中東欧ユダヤ人社会の中で見られた二つの感情から生まれた。一つは、ユダヤ人を平等な人間として仲間扱いすることを拒否する社会、時には法的に迫害したり、経済危機や政変で窮した政府が一般民衆の不満のはけ口としてユダヤ人迫害を奨励し、暴徒の襲撃を見て見ぬふりをする社会の中で、安全を希求する感情。もう一つは、当時の歴史家が「ヨーロッパ諸国民の春」と呼んだ民族運動の高まりの影響で、ユダヤ民族の統合を希求する感情。しかし、ユダヤ教を宗教からネーションヨン（民族または国家）へ変えようとした運動は決して稀有なものではなかった。崩壊しつつある二大帝国——オーストリア・ハンガリー帝国とオスマン帝国——の領内には、民族または国家として自己実現することを望む宗教集団や民族集団は他にも多くいた。

　現代シオニズムのルーツはすでに十八世紀のいわゆるユダヤ啓蒙主義〔訳註1〕の中にその萌芽が見られた。著作家、詩人、ラビらの集団がヘブライ語を復活させ、伝統的・宗教的ユダヤ教育の枠を開放し、普遍的な科学、文学、哲学の研究を取り入れようとした文化運動である。ヘブライ語新聞や雑誌が中東欧で急増し、その中から、シオニズム史において「シオニズムの先駆者」と呼ばれる人物が出現した。彼らはヘブライ語復活と民族主義を結びつけ、強力な民族主義を打ち出した。民族主義は二つの形を取った。一つはユダヤ教を民族主義運動と再定義したこと。二つは、七〇年に古代ローマ軍のために追い出された故郷の約束の地へユダヤ民族を帰還させるために、パレスチナを植民地化する必要があるとしたこと。彼らは「帰還」を「農業入植」という形で表現した。（ヨーロッパの多くの地域ではユダヤ人は土地所有と耕作が許されなかった。それゆえ、自由民としてだけではなく、農業民族として再出発することに憧れていた。）

　こういう考え方は一八八一年のロシアにおけるポグロムの嵐の中で強くなった。この迫害がパレスチナへの憧憬感情を「シオンの愛好者」と呼ばれる運動が推進する政治的プログラムに変えたのである。シオンの愛好者たちが熱狂的な若いユダヤ人をパレスチナに入植させたのが、シオニスト入植第一号であった。この第一期シオニズム運動はテオドール・ヘルツルの『ユダヤ人国家』刊行と政治的・外交的活動で頂点に達した。ヘルツルはオーストリア・ハンガリー帝国のブダペストで生まれたが、生涯のほとんどをウィーンで過ごした。彼は近代ユダヤ人の居住地における立場に関心を持つ劇作家として活動を始め、初めのうちは居住社会への完全同化が問題解決への道だという意見だった。一八九〇年代にジャーナリストとなり、彼自身の説明によると、ジャーナリスト時代に反ユダヤ主義の根強さを思い知ったという。〔訳註2〕彼は同化による問題解決は不可能と判断し、ユダヤ人は自分の国を持たないから差別されるのだと考え、彼が「ユダヤ人問題」と呼んだものを解決するには、パレスチナにユダヤ人国を建設しなければならないと主張するようになった。

この初期シオニズム思想がドイツや米国などの国のユダヤ人社会で知られ始めたとき、有力ラビや要人たちはそれに反対した。宗教指導者たちはシオニズムを一種の世俗化・近代化と見做し、世俗派ユダヤ人は、シオニズム思想のためにユダヤ人の居住国家への忠誠心に対する疑念が生まれ、そのため反ユダヤ主義を増幅させる恐れがあると心配した。宗教派も世俗派もヨーロッパのユダヤ人迫害に対し、シオニズムとは異なる対処をしてきた。ある人々は(ちょうどヨーロッパ近代化の波に直面したイスラム教原理主義者が同じことをやったように)ユダヤ教とユダヤ文化の伝統にいっそうしがみつくことを主張し、またある人々は居住国への同化努力を主張した。

一八四〇年代と一八八〇年代の間にヨーロッパと米国にシオニズム思想が入ってきたとき、

ユダヤ人の信仰生活は大まかに言って二分していた。一方はユダヤ教への純化・原理主義化――つまり戒律を厳しく守り、民族主義などの新思想を避け、近代化をユダヤ教徒生活にとって好ましくない脅威と見る生き方である。他方は、非ユダヤ人社会の生活との違いを最小限にするように世俗生活を取り入れる生活――つまり、ユダヤ教徒的生活様式を祝祭日の儀式、金曜日のシナゴーグでの礼拝、贖罪の日《ヨーム・キップール》の断食のときに人前で食事をしないこと程度にとどめておく生き方である。後者を主張したユダヤ人の一人であるゲルショム・ショーレム（一八九七～一九八二年）は自著『ベルリンからエルサレムへ――青春の思い出』（*Berlin to Jerusalem*）の中で次のような逸話を書いている。ヨーム・キップールにはいつもドイツのユダヤ人青年仲間とお決まりのレストランへ行った。店主は「うちのレストランでは断食している紳士諸君用に特別室を用意しています」と言って迎えた。(1) 個々のユダヤ人、個々のユダヤ人社会は、この厳格なユダヤ教正統派と世俗派の間に挟まれて暮らしていた。十九世紀後半シオニズムに対して一般ユダヤ人がどういう態度であったかを、もっと詳しく見てみよう。

ユダヤ人の世俗主義は、キリスト教世俗主義やイスラム教世俗主義と同じように、世俗主義としては少し風変わりである。前述した世俗的ユダヤ人はユダヤ教と切り離されているわけでなく、何らかの形でユダヤ教とつながる人々であった（ちょうど、英国の世俗的キリスト教徒が復活祭やクリスマスを祝い、子どもを英国教会の学校へやり、日曜日のミサに定期的または不定期に出席するのと同じである)。この近代的で世俗化した信仰形態は、十九世紀後半に、改革派運動という大きな宗教運動となった。それは時代錯誤の慣習や儀式に囚われず、宗教を近代生活に適応させるような信仰形態を求めた。特にドイツと米国で盛んであった。

改革派が初めてシオニズムと接触したとき、ユダヤ教を民族主義運動にしてパレスチナにユダヤ人国を作るという発想に、激しく反対した。しかし、一九四八年にイスラエル国が建設されてからは、彼らの反シオニズム姿勢が変化し始めた。二十世紀後半、米国では改革派の大多数が新改革派を結成し、それは米国で最も有力なユダヤ人団体の一つとなった(もっとも、正式な形でそれがイスラエル国とシオニズムに忠誠を表明したのは一九九九年になってからであった)しかし、その新組織からまた多数のユダヤ人が抜け出て、別個にユダヤ教徒アメリカ評議会(American Council of Judaism, ACJ)を立ち上げた。このことは、一九九三年時点でも、ユダヤ人の間ではシオニズムがまだ少数派であることを世界に示すものであった。ACJはシオニズムに対して旧改革派の考え方を踏襲した。(2)

分裂するまでは、ドイツと米国の改革派運動はシオニズムに対して一致した強い反対姿勢を維持していた。ドイツの場合、改革派は「ユダヤ民族」という発想を公式に否定し、自らを「モーゼ信仰のドイツ人」〔訳註3〕(Germans of the Mosaic faith)と呼んだ。初期のドイツ改革派は祈禱儀式から「エレツ・イスラエル」(イスラエルの地)やそこに国を作ることへの言及をすべて排除した。同じように、一八六九年、米国の改革派は第一回大会で次のように述べた。

イスラエル〔すなわちユダヤ民族〕のメシア的目標は、地上の諸国民と再分離するなど、ダヴィデの子孫のもとでユダヤ人国を復元することではなく、神と結合する信仰告白のもとで神の子らを統一させ、そうすることですべての理性的生物の統一、すべての理性的生物の精神的純化という使命を実現することである。

一八八五年の改革派大会では、「我々はもう自らを民族とは見做さず、宗教的コミュニティと見做す。パレスチナへの帰還やアーロンの息子たちの下で自己犠牲的崇拝やユダヤ人国に関するいかなる法の復活も考慮しない」〔訳註4〕と宣言された。

この点で著名な指導者は米国のラビ、カウフマン・コーラーで、彼は「パレスチナのユダヤをユダヤ人の故郷にするという考え――それは世界のユダヤ人を『宿無しにする』(unhome)にする考えだ」として拒否した。十九世紀末の改革派指導者アイザック・メイアー・ワイズ（一八一九～一九〇〇年）は、ヘルツルのようなシオニズム指導者を、科学者の仮面を被った錬金術ペテン師だとよく揶揄ったものだった。ヘルツルが住むウィーンでも、アドルフ・イエリネック（一八二一～九三年）が、シオニズムはヨーロッパ・ユダヤ人の地位を危うくするので、ほとんどのヨーロッパ・ユダヤ人はシオニズムを拒否していると主張し、「我々にはヨーロッパが故郷だ」と宣言した。

改革派ユダヤ教徒の他に、当時の自由主義者ユダヤ人も、シオニズムが反ユダヤ主義に対する唯一の解決策だという考え方を拒否した。ウォルター・ラカー〔訳註5〕が自著『シオニズムの歴史』(*The History of Zionism*)の中で書いたように、自由主義ユダヤ人はシオニズムをヨーロッパのユダヤ人の問題に何の解決ももたらさないまやかしの運動と見做した。彼はむしろ自分たちが育った故郷である国への全面的忠誠と、その国の国民として完全同化する意思を表明することによって、「ユダヤ民族の再生」をするべきだと主張した。(3) 彼らは、世の中がもっと民主主義化すればユダヤ人迫害や反ユダヤ主義の問題が解決されるだろうという希望を抱いていた。実際、英国や米国に移住したユダヤ人が自由主義によって救われていることを、歴史が示しているではないか。しかし、同じことがヨーロッパでも起きると信じた人々は、結局、裏切られた。それでも、現在でもその当時と同じように、シオニズムを正しい答えだと思わない自由主義ユダヤ人は多い。

一八九〇年代後半、ヘルツルの熱心な活動のおかげでシオニズムが以前よりも世界に認められる政治運動になったとき、ようやく社会主義者のユダヤ人と正統派ユダヤ教徒がシオニズム批判の声を上げ始めた。ヘルツルは当時の政治状況をよく理解していて、パレスチナに近代的ユダヤ人国家建設を支援すればヨーロッパの利益になると、新聞記事やユートピア物語や政治パンフレットを通じて宣伝した。しかし、それらが世界の指導者に大きな感銘を与えたわけではなく、パレスチナの支配者であるオスマン帝国もあまり関心を示さなかった。むしろヘルツルの業績は、一八九七年の第一回シオニスト会議をスイスのバーゼルで開催し、シオニズム活動家を結集させたことだった。その会議から二つの組織が生まれた——世界にシオニズム思想を広める世界機構と、パレスチナへのユダヤ人入植を推進する現地のシオニスト諸集団である。

このようにシオニズム思想の具体化に伴って、シオニズムに対するユダヤ人の異論も形をとっていった。改革派運動以外にも、左翼ユダヤ人、いろいろなユダヤ人コミュニティの一般指導者、正統派ユダヤ教徒などから反対意見が続出した。一八九七年、第一回シオニスト会議がバーゼルで開かれたのと同じ年、ロシアではユダヤ人の社会主義運動が生まれた。ブントである。ブントは政治運動であると同時にユダヤ人労働組合でもあった。ブントのメンバーたちは、社会主義革命がボルシェヴィキ革命であっても、ヨーロッパ・ユダヤ人問題に関してシオニズムよりはるかに良い解決法だと信じた。彼らはシオニズムを一種の逃避主義と見做した。もっと重要なことは、ナチズムとファシズムがヨーロッパで台頭し始めたとき、シオニズムは居住国家へのユダヤ人国民の忠誠心に関する疑惑を招いて、この異常な反ユダヤ主義の発展に貢献することになると、ブントが批判したことだ。ホロコーストを経験した後でも、ブントは、ユダヤ人は人権や市民権が尊重される社会に安住の地を求めるべきだと主張して、ユダヤ人国家建設を万能薬と考えなかった。しかし、一九五〇年代半ばから、強い反シオニズムの感情が次第にブントから消え始め、ついにはかつて強力だった社会主義運動の残党たちもイスラエル国支持を決定したのだった（イスラエルにブント支部が結成された）[4]。

ブントのシオニズムに対する反応はヘルツルにとって大した問題ではなかった。それより英国やフランスなどの国に住むユダヤ人の政治的又は経済的有力者の中途半端な反応に悩まされた。彼らはヘルツルを現実離れした思想を吹聴するペテン師か、あるいはもっと悪いことに、せっかくユダヤ人が英国などの社会で解放と統合という点で前進しているにもかかわらず、その社会におけるユダヤ人の生活を破壊する危険な人間と見た。世界の主権国家と同じような立場の他人の国にユダヤ人主権を築こうというヘルツルの呼びかけに、ビクトリア朝の英国ユダヤ人は当惑した。中央ヨーロッパや西ヨーロッパの社会に統合したユダヤ人コミュニティにとって、シオニズムは、英国ユダヤ人、ドイツ・ユダヤ人、フランス・ユダヤ人のそれぞれの祖国に対する忠誠心に疑問を投げかけるような、挑発的思想であった。第一世界大戦前には、彼らがヘルツルを支持しなかったために、シオニズムは強い運動にならなかった。一九〇四年のヘルツル没の後になって、他のシオニスト指導者——とりわけヘルツルが死んだ年に英国へ移住、そこで化学者として名を成し、第一次世界大戦で英国に戦争協力したハイム・ワイツマン

――たちが英国政府と強い同盟関係を築いた。後述するように、英国政府もシオニズム運動に協力した。(5)

シオニズム初期時代におけるシオニズム批判の三番手はユダヤ教超正統派であった。今日でもシオニズムに反対する超正統派ユダヤ教徒は多くいる。もっとも十九世紀後半に比して超正統派の勢力はかなり小さくなり、彼らの一部はイスラエルへ移住してイスラエル政治の一部となってしまった。それでも彼らは、昔と同じように、非シオニズム的ユダヤ的生活の文化様式を維持している。ヨーロッパに初めてシオニズムが登場したとき、伝統的な多くのラビは信者にシオニスト活動家と関わることを禁じた。ラビたちは、シオニズムを、メシアの到来によってイスラエル再建がなされるまでユダヤ人を異郷生活に留めるという神の御意志を人為的に行おうとする冒瀆行為だと非難した。ラビたちは、ユダヤ人は「異郷生活」に終止符を打つために全力を尽くせという考えを全面的に否定した。イスラエル再建に関しては神の御言葉を待ち、その間伝統的なユダヤ教徒的生活を実践しなければならないと説いた。個々人としてパレスチナへ巡礼して勉強することは許したが、それをパレスチナへの大量移住の許可と解釈してはならない、と戒めた。ハシディズムのジコブ派〔訳註6〕の偉大なドイツ人ラビは、シオニズムは何世紀もの伝統を持つユダヤ教の知恵と法をボロ布（国旗）、土くれ（国土）、歌（国歌）と入れ替えようと要求することだと述べ、パレスチナへの移住による人為的なイスラエル再建を痛烈に批判した。(6)

しかし、有力なラビの全部が全部シオニズムに反対したわけではなかった。たとえば、ラビ・アルカライやラビ・グートマッヘルやラビ・カリシェルのようなシオニズム事業を認めた著名な権威主義者の集団がいた。まったくの少数派であったが、今から考えると、彼らは現在のシオニズムの国家宗教派の土台を作ったという点で重大である。彼らの宗教的曲芸は実に見事であった。イスラエルの歴史では彼らは「宗教的シオニズムの父」と呼ばれている。宗教的シオニズムは現在イスラエルではたいへん重大な運動である。とりわけ、一九六七年戦争の勝利後に誕生した過激なメシア的入植者運動グッシュ・エムニーム〔信者たちの集団、正統派〕は、西岸地区やガザ回廊への入植を強行している。グッシュ・エムニームのラビたちはユダヤ人がヨーロッパを出るだけでなく、パレスチナへ入植して土地を開墾することは民族的（国家的）使命であるばかりか宗教的義務であると、民族、国家、宗教の関連性を強調した。それは神の意志への人為的介入ではなく、預言者が伝える神の意志の実行であり、ユダヤ民族の完全な救いとメシアの到来を早めるものであると説いた。(7)

以前は正統派ユダヤ教の指導者のほとんどはシオニズムのイデオロギーと事業計画に反対していた。この新しい運動はパレスチナへのユダヤ人入植ばかりでなく、ユダヤ民族の世俗化、そしてヨーロッパの伝統的正統派ユダヤ教へのアンチテーゼとして「新ユダヤ人」〔訳註7〕の創造を望んだ。一方、ヨーロッパ・ユダヤ人は反ユダヤ主義の嵐の故にヨーロッパに住むことが困難となって、ヨーロッパ大陸以外の地でヨーロッパ人として生活するしか道がなくなり、パレスチナへ移住してシオニズムと結びつく人々が増えてきた。シオニズムの方も、当時の多くの運動と同じように、民族主義の観点から自らを再定義するようになった——ただ、この民族主義運動への転換は、新しい郷土を選んだという点で、他の民族主義運動と根本的に異なっていた。シオニストは正統派ユダヤ教徒を軽蔑・嘲笑し、彼らをパレスチナで厳しい労働を通じて救われるべき存在と見做した。このユダヤ人のシオニスト的変革については、ヘルツルの未来ユートピア小説『古くて新しい国』(*Altneuland*)で美しく描かれている。ユダヤ人国が設立され、やがてドイツから観光団がユダヤ人国へやってくるという未来小説である。[8] 一人の観光客が、かつてドイツで見た正統派ユダヤ教徒の物乞いとユダヤ人国で偶然再会する話で、そのユダヤ人はもう物乞いではなく、世俗派で、教育も受け、非常に裕福になり、人生に満足していたというもの。

聖書が生活の中で果たす役割は、ユダヤ教とシオニズムでは大きく異なる。シオニズム以前のユダヤ人世界では、ヨーロッパであろうとアラブであろうと、ユダヤ教教育機関が聖書を政治的あるいは民族主義的意味合いを表現する特別なテキストとして教えることはなかった。ラビたちは精神世界に重点を置き、聖書に記述されている政治史的なものやイスラエルの地におけるユダヤ民族主権という考えを、副次的・周辺的な話題として扱った。ラビたちが強調したのは、ユダヤ教の教えがそうであったように、聖書に書かれているユダヤ教徒間の関係、特にユダヤ教徒と神との関係であった。

一八八二年の「シオンの愛好者」から第一次世界大戦前夜にユダヤ人のパレスチナへの権利を支持することを英国に働きかけたシオニズム指導者まで、シオニストは頻繁に聖書を引き合いに出した。彼らは自分たちの都合に合うように聖書の伝統的解釈を根本から変えた。たとえばシオンの愛好者は、聖書をパレスチナに誕生したユダヤ民族がカナン人の支配に抵抗した民族解放の歴史物語として読んだ。カナン人がユダヤ人をエジプトへ追放したが、やがてユダヤ人はエジプトを脱出してパレスチナへ戻り、モーゼの後継者ヨシュアの指導でパレスチナを解放したというのだ。伝統的な解釈では、国とか民族郷土よりも、アブラハムと彼の一族が唯一絶対の神を発見する民族となったという物語である。おそらく本書の読者も、アブラハム一族が神と出会い、試練と苦難を経てエジプトへ辿り着くという物語(9)——決して被抑圧民族の民族解放闘争物語ではない——の方に馴染みがあるであろう。しかしシオニストは聖書を民族解放史と読み、それを今日のイスラエルで正論としているのだ。

シオニズム流の聖書解釈でたいへん興味深い例の一つは、社会主義シオニズム（労働シオニズム）である。シオニズムと社会主義の融合は、ヘルツルの死後、種々の社会主義党派が世界シオニズム運動の実権を握り、現地パレスチナのユダヤ人コミュニティの中心勢力となったことから、〔訳註8〕本格的に始まった。彼らの一人の言葉を借りると、聖書が社会主義シオニストに「パレスチナの地に対する我々の権利を証明する神話を提供」した、というのである。(10) 彼らは、ヘブライの農民、ヘブライの羊飼い、ヘブライの王、そして彼らの闘いを聖書の中で読み、それをヘブライ民族誕生に関する古代黄金時代を記述するものと自己流に解釈したのだ。そのため、彼らは厄介なパラドクスを抱え込んだ。何しろユダヤ人生活の社会主義的世俗化を推進し、それをパレスチナで実現するための入植を正当化するために聖書を使うという、水と油を融合させる離れ業を使ったのだから。換言すると、神を信じないのに、神がパレスチナを約束したと説いたのである。

多くのシオニズム指導者にとって、聖書のパレスチナ記述を利用するのは目的実現の手段としてであって、信仰がシオニズムの本質ではなかった。このことはテオドール・ヘルツルが書いたものにはっきり表れている。英国ユダヤ人社会の新聞『ジューイッシュ・クロニクル』に書いた有名な論説（一八九六年七月一〇日）の中で、彼は、パレスチナにユダヤ人国を建設することを聖書に基づいて説明しているが、そのユダヤ人国は当時のヨーロッパの政治思想や文化思想に基づいて運営されるのが望ましいと述べている。彼は自身の後を継いだシオニストよりもはるかに非宗教的人物であったように思われる。実際、彼はユダヤ人国建設の候補地に関しても、パレスチナだけに拘らなかった。パレスチナがだめなら、たとえばウガンダを約束の地シオンにしてもよいと考えたほどだ。他にも南北アメリカ大陸やアゼルバイジャンも候補地として検討した。[11] しかし、一九〇四年のヘルツル没の後、後継者たちはユダヤ人のホームランドはパレスチナ、約束の地パレスチナはユダヤ人の神聖な権利としたので、聖書がそれまで以上に重要な手段となった。

ポスト・ヘルツル・シオニズム運動のパレスチナへの執着は、英国やヨーロッパのキリスト教シオニズムが強化されたために、より強くなった。聖書を研究する神学者から「聖地」を発掘調査する福音主義者考古学者まで、ユダヤ人のパレスチナ入植、つまり「ユダヤ人帰還」を神が定めた世の終わりの前触れであり、終末論信仰を証明するものと歓迎した。ユダヤ人のパレスチナ帰還を救世主の再臨と死者の蘇りの先駆けと考えたのである。このわけのわからない宗教思想のおかげで、シオニストのパレスチナ入植事業は大いに助けられた。[12] しかし、この宗教思想の背後には昔ながらの反ユダヤ主義があった。ユダヤ人社会をパレスチナへ移すことは宗教的ビジョンであると同時に、ユダヤ人がいないヨーロッパを実現することにもなる。ヨーロッパからユダヤ人を追い出し、ユダヤ人のパレスチナ帰還（その後ユダヤ人がキリスト教に改宗し、改宗を拒否するユダヤ人は地獄の業火に焼かれる）によってキリスト再臨という神の構想の実現が促進されるという二重の利益を意味するのだ。

それ以来、聖書はシオニストのパレスチナ植民地化を正当化する路線図となった。歴史的に見ても、シオニズム誕生から一九四八年のイスラエル建国まで、聖書は大いにシオニズムに奉仕した。すなわちイスラエルの国内向け及び国外向けの主要談話——つまり神がアブラハムに約束した国とイスラエルが同じ国であるという談話を証明する役割を、聖書が担ったのだ。聖書の「イスラエル」とは七〇年にローマ軍に滅ぼされ、その民がエルサレムから追放・離散させられたという国のことである。そのときエルサレムの第二神殿が破壊された。その日はユダヤ教の記念日とされ、喪に服する日とされた。現在のイスラエルでもその日は国民の服喪日とされ、レストランなどあらゆる娯楽産業施設はその前夜から休業しなければならない。

この聖書談話が史実であると世俗的・学問的に証明しようという試みが、いわゆる聖書考古学（これ自体が矛盾語法的概念である。そもそも聖書はいろいろな時代のいろいろな人々によって書かれた壮大な文学作品であって、年代記とか歴史記録書ではないのだ）を援用して行われた[13]。この談話は七〇年にユダヤ民族がパレスチナから追放され、近年シオニストが帰還するまで、パレスチナはほぼ無人の地だったとする。しかし、シオニズム指導者はパレスチナが無人の地ではないことを知っていたし、そのため聖書の権威に頼るだけでは不十分だと思っていた。人が住むパレスチナに殖民するためには、先住民を追い出す、場合によっては民族浄化するなど、組織的で系統的な政策が必要であった。その意味でも、パレスチナ奪取をキリスト教の神聖なヴィジョンの実現として描くことは、キリスト教世界をシオニズム支援へ導くうえで、たいへん重要であった。

既述したように他の候補地がすべて否定され、パレスチナだけがシオニズム事業の目的地となったとき、シオニズム先駆者から運動を引き継いだ指導者たちは、シオニズム運動を現実的・実践的な世俗運動に変え、次第に社会主義的、あるいはマルクス主義的イデオロギーを注入し始めた。世俗的・社会主義的・植民地主義的ユダヤ人事業を（神の御加護を得て）聖地で成功させることが、今や目的となった。植民地化された地の先住民はすぐに理解したが、入植者が聖書とか、マルクス主義とか、ヨーロッパ啓蒙主義を持ち込んでいろいろな理屈をこねようが、〔訳註9〕結局先住民の運命は他者によって決められるのだ。問題は、入植者が描く未来社会の中には先住民も含まれるのか、含まれるとしたらどういう形で含まれるか、ということになる。その意味で、初期シオニズム運動の指導者や入植者が残した記録の中で先住民がどのように描かれているかは、非常に興味深い。先住アラブ人を障害物、外国人、敵と見る、偏執狂的な記録である。(14)

最初の反アラブ的記述が書かれたのは、まだコロニーや町へ向かうユダヤ人入植移住者たちがパレスチナ人から暖かくもてなされていた時期であった。入植者たちの不満は、初めての地で仕事や生活を維持する手段を探すことから生じた。コロニーへ行っても町へ行っても嫌なことに直面した。どこへ行っても、生きるためにはパレスチナ人労働者やパレスチナ人農民といっしょに働かなければならなかったからだ。このことを通じて、いくら無知で頑固なユダヤ人入植者であっても、パレスチナがアラブ人の国であることを感じ取らざるを得なかった。

英国統治時代のパレスチナ・ユダヤ人社会〔イシューヴ〕の指導者で建国後初代首相となったダヴィド・ベン＝グリオンは、パレスチナ人農民と労働者を「バイト・ミフーシュ」（苦痛の感染温床）と表現した。入植者たちはパレスチナ人を「よそ者」とか「外国人」と呼んだ。「我々にとってここの人間はロシアやポーランドの農民よりも親しみが持てない連中だ」と一人の入植者が書き、「あの連中とは何一つ共通点がない」と別の入植者が書いている。(15) 彼らは、パレスチナは無人の地だと教えられて移住してきたのだから、そもそもそこに人が住んでいることに驚いた。「ハデラ［一八八二年に建設された初期シオニスト・コロニー］にアラブ人が住んでいる家屋があるのを発見して嫌気がさした」と書いた手紙や、リション・レシオン（一八八二年に作られたコロニー）をアラブ人の男や女や子どもが平然と通るのを見て愕然とした、と故郷ポーランドへ書き送った手紙もある。(16)

無人の地ではなく、先住民を凌駕する必要があったので、神を味方につける――たとえ無神論者であっても――のが得策であった。ダヴィド・ベン＝グリオンと彼の親友で同僚のイツハク・ベン＝ツヴィ（ベン＝グリオンといっしょにパレスチナで社会主義（労働）シオニズムを指導、後に第二代イスラエル大統領になった）も、聖書にある神の約束をパレスチナ植民民地化の正当化に使った。二人の後を継いだ労働党イデオローグたちも一九七〇年代中葉までその手法を続け、さらに最近のリクード党やその分派の世俗主義者も底の浅い聖書主義を振り回して同じことをしている。

聖書解釈でシオニズムを正当化する手法によって、社会主義シオニストは連帯・平等という社会主義の普遍的価値観とパレスチナ人を駆逐する植民地主義事業とを調和させたのである。本来なら、シオニズムの目的が植民地主義なので、社会主義シオニズムの社会主義とはいったいどんな社会主義かと問われるべきであった。どうやら、彼らの集団的記憶では、キブツで具現化された平等な集団生活がシオニズム黄金時代と結び付いているようである。このキブツの生活様式はイスラエル建国後も長く存続し、世界の理想に燃える青年たちを惹きつけた。青年たちはキブツで純粋な共産主義を体験しようとボランティアに参加した。〔訳註10〕しかし、ほとんどのキブツがパレスチナ人村を破壊して建てられたこと、村人が一九四八年に民族浄化された事実を知ったうえでキブツへ入った者、あるいはそれを知り得る立場にあった者は、ほとんどいなかった。シオニストは、聖書によればパレスチナ人村はもともと古代ユダヤ民族の村であったので、それを収用するのは奪取とか占領ではなく、解放であると弁明した。「聖書考古学者」特別委員会が民族浄化後のパレスチナ村へ入り、そこが聖書時代にどういう名前で呼ばれていたかを「研究」して決定し、それからユダヤ民族基金の幹部がその名前の入植地建設に着手するのだ。[17] 一九六七年戦争の後、当時の労働大臣で世俗的社会主義シオニストのイーガル・アロンが同じ方法、つまり聖書によれば古代ユダヤ人のものだったという理屈で、ヘブロン近くにニュータウンを建設した。

そういうことを批判するイスラエル人学者もいた。とりわけゲルション・シャフィールやゼエブ・シュテルンヘル（及び米国のザカリ・ロックマン）は、パレスチナの植民地主義的奪取が社会主義シオニズムのいわゆる黄金期を汚辱したと論じた。この歴史研究者たちが説明したように、シオニズムの社会主義は、実践としても生活様式としても、常に普遍主義的社会主義イデオロギーの条件付き限定モデルにすぎなかった。西洋左翼の様々な思想運動を特徴付けていた普遍主義的価値観と大志は、パレスチナでは早くから民族主義化・国家主義化され、シオニズム化されてしまった。だから次世代の入植者にとって社会主義シオニズムが魅力を失ったのは不思議なことではない。[18]

パレスチナ人から土地を奪った後でも宗教はシオニズム事業の重要な要素として機能した。帝国主義の臨終期の領土争いで、他国を押し退けてパレスチナにおけるユダヤ民族の権利を主張するうえで、宗教が大きな役割を果たすからだ。この民族的権利は先住民パレスチナ人の民族的権利を完全に無視するものだった。二十世紀で最も世俗的で社会主義的な入植事業が、神の約束という宗教的解釈を使い、最も排他的な独占権を主張するものだったのである。聖書依存はシオニスト入植者にとって非常に役立ち、パレスチナ先住民にとって大きな犠牲を強いるものであった。優れた研究者であったマイケル・プライアー〔一九四二～二〇〇四年〕の最後の作品『聖書と植民地主義』(*The Bible and Colonialism*) には、パレスチナの植民地化と同じような手法が世界の各地で使われてきたことが書かれている。[19]

一九六七年にイスラエルが西岸地区とガザ回廊を占領してからも、同じように聖書を用いた入植地作りが続いた。聖書に登場しているという口実でヘブロンの住民から土地を奪ってニュータウンを建設したイーガル・アロンのことはすでに述べた。キルヤット・アルバと名づけられたその入植地はたちまち狂信的入植者の巣となった。彼らはアロン以上に頻繁に聖書を利用して乱暴狼藉に及んだ。都合のよい章や語句を聖書から引っ張り出して、強盗まがいのことをやるのだ。占領が長く続くのに比例してこの残虐行為はエスカレートしていった。乱暴狼藉行為を聖書に依拠した政治的合法行為として正当化するやり方はますます狂信主義を招き、恐ろしい結果を生みだす。たとえば、聖書には皆殺しの記述がある。ジョシュアによってアマレク人が皆殺しにされる箇所だ。幸いそれをパレスチナ人に対して実行しそうな狂信者は今のところ少数ではあるが、彼らはパレスチナ人だけではなく、自分たちの物差しではユダヤ的とならない人間をもアマレク人と見做す危険な少数者である。[20]

ユダヤ教のハッグーダー・シェル・ペサハ〔エジプト脱出を記念する過越祭で読まれる詩篇やお祈

りを収めた冊子）にも、神の名による皆殺しの話がある。過越祭のセーデル（儀式）――神がモーゼとイスラエル族を他人が住んでいる国へ行かせ、そこを思い通りに所有させたことを祝う儀式――が、大多数のユダヤ人にとって、絶対的に重要なものではないのは、もちろんである。それは単なる一文学作品で、戦争遂行マニュアルではない。けれども、狂信的メシア信仰の新潮流がそれを利用する可能性は十分にある。事実、一九九五年にはイツハク・ラビンが暗殺され、〔訳註11〕二〇一五年には十代のパレスチナ少年を焼き殺した事件、さらに両親と四歳の幼児を焼き殺した事件が起きている。〔訳註12〕新法相アイエレット・シャケド〔訳註13〕も同じような思想の持ち主だが、これまでのところイスラエルに抵抗して殉死したパレスチナ人だけにその思想を適用しているようだ。それでも、殉死したパレスチナ人の家族について「息子の後を追わせるべきである。これこそ正しい処置であろう。邪悪な蛇を育てた家を焼却したのと同じように、親、兄弟姉妹、親族を全部消滅させるべきだ。さもないと次々と新しい蛇が誕生する」と公言した。(21)それは今のところ将来への警告というレベルにとどまっている。しかし、これまで見てきたように、一八八二年以降常に聖書が破壊と虐殺と剝奪の正当化に使われてきた歴史がある。建国初期、つまり一九四八年から一九六七年までの間は、聖書を利用する傾向がやや緩和されたが、それは主流派労働党シオニズムについて言えることであって、シオニズム運動右翼は相変わらず聖書を利用して、パレスチナ人を人間以下の獣、ユダヤ民族にとっての永遠の敵と表現していた。一九六七年戦争で西岸地区とガザ回廊を占領してからは、そのシオニズム右翼であるメシア的原理主義的ユダヤ教が急成長し、国家宗教党（MAFDAL）を形成、幻想を具体的現実とする機会を得た。〔訳註14〕彼らは、政府の認可・不認可に関係なく、新たな占領地の至る所に入植地を作った。彼らはパレスチナ領の内側にいくつものユダヤ人生活空間を作り、それを拠点にして、あたかもパレスチナ全土が自らの所有地であるかのように振る舞い始めた。〔訳註15〕

ポスト一九六七年入植運動で最も過激なグッシュ・エムニームは、イスラエル軍の西岸地区・ガザ回廊支配から生じる特殊な状況に便乗して、乱暴狼藉のライセンスを聖書の名において得たかのように、文字通り好き放題に暴れた。イスラエルの法律は占領地に適用されなかった。占領地は軍政によって統治されたが、その軍政による規制は入植者に適用されなかった。つまり、多くの点で、入植者はイスラエルの法律からも占領地の軍政規制からも免責されたのである。彼らはヘブロンや東エルサレムのパレスチナ人居住地の真ん中に強引に移住し、パレスチナ人が栽培するオリーブの樹を根こそぎ引き抜き、畑を焼き払い、家屋を襲い、パレスチナ人を殴打するなど、乱暴の限りを尽くした。それらの行為はすべて「エレツ・イスラエル」〔イスラエルの地〕を取り返すという神聖な使命として正当化された。

入植者たちのこの無茶苦茶な聖書メッセージの解釈が適用されたのは占領地だけではなかった。彼らはイスラエル内のアッカ、ヤッファ、ラムラのようなユダヤ人・パレスチナ人混住市の中に突入して、長年にわたつて辛うじて成立してきた生活様式をかき乱した。一九六七年以前のイスラエル〔グリーンライン内のイスラエル〕内のこれらの敏感な地域へ入植者運動が入っていくことは、ユダヤ人国家とパレスチナ系マイノリティ国民の間に緊張しながらもなんとか成立してきた微妙な関係を破壊、悪化させることを意味する。

シオニストが聖書の規定する聖地を求める理由の最後のものは、迫害、とりわけホロコーストの迫害を受けた、世界のユダヤ人が安心して住める安住の地の確保であった。〔訳註16〕もしそれが本当だとしても、聖書の中の地図を利用して先住パレスチナ人を追い出すのではない方法があったはずである。マハトマ・ガンジーやネルソン・マンデラなどかなり多くの著名人がそういう提案をした。彼らはパレスチナ人を追い出すのでなく、パレスチナ人に懇願して、先住民と共存する形で迫害されたユダヤ人のための安住地を作るべきだと提案した。しかし、シオニズム運動はそのような提案を異端として一蹴した。

ユダヤ人哲学者マルティン・ブーバーが、〔訳註17〕シオニズム事業を支援してほしいとマハトマ・ガンジーに頼んだとき、ガンジーは、先住民と共存する形の入植と先住民を駆逐する形の入植とでは大きな違いがある、と言った。一九三八年にブーバーはベン＝グリオンから、世界で倫理的に著名な人物からシオニズム支援の言葉を取りつけてほしいと依頼されたのである。とりわけ反帝国主義非暴力民族解放運動の指導者ガンジーからの支持が有益だと考えたベン＝グリオンは、ガンジーがブーバーに敬意を抱いていることに着目して、ブーバーに依頼したのであった。ガンジーのパレスチナとユダヤ人問題に関する重要な見解は、一九三八年一一月一一日の『ハリジャン』に社説として掲載された。彼の『ハリジャン』社説は人気があり、広く読まれていた。ちょうどパレスチナ人が英国の親シオニズム政策に抗議して反乱を起こしている時期であった。社説の書き出しには、何世紀にもわたって非人間的扱いを受け迫害されてきたユダヤ民族に対する心からの同情が表明されていた。しかし、彼は次のように付言した。

同情によって正義を曇らせることはできない。ユダヤ人の民族郷土を求める声は私の心に訴えるものがない。彼らは聖書と、執拗なパレスチナ帰還という民族的願望により他者の土地での民族郷土設立を正当化する。しかし、自分が生まれ暮らしている国を自分の郷土とする民族はいくらでもいる。なぜ彼らも同じようにしないのか？(22)

このようにガンジーは政治的シオニズムの基本論理を疑問視し、「聖書のパレスチナは現実のパレスチナではない」ことを指摘して、約束の地にユダヤ人国を樹立するという思想を否定した。つまり、シオニズム事業の政治的理由と宗教的理由の両方を否定したのである。そのうえ、英国政府がシオニズム事業を支援していることが、ガンジーの心をいっそうシオニズムから遠ざけた。彼はパレスチナが誰のものかを明確に認識していた。

英国が英国人のものであり、フランスがフランス人のものであるとのと同じように、パレスチナはアラブ人のものである。アラブ人をパレスチナから追い出しユダヤ人を送り込もうとするのは間違っており、人道に反することである……パレスチナを全面的または部分的にユダヤ人ホームにするために誇り高いアラブ人を抑圧するのは、明らかに人道に反する犯罪である。(23)

ガンジーのパレスチナ問題への対応には、倫理面から政治的リアリズムまで含めて幾層もの意味が込められていた。興味深いのは、彼自身が宗教と政治の不可分性を固く信じていたにもかかわらず、シオニズムの文化的・宗教的民族主義を一貫して厳しく批判したことだ。彼は民族国家樹立を宗教で正当化することにまったく共感を示さなかった。ブーバーはガンジーの意見に対してシオニズムを正当化する立論で対応したが、ガンジーはもうそういう議論にはうんざりしており、やがて両者間の文通は途絶えていった。

シオニズムは迫害されるユダヤ人の救済を主張しているが、現実面から見ると、彼らの立場は可能な限り先住民を減らして可能な限り多くのパレスチナの地を獲得する欲望と規定できた。

幻想に酔っていない世俗派ユダヤ人学者も、古代の曖昧な神の約束を現代の現実に即して翻訳するという「科学的」努力を行った。こういう試みはすでに英国委任統治下のユダヤ人コミュニティの歴史家ベン＝ツィオン・ディナブルグ（ディヌール）が着手していて、一九四八年の建国以降は多くの歴史家がそれを受け継ぎ、集中的に行われた。その最終的な産物は、第一章で紹介したイスラエル外務省のウェブサイトからの引用文に表現されている。一九三〇年代にディヌールが行っていたことは、彼の後継者と同じく、ローマ時代以後のパレスチナにユダヤ人が住んでいたことを科学的に証明することであった。

そんなことはわかりきったことで、誰も疑うものはいなかった。それどころか、十八世紀のパレスチナに住んでいたユダヤ人は、十九世紀後半の正統派ユダヤ教徒と同じく、ユダヤ人国という発想に対して否定的だった。そういう歴史的事実は、二十世紀にはばっさり切り捨てられた。ディヌールとその同僚たちは、十八世紀のパレスチナのユダヤ人人口は二％だったという統計を用いて、聖書に記述されている神の約束と近代シオニストのパレスチナ獲得という要求の妥当性を「証明」したのである。[24] これが標準的歴史として受容されるようになった。英国の著名な歴史学教授の一人であるマーティン・ギルバート卿が『アラブ・イスラエル紛争地図』(*The Atlas of the Arab-Israeli Conflict*) という本を書いた。これはケンブリッジ大学出版局から出版され、版を重ねた。[25] 紛争の歴史を聖書時代から辿り、もともとパレスチナはユダヤ王国で、現在二〇〇〇年の離散生活を経てユダヤ人がパレスチナへ帰還しているのだと、ごく当然のように説明している。冒頭にある四つの地図がすべてを物語っている。第一の地図は聖書で描かれるパレスチナの地図。二番目はローマ軍支配下のパレスチナの地図。三番目は十字軍時代のパレスチナの地図。そして最後の地図は一八八二年のシオニスト入植第一波の頃のパレスチナのものである。中世から一八八二年までパレスチナが存在しなかったかのような扱いである。外国人がパレスチナへ侵入したとき――ローマ人、十字軍、シオニスト――だけ、記述に値するパレスチナが存在したのであった。

イスラエルの学校で使われる教科書も、聖書にある神の約束に基づいた権利というメッセージを生徒に伝えている。二〇一四年に教育省が全学校に配布した公式文書には、「聖書がイスラエル国の文化的基盤を提供している。我々のこの地における権利は聖書が証明している」とあった。(26) 聖書を学ぶ授業が拡大され、カリキュラムの中で重要な部分となっている――パレスチナにおけるユダヤ人の主権を正当化する古代史としての聖書の役割が重要なのだ。聖書の物語、そこから引き出せる民族的教訓、ホロコーストの学習が、一九四八年の建国の学習と融合されて、子どもたちに課せられる。この二〇一四年文書は、一九三七年にダヴィド・ベン＝グリオンが英国王立ピール委員会（ユダヤ人とパレスチナ人の紛争の激化の解決策を見出すべく英国が派遣した調査団）に対して示した「証拠」と直結するものであった。ベン＝グリオンは委員たちの鼻先で聖書を振り回して、「これこそが我々のクッサン［オスマン帝国の土地登録証書］だ。我々のパレスチナにおける権利は委任統治国の勅令から生じるのではなく、聖書から生じるのだ」と叫んだのであった。[27]

言うまでもないが、聖書とヨーロッパでユダヤ人に起こったことと歴史の一ページとしての一九四八年戦争を一緒くたにして教えることは、歴史的に何の意味もなさない。しかし、イデオロギー的に三者はつながっており、現在あるユダヤ人国の基本的正当性として生徒に教え込むべきものなのだ。本章で考察した聖書の役割から必然的に導かれる次なる問題は、シオニズムは植民地主義運動か、ということである。

註

（1）Gershom Scholem, *From Berlin to Jerusalem: Youth Memoirs*, Jerusalem: Am Oved, 1982, p. 34 (Hebrew).

（2）以下の改革派からの引用は、彼らに批判的で親シオニズム的だが、情報としては有益な資料である Ami Isserof, "Opposition of Reform Judaism to Zionism: A History," August 12, 2005, at zionism-israel.com から。

（3）Walter Laqueur, *The History of Zionism*, New York: Tauris Park Paperback, 2003, pp. 338–98.

（4）ブントに関する最新の研究は、Yoav Peled, *Class and Ethnicity in the Pale: The Political Economy of Jewish Workers' Nationalism in Late Imperial Russia*, London: St. Martin's Press, 1989.

（5）M. W. Weisgal and J. Carmichael（eds.）, *Chaim Weizmann: A Biography by Several Hands*, New York: Oxford University Press, 1963.

（6）Elie Kedourie, *Nationalism*, Oxford: Blackwell, 1993, p. 70.

（7）Shlomo Avineri, *The Making of Modern Zionism: Intellectual Origins of the Jewish State*, New York: Basic Books, 1981, pp. 187–209.

（8）この本はjewishvirtuallibrary.orgから無料でダウンロードできる。

（9）Eliezer Shweid, *Homeland and the Promised Land*, Tel Aviv: Am Oved, 1979, p. 218（Hebrew）を参照。

（10）Micha Yosef Berdichevsky, "On Both Sides," quoted in Asaf Sagiv, "The Fathers of Zionism and the Myth of the Nations," *Techelt*, 5（1998）, p. 93（Hebrew）.

（11）これに関する優れた考察はAdam Rovner, *In the Shadow of Zion: Promised Lands Before Israel*, New York: NYU Press, 2014である。

（12）この視点を適切な参考資料を添えて見事にまとめたものが、Stephen Sizer, "The Road to Balfour: The History of Christian Zionism"で、balfourproject.orgで閲覧できる。

（13）Ingrid Hjelm and Thomas Thompson（eds.）, *History, Archaeology and the Bible, Forty Years after "Historicity,"* London and New York: Routledge, 2016.

（14）Ilan Pappe, "Shtetl Colonialism: First and Last Impressions of Indigeneity by Colonised Colonisers," *Settler Colonial Studies*, 2:1（2012）, pp. 39–58.

（15）Moshe Beilinson, "Rebelling Against Reality," in *The Book of the Second Aliya*, Tel Aviv: Am Oved, 1947（Hebrew）, p. 48. 同書は第二次アリヤー（移住）ユダヤ人の日記、手紙、投稿記事などを集めたもの。

（16）Yona Hurewitz, "From Kibush Ha-Avoda to Settlement," in *The Book of the Second Aliya*, p. 210.

（17）Ilan Pappe, "The Bible in the Service of Zionism," in Hjelm and Thompson, *History, Archaeology and the Bible*, pp. 205–18.

（18）彼らの作品や、シオニズム研究に早くから植民地主義パラダイムを導入した議論については、Uri Ram, "The Colonisation Perspective in Israeli Sociology," in Ilan Pappe（ed.）, *The Israel/Palestine Question*, London and New York: Routledge, 1999, pp. 53-77を参照されたい。

（19）Michael Prior, *The Bible and Colonialism: A Moral Critique*, London: Bloomsbury 1997.

（20）この危険を詳しく論じた優れた本は、ヘブライ語だが、一つある。Sefi Rachlevski, *The Messiah's Donkey*, Tel Aviv: Yedilot Achronot, 1998.

（21）シャケドの公的フェイスブックに二〇一四年七月一日に現れた文言で、各紙が報道した。

（22）Jonathan K. Crane, "Faltering Dialogue? Religious Rhetoric of Mohandas Gandhi and Martin Buber," *Anaskati Darshan*, 3:1（2007）, pp. 34-52で引用されているもの。他にもA. K. Ramakrishnan, "Mahatma Gandhi Rejected Zionism," *The Wisdom Fund*, August 15, 2001, at twf.org.

（23）Avner Falk, "Buber and Gandhi," Gandhi Marg, 7th year, October 1963, p. 2で引用されているもの。両人のダイアログを収めたものは他にGandhi Archivesなどのウェブサイトがある。

（24）ベン＝ツィオン・ディナブルグの*The People of Israel in their Land: From the Beginning of Israel to the Babylonian Exile*は一九三六年にヘブライ語で出版され、一九四六年には第二巻*Israel in Exile*が刊行された。

（25）Martin Gilbert, *The Atlas of the Arab-Israeli Conflict*, Oxford: Oxford University Press, 1993.

（26）この文書は二〇一四年一一月二九日の公的ウェブサイトに載った。

（27）Tom Segev, *One Palestine, Complete*, London: Abacus, 2001, p. 401.

〔訳註1〕十八世紀後半から十九世紀にかけて生まれた啓蒙主義の影響下に、主としてドイツの都市部ユダヤ人社会で、ユダヤ固有の文化に閉じ籠るのをやめ、ヨーロッパ文化を身につけて社会的差別から解放されようという動き。

〔訳註2〕オーストリアの新聞社のパリ特派員としてドレフュス事件を取材し、大きな衝撃を受け、同化主義からシオニストに転向したと言われる。ユダヤ人差別と同時に、文豪ゾラなどの差別反対運動もあったが、彼は差別面のみを見た。

〔訳註3〕ユダヤ教を信仰しているか、あるいは先祖がユダヤ人だったドイツ人という意味。

〔訳註4〕モーゼの兄で、最初のユダヤ教祭司。

〔訳註5〕一九二一年ドイツ生まれの現代史研究者。エルサレムへ移住し、キブツで暮らし、ヘブライ大学で学んだが、後に英国へ移住、やがて米国の大学でヨーロッパと中東の関係史を研究、教授した。

〔訳註6〕ハシディズム（敬虔主義）は十八世紀東欧で生まれた神秘主義的ユダヤ教であり、イスラエルでは超正統派の一部とされる。ハシディズムではユダヤ教生活をおくる共同体は「宮廷」と呼ばれ非常にたくさんあり、ジコブ派はその一つである。

〔訳註7〕パレスチナの地のシオニストはヨーロッパで異郷生活をおくるユダヤ人を「醜く、劣等で、精神が錯乱している」（詩人レア・ゴールドバーグの言葉）と軽蔑し、自分たち労働シオニストは創造的で逞しい「新人間」だと考えた。そのため、イスラエルへ逃れてきたホロコースト生存者は長らく差別された。

〔訳註8〕ヘルツルはドイツや英国など大国との外交を通じてユダヤ郷土建設を図ったので「政治的シオニズム」と呼ばれたが、ポグロムに苦しむ東欧やロシアのシオニストは合法・非合法を問わずパレスチナ移住を行ったため、「実践的シオニズム」と呼ばれた。実践的シオニズムの主たる担い手

は社会主義シオニストまたは労働シオニストだった。彼らは政治的シオニズムと統合し「総合的シオニズム」（ハイム・ワイツマンの用語）として主流派となり、ベン＝グリオンの時代へと移る。

〔訳註9〕宗教シオニズムや労働シオニズムだけでなく、一般に善玉と解釈される文化シオニズムも含まれている。実際、パレスチナ人に同情的なブーバーやアーレント、アインシュタインなどの論文を読むと、ユダヤ中心主義ではないとしても、ヨーロッパ中心主義的で、後進パレスチナ人が西洋文明化したユダヤ人と仲良くすれば幸せになれるという論法が感じ取れる。

〔訳註10〕キブツ、エルサレムのムフティのヒットラーとの会見、ホロコーストへの同情などから、イスラエルを進歩的左翼、パレスチナを反動的右翼と解釈したヨーロッパの左翼が多かった。

〔訳註11〕オスロー合意に調印して「和平」を進めたラビン首相が、一九九五年一一月四日の平和集会で、宗教右翼「エヤル」（ユダヤ民族戦闘機関）のメンバーである青年イーガル・アミールによって射殺された。アミールは「神の律法によれば、ユダヤ人の土地を敵に渡してしまう者は殺すべきことになっている」と公判で述べた。なお、アミールはイスラエル社会における被差別層のアラブ系ユダヤ人で、ヨーロッパ・シオニズムが産み出した深刻な矛盾の一例と言える。

〔訳註12〕他に有名な事件として、一九九四年プリム祭の日に、ヘブロン入植地キルヤット・アルバのバルーフ・ゴールドシュテインが、礼拝中のイスラム教徒二九人を虐殺した「マクペラ洞窟虐殺事件」がある。

〔訳註13〕極右政党「ユダヤ人の家」（ハバイト・ハイエフディ）の女性党員で、二〇一五年にネタニヤフ政権に入閣。

〔訳註14〕この戦争は六日間でイスラエルが大勝利を収めた。そのことから強国意識が芽生え、安全保障問題は軍事力で克服できるという自信を背景に、大イスラエル主義が台頭した。神が六日間で天地創造したという聖書の記述と六日間で戦争勝利したことが神秘的に結合し、宗教的シオニズムが

急成長した。

〔訳註15〕後に政府はグッシュ・エムニームの不法入植地を追認した。政府も軍事目的あるいはそれ以外の目的で入植地をつくって自国民を移住させた。国際法では占領地の土地や家屋を接収してそこに自国民を移住させることは禁止されており、それを規定するジュネーヴ第四議定書（一九四九）にはイスラエルも署名している。従って「占領」ではなく、「征服」「併合」の意図が最初からあったのは明らか。

〔訳註16〕シオニストの指導者はホロコーストの被害者を助けるというより、それを利用してイスラエルのユダヤ人人口を増やそうとした面もある。ナチにユダヤ人を迫害してイスラエルへ移住するように仕向けてくれと依頼した疑いもある。トム・セゲフ『七番目の百万人――イスラエル人とホロコースト』（拙訳、ミネルヴァ書房、二〇一三年）に詳しい。

〔訳註17〕一八七八～一九六五年。アハド・ハアム、イツハク・エプシュタイン、ジクムント・フロイト、アルベルト・アインシュタイン、ハンナ・アーレント等と並ぶ文化シオニストの大物。ヘルツルらのシオニズムに反対し、アラブ人との共存を主張した。日本語訳に『ひとつの土地にふたつの民――ユダヤ‐アラブ問題によせて』（合田正人訳、みすず書房、二〇〇六年）、『我と汝・対話〔新装版〕』（田口義弘訳、みすず書房、二〇一四年）などがある。訳者の考えでは、文化シオニストには、アラブ人は先進的ユダヤ人と共存することによって後進性から脱却できるという保護者的態度があり、西洋中心的な考え方が目立つ。Adam Shatz (ed.), *Prophets Outcast* (2004) の第二章、The Other Zionism に収録されている文化シオニストたちの論文を参照されたい。

第四章　シオニズムは植民地主義ではない

一八八二年に最初のシオニスト入植者がパレスチナへやってきたとき、パレスチナは無人の地ではなかった。そのことを、すでにシオニスト指導者たちは知っていた。初期シオニズム団体からパレスチナへ派遣された視察団は、「花嫁は美しいが、すでに他の男と結婚している」と故郷の同僚に書き送っていた。[1] にもかかわらず、初期入植者は地元民を見て驚いた。彼らは地元民を侵入者あるいは外国人と見做した。地元民は土地を盗んで住み着いた外国人と見做された。シオニズム運動指導者は、地元民は先住民ではなく、土地に対して何ら権利を有していないと入植者に説明した。地元民の存在は解決しなければならないし、解決できる問題だと考えられた。

これはパレスチナ特有の問題ではなかった。シオニズムは、殖民・植民地主義（settler colonialism）運動であり、南北米大陸、南アフリカ、オーストラリア、ニュージーランドへのヨーロッパ人による入植運動と同じであった。殖民・植民地主義は古典的植民地主義と三点で異なる。第一点は、入植地が本国である帝国に依存するのは初期の一時期だけである。現実にパレスチナや南アフリカで見られたように、入植者は、最初に植民地作り・経営を支援した帝国主義本国の国民でない場合もある。たいていの場合、入植者はその地を帝国主義本国から割譲されたり、時には自分たちの保護者の帝国に対して解放闘争を挑んで新国家として再出発することもあった（たとえば米国独立戦争）。第二の違いは、殖民・植民地主義は外国の土地をわが物にする野心で動いているのに対して、古典的植民地主義は支配地の天然資源の搾取を主たる動機とする。第三の違いは植民地処遇の仕方。古典的植民地主義は帝国あるいは宗主国の利益のための植民地経営を行うのに対して、殖民・植民地主義の入植者は、ある意味では「難民」であって、それも住処を求めるのでなく、自分の国家を求める特殊な「難民」である。すでに他の人々が住んでいるところに国を作ろうとするのだから、問題が起こるのは当然である。彼らはその問題に対して、新天地は神から授かったもの、あるいは神からそこを開発する使命を与えられたという論理で対処する。〔訳註1〕もっとも、数千年前にそこに住んでいたことを理由にあげるのはシオニストだけであった。たいていの場合、先住民問題の処理方法は、ジェノサイドであった。

殖民・植民地主義研究の優れた研究者パトリック・ウォルフ〔訳註2〕は、殖民・植民地主義事業の原動力を「排除の論理」と呼んだ。それは、入植者が先住民を駆逐するために必要な倫理的正当化と実際的手段の開発である。(2) ウォルフが書いているように、この論理は、時にはジェノサイドの形をとったり、時には民族浄化や、先住民にいかなる権利も認めない抑圧的統治の形をとったりする。(3) 私はこの「排除の論理」の中に浸透しているものとしてもう一つの論理、「非人間化の論理」を付け加えたい。ヨーロッパで迫害された被害者は、今度は自分が新天地で同じ迫害を行う加害者となるにあたって、対象になる先住民を人間以下のものだとする非人間化の論理が必要だったのだ。

この双子の論理により、たとえば南北アメリカ大陸では、殖民・植民地主義運動は先住民部族とその社会を根こそぎ破壊した。両大陸の先住民は、虐殺、強制的改宗、最後には居留地に閉じ込められた。同じことがオーストラリアのアボリジニー、それほど酷くない程度であったがニュージーランドのマオリ人にも起こった。南アフリカでもアルジェリアでも同じで、最後には南アフリカではアパルトヘイト制度が先住民に押し付けられ、アルジェリアではもっと複雑なシステムが約一世紀間にわたって先住民に押し付けられた。

従ってシオニズムは決して独特な(sui generis)なものでなく、帝国主義的植民地主義という社会悪の一例である。これは、シオニスト入植事業の策謀を理解するうえで重要であるばかりでなく、パレスチナ人の抵抗運動を理解するうえでも重要である。パレスチナが土地なき民を待っていた民なき土地だという主張が罷り通れば、パレスチナ人の抵抗は自衛闘争ではなくなってしまう。自らの土地を守り取り戻そうとする闘いは、正当な所有者に対する暴力、あるいは略奪行為になってしまう。シオニストが先住民の土地を奪った植民地主義者で、その被害者パレスチナ人が当然の抵抗権を行使しているという真実の姿が見えなくなる。両者は同一平面で扱われ、単なる土地をめぐる争いになってしまう。

イスラエルの公式説話、つまり基底的神話は、一八八二年から始まったユダヤ人のパレスチナ殖民活動に対するパレスチナ人の反対など頭から認めない。パレスチナ人の反対や抵抗は最初からユダヤ人嫌悪が動機と説明されてきた。反ユダヤ主義が、第一次入植からイスラエル建国までいろいろ形を変えたテロ活動として続いたのだと説明された。しかし、初期シオニストたちの日記には、まったく異なる状況が記録されている。地元民パレスチナ人が住居の世話をしてくれたり、耕作方法を教えてくれたり、暖かくユダヤ人入植者を迎えたという逸話がたくさんある。(4) パレスチナ人がユダヤ人入植に抵抗し始めたのは、入植者が地元民の中で共存するのでなく、地元民を追い出して自分たちの領土を作るという意図が明らかになってからであった。その抵抗はすぐに反植民地闘争の形をとった。

困窮したユダヤ人が安住の場所を求める権利があることに、パレスチナ人もパレスチナ人を支援する人々も反対しなかった。しかし、救済の手を差し伸べるパレスチナ人に対してシオニスト指導者はまったく礼を返さなかった。パレスチナ人が初期入植者たちに住居や仕事の世話をしたり、雇い主が誰であろうとユダヤ人移民といっしょに働くことを厭わなかったのに対し、シオニズム思想家はパレスチナ人を労働市場から駆逐する方針や、パレスチナ人といっしょに働いたりパレスチナ人を雇用する入植者を処罰するという方針を打ち出した。これは「アヴォダ・イヴリト」（ヘブライ人の労働）という概念で、「アヴォダ・アラヴィト」（アラブ人の労働）を排除するイデオロギーである。〔訳註3〕ゲルション・シャフィールは、第二次シオニスト移民の波（一九〇四～一四年）である「第二次アリヤー」〔訳註4〕に関する自著の中で、このイデオロギーが開発され実行されたプロセスを詳しく説明している。(5) この移民の波の指導者はダヴィド・ベン＝グリオン（後にパレスチナのユダヤ人コミュニティのリーダー、そしてイスラエル首相になった）で、彼は絶えずアラブ人労働をユダヤ人の労働だけが治療できる病魔だと言っていた。彼の手紙や入植者たちの手紙には、ヘブライ人労働者こそがこの国の腐敗と死んだような沈滞を蘇らせる健康な血液であるという文言があった。ベン＝グリオンは、ユダヤの昔話に獅子を蘇生させてその獅子に食い殺された愚かな男の話があるが、アラブ人労働者を雇うことはその話を思い起こさせると言った。(6)

英国統治時代（一九一八～四八年）に入植した者の中には、初めのうちパレスチナ人が好意的に迎えてくれたことに戸惑う者もいた。植民地主義的衝動としては、地元民を無視したゲーテッド・コミュニティ〔訳註5〕を建設することが求められた。しかし、実際の生活では異なる展開となった。新参ユダヤ人移民と先住地元民の間の共存・協力関係がほとんどのところで見られた。その証拠は今もたくさん残っている。ユダヤ人移民、とりわけ都市部へ入った移民はパレスチナ人と関係を持たなければ、少なくとも経済生活で関係を持たなければ暮らしが立たなかった。シオニズム指導部が何度もそういう関係を禁じたが、英国委任統治の間にアラブ人・ユダヤ人の共同経営事業所や、共同労働組合や、共同農業組合が誕生した。せっかく庶民レベルでそういうものが成立したのに、上からの政治的支援がなかったので、それが新しいパレスチナの道とはならなかった(7)。

シオニズム運動が露骨に侵略的になるにつれ、パレスチナ人政治指導部も民衆同士の親交に反対するようになった。パレスチナの政治的、社会的、文化的エリートが、シオニズムが植民地主義運動だということに次第に気づき始めたのだ。その認識の高まりに応じて入植者に対抗する自らの民族アイデンティティを共有する意識も高まった。そしてついに、民衆レベルのパレスチナ人・ユダヤ人の共同事業や相互交流を禁止する圧力が、パレスチナ側からも生まれた。パレスチナ側の政治的運動は誕生までにかなり時間がかかり、ようやく小さなグループ「ムスリム・クリスチャン協会」がいくつかのパレスチナ人町で生まれた。この協会の指針は基本的には近代的・世俗的原理に基づいているが、当時のアラブ世界に広まっていた二つの思想とつながっていた。一つは汎アラブ主義というビジョンで、もう一つはそれと各地の郷土愛とが結びついたものである。後者は特に第二次世界大戦後に強くなった。

アラブ民族主義が初めて爆発したのは十九世紀後半であった。それはオスマン帝国世界を独立アラブ共和国、たとえば米合衆国あるいはオーストリア・ハンガリー帝国のように、アラブ・オスマン帝国のようなものにしたいという願望であった。しかしこの願望は、英国とフランスの、オスマン領中東地域を両国の間で分け合うという野心に逆らい得ないことが明らかになると、オスマン帝国の行政区画や西洋植民地大国の地域分割に合わせるような形で、より地域的な民族主義へと変貌していった。第一章で述べたように、前者の汎アラブ的民族主義運動は「カウミーヤ」、後者の地域的民族主義運動は「ワタニーヤ」と呼ばれた。パレスチナ人社会もこの二つの民族主義運動を担った。パレスチナ人知識人はアラブ統一、独立、民族解放を求めるいろいろな組織や運動に関与し、その担い手となった。同時に、英国がヨーロッパ列強の支援のもとでパレスチナと呼ばれる地政学的空間の規定を行うよりも前に、独自の慣習、アラビア語方言、共通歴史という形で表されるパレスチナという概念を発達させていた。

十九世紀後半にシオニストがパレスチナへやってきた頃には、この二つの民族的感情がパレスチナ人社会の中にあった。統一アラブ共和国の夢を抱く知識人や活動家がいた。大シリア——ダマスカスを首都としパレスチナがその一部になる新国家樹立を主張する者もいた。英国がパレスチナ統治を担い、国際社会が国際連盟を通じてパレスチナの未来を議論し始めたとき、パレスチナ人著名人たちは、『南シリア』という雑誌の刊行を始め、同名の政党を立ち上げることも検討していた。[8] 一九一九年、ウッドロウ・ウィルソン米合衆国大統領はキング＝クレーン調査団を派遣してパレスチナ人の希望を調査させた。調査団はほとんどのパレスチナ人が独立を望んでいることを知った。

汎アラブ主義者であろうと、地域民族主義者であろうと、あるいは大シリア主義者であろうと、パレスチナ人はユダヤ人国の一部になりたくないという点では一致していた。彼らの指導者は、小さなパレスチナの一部分を入植者社会に割譲するという政治的解決に反対した。彼らは、一九二〇年代末に英国との交渉の中で明らかにしていたように、すでに移住してきた入植者とはいっしょに暮らすが、これ以上の入植移民は受け入れられないという意志を表明した。[9] 彼らの集団的意志は、一九一九年から一〇年間毎年開催されたパレスチナ民族会議（Palestinian National Conference）の執行機関が明確に、具体的に表現していた。この機関は英国政府やシオニスト運動体との交渉でパレスチナ人を代表する役割を担うことになっていた。しかし、そういう交渉が始まる前に、英国政府は関係者間の資格の同等性について合意を作り上げようとした。一九二八年、パレスチナ指導部は、パレスチナ人民の圧倒的多数の意志に耳を貸さずに、未来の国家の諸機関にユダヤ人入植者の代表を同等の資格で参加させることに同意した。シオニスト指導者は、もともとパレスチナ側が拒否するものと思っていたので、一応賛成の意を表していたのだった。そもそも双方が平等に代表を出し合って共有する公的機関などはシオニズムの大義に反するものであった。だから、予想に反してパレスチナ側が英国の提案を受け入れたので、シオニスト側は慌てて拒否を表明した。このことから一九二九年のアラブの反乱〔訳註6〕が勃発し、ヘブロンでユダヤ人が虐殺され、それ以上のパレスチナ人が殺害された。[10] しかし、英国の委任統治が始まって以来最大規模だったこの暴力の波には、他の理由もあった。不在地主や地域有力者の土地がユダヤ民族基金によって買収され、何代にもわたってその土地を耕してきたパレスチナ農民が追い出されたのが、暴動の本当の原因である。農民たちは先祖代々何世紀にもわたってその土地に住み、その土地を耕してきたのだったが、そこを追われて都市のスラムへ移らざるを得なくなっていた。そのようなスラムの一つ、ハイファの北東部にあるスラムで、亡命中のシリアのイスラム教指導者イッズ・アッディーン・アル＝カッサーム（一八八二～一九三五年）が、一九三〇年代初めに弟子や信奉者に呼びかけて、英国とシオニズム運動に対して聖戦を敢行した。彼の名は現在ハマースの軍事部門の名称に使われ、抵抗の遺産が引き継がれている。

一九三〇年をすぎると、アラブ高等委員会という形でパレスチナ指導部が制度化された。これがパレスチナ社会のすべての政党や運動体を包括して代表する機関となった。高等委員会は一九三七年まで委任統治国英国と妥協点を見出そうと努力し続けたが、帝国主義政府もシオニストもパレスチナ人の意見をまったく眼中に置かず、一方的に地域の将来を決定していった。その頃にはもうパレスチナの民族運動は、シオニズムを打倒すべき植民地主義事業と見做すようになっていた。それでも一九四七年、英国がパレスチナ問題を国連へ委ねたとき、パレスチナ側は、他のアラブ諸国といっしょに、パレスチナをユダヤ人を含む統一国家とすることを提案した。国連は七か月かけてパレスチナのあり方を議論し、二つのオプションからどちらか一つを選ぼうとした。一つはパレスチナ側が提案する統一国家案で、それはすでにパレスチナに住んでいるユダヤ人入植者を許容して国民に入れるが、それ以上のシオニスト入植を許さないというもの。もう一つは、パレスチナをアラブ人国家とユダヤ人国家に分割する案。国連は後者を選んだ。それがパレスチナ人に伝えたメッセージは、入植者との合同生活は不可、土地の半分はお前たちのものだが残る半分は入植者に譲れ、というものだった。

このことから見ても、シオニズムは殖民・植民地主義運動であり、パレスチナ民族運動は反植民地主義運動だと規定することができる。こういう文脈に置くと、第二次世界大戦前及びその間のパレスチナ人社会の指導者ハーッジ・アミーン・アル＝フサイニー〔訳註7〕の行動と政策は、歴史的事実として一般に理解されている言説とは異なる視点で解釈することができる。読者もご存じのように、彼はナチの同調者だというのが、イスラエルが繰り返して流すプロパガンダである。もちろん彼は天使のような人物ではなかった。彼は若い頃にパレスチナの実力者たちや英国当局によって地域の宗教界の重要な地位、エルサレムの大ムフティに祭り上げられた。この地位のおかげで、アル＝フサイニーは英国委任統治時代（一九二二〜四八年）のパレスチナで政治的権力と高い社会的地位を保持できた。その立場でシオニストの植民地化事業下のパレスチナ社会を指導しようとした。一九三〇年代、イッズ・アッディーン・アル＝カッサームのような人たちが武装闘争を始めたときは、アル＝フサイニーはそのような暴力的抵抗に加わらないようにと民衆を指導した。それにもかかわらず、彼が英国の政策の変更を求めるストライキ、デモ、その他の市民的抵抗を認めると、たちまち英国当局から敵と決めつけられ、一九三八年にエルサレムを脱出しなければならなくなった。(11) こういう状況では、敵の敵、つまりイタリアかドイツへ逃げるしかなかった。ドイツで二年間の亡命生活を送っている間に、彼はナチ思想の影響を受け、ユダヤとシオニズムの区別ができなくなった。彼はナチ党のためにラジオ・コメンテーターとして活躍し、バルカン半島のムスリムたちへドイツに戦争協力せよと呼びかけたことで、歴史的汚名を着ることになった。しかし、彼の行為は一九三〇年代のシオニズム指導者の行為と何ら異なるものではなかった。シオニストは反英闘争の中でナチとの同盟を求めたのであった。〔訳註8〕 また、アル＝フサイニーの行為は、植民地支配から脱するために植民地宗主国の敵と同盟関係を結んだ他の反植民地運動と異なるものではなかった。

一九四五年に戦争が終わったとき、大ムフティは正気に戻り、ナクバ（一九四八年の「破局」）

前にパレスチナ人を組織化しようとした。しかし、地元ではすでに彼の影響力はなく、それに彼が所属していたオスマン帝国アラブの都市有力者社会も消失していた。彼を非難しなければならないとすれば、彼のシオニズムに関する誤った認識ではなく、彼のパレスチナ農民の苦しみに対する共感の欠如と、他のパレスチナ有力者と協調しなかった点であろう。そのために反植民地主義運動が弱体化したからだ。米国のシオニストが作成した『ホロコースト・エンサイクロペディア』では、アル＝フサイニーの項目がヒトラーの項目に次いで長い記述だが、彼の行為がそんな扱いを受けるに値するとは思えない[12]。結局、彼の功績も間違った行為もパレスチナの歴史の流れに大した影響を与えることはなかった。戦後、連合国は彼を戦争犯罪人と扱わず、帰還を許したが、パレスチナではなくエジプトへの帰還であった。

数々の欠陥はあったが、彼は、一九三八年にパレスチナから脱出する前の期間と亡命生活の一時期、反植民地運動を指導した。彼がエルサレムの大ムフティー——郷土を盗み取り、信者の生活を脅かす植民地主義運動に対する闘いに宗教を動員しなければならない立場——であったことは重要な点ではない。この種の運動には何らかの形で宗教が関与しているが、宗教運動ではない。たとえばアルジェリア民族解放運動（FLN）もイスラムと強いつながりがあったし、同じように第二次世界大戦後イタリア、英国、フランスからのアラブ世界の多くの独立運動もイスラムとつながっていた。しかし、どれも宗教を原理とする運動ではなかった。同様に、アル＝フサイニーが武装闘争を支持したこと、あるいはアル＝カッサーム（一九三五年に英軍によって殺害され、ハイファ近くに埋葬された）のような武闘派がいたことも反植民地主義運動の固有の特徴ではない。南アメリカや東南アジアの解放運動も平和的運動ではなかった。それらの運動は政治的交渉と並んで武装闘争も展開した。もしアル＝フサイニーがパレスチナへ帰還できていたら、シオニズムが殖民・植民地主義であるばかりでなく、もっと重要なことに、シオニズムが決定的な存在形態を樹立する事業に着手していることを理解したであろう。

一九四五年までにシオニストは人口約二〇〇万人の国へ五〇万人以上のユダヤ人を入植させていた。委任統治国英国政府の認可による移民もあれば、不法移民もあった。どちらの場合でも地元住民への相談はなく、パレスチナをユダヤ人国家にする計画への地元民の抗議はまったく考慮されなかった。入植者は国家内国家を作り上げていた——国家に必要な基盤《インフラ》をすべて作り上げていた——が、ただ二つの点がうまくいかなかった。彼らが買収できた土地は全土の七％にすぎず、とても未来の国家建設には足りなかった。それに人口面で少数派であった——自民族の国家に仕立て上げようとする地で三分の一の人口であった。

すべての殖民・植民地主義運動がそうであったように、こういう問題の解決法は、先住地元民の絶滅と非人間化という双子の論理である。土地所有を七％以上に拡大し、人口多数性を確保するためには、地元民を追い出すしかない。だからシオニズムは殖民・植民地主義事業であり、その事業はまだ終わっていないのだ。パレスチナはまだ完全にユダヤ人多数の地ではない。イスラエルは様々な手段でパレスチナの政治的支配を実現しているが、殖民・植民地主義事業はまだ継続中である――ガリラヤ地域、ネゲヴ地域、西岸地区で、ユダヤ人の数を増やす目的で新しい入植地を作っている。パレスチナ人から土地を奪い、先祖代々そこに住む人々の町や村や畑への権利を破壊しながら。

註

（1）Benjamin Beit-Hallahmi, *Original Sins: Reflections on the History of Zionism and Israel*, London: Palgrave Macmillan, 1992, p. 74.

（2）Patrick Wolfe, "Settler Colonialism and the Logic of Elimination of the Native," *Journal of Genocide Research*, 8:4（2006）, pp. 385-409.

（3）Ibid.

（4）Pappe, "Shtetl Colonialism."

（5）これらシオニズム研究へと続く植民地主義的パラダイムの初期形態を詳しく紹介している論文は、Ram, "The Colonisation Perspective in Israeli Sociology."

（6）Natan Hofshi, "A Pact with the Land," in The Book of the Second Aliya, p. 239.

（7）私は自著 *A History of Modern Palestine* の中でこの共同・協力関係を詳述している。pp. 108-16.
（8）Khalidi, *Palestinian Identity*, p. 239.
（9）Pappe, *A History of Modern Palestine*, pp. 109-16.
（10）Ilan Pappe, *The Ethnic Cleansing of Palestine*, Oxford: Onwworld, 2006, pp. 29-39.
（11）Pappe, *The Rise and Fall of a Palestinian Dynasty*, pp. 283-7.
（12）詳細は Ilan Pappe, *Idea of Israel: A History of Power and Knowledge*, London and New York: Verso, 2010, pp. 153-78 を参照されたい。

〔訳註1〕ノーベル文化賞受賞者キプリングの「白人の重荷」（whiteman's burden）という野蛮の文明化使命（オーウエルはそれを「英帝国主義の伝道」と呼んだ）や、米国の先住民虐殺を合理化した「明白な使命」（manifest destiny）など。最近では米国のアラブ介入を合理化する「民主主義の輸出」があり、この論理は今も続いている。

〔訳註2〕オーストラリアの文化人類学者、歴史学者。主著に *Settler Colonialism and the Transformation of Anthropology* や *Traces of History* などがある。

〔訳註3〕一九〇八年、エレッツ・イスラエル（イスラエルの地）事務所のヤアコヴ・テホンが「ヘブライの労働」問題について、まず「アヴォダ・イヴリト」という目標への経済的・心理的障害とアラブ人大衆を雇用することの危険を詳しく述べた後で、アラブ人の農業労働者の「代わりとして」セファルディムとかミズラヒームと呼ばれるアラブ・アフリカ系ユダヤ人の存在の重要性を提起した。「アシュケナジー・ユダヤ人が都市労働以外の仕事に向いているとは思えないので、オリエント系、特にイエメンやペルシアのユダヤ人をパレスチナへ連れてきて農業労働者として雇用すればよい」と論じた。テホンはさらに続けて「彼らはアラブ人と同じように耐久生活に慣れており」、「その意

味でアラブ人と互角に競争できる」と述べた。イスラエル建国後も、ヨーロッパ・ユダヤ人は賃金が高い米国へ移民し、イスラエルを嫌ったので、安価な労働力としてオリエンタル・ユダヤ人を、差別し文化的・歴史的にデラシネ化しながら、招き入れた。これは、もう一つのイスラエル・アラブ問題といえる。

〔訳註4〕主としてロシアからの移民で、約三万五〇〇〇人。ロシアを含む東欧からの移民は一八七〇～一九二〇年まで続き、第二次アリヤーはその一部であった。移民の行く先は主として北米で、他に南米、オーストラリアがあり、オスマン帝国領パレスチナへの移民は少数。移民の原因は経済的困窮とポグロムである。

〔訳註5〕ゲートを設け、警備員を配置し、周囲を塀で囲んで住民以外の者の敷地内への出入りを制限する住宅地で、現在でも第三世界の富裕層や外国人の住宅地に見られる。米国の高級住宅地も同じ。

〔訳註6〕エルサレム旧市街の「嘆きの壁」でユダヤ人とパレスチナ人が衝突し、四〇〇人以上の死傷者が出た。パレスチナ人はゼネストで抗議した。このとき、イスラエルが宣伝に使うパレスチナ武装グループによるユダヤ人虐殺事件がヘブロンで起きた。「一九二九年、ヘブロンで六七人のユダヤ人がアラブ人群衆に殺害された事件がある。この事件はイスラエルの建国神話の一つとして記憶され、アラブ・ユダヤ人関係を表す象徴として伝えられている……しかし、一九二九年当時のヘブロンのユダヤ人住民が証言しているように、ムスリム隣人たちはユダヤ人を自宅にかくまい、負傷者の手当てをしたので、ヘブロンのユダヤ人コミュニティの住民のほとんどが命拾いした」と、Ali Abunimah が自著 *One Country* の中で、Tom Segev, *One Palestine, Complete* を引用して書き、「事件のこういう面が民族関係の象徴として記憶されていたら、歴史はもっと違った姿になっていたであろう」と付言している。

〔訳註7〕一八九五～一九七四。エルサレム大ムフティ、最高ムスリム評議会議長、全パレスチナ政府

大統領、パレスチナ民族評議会議長の称号を持った。

〔訳註8〕ハンガリーのシオニスト組織のルドルフ・カストナーが、自分が選出した家族・友人を含むユダヤ人をスイスへ脱出させる合意をハインリッヒ・ヒムラーと結んだ事件や、シオニスト＝ナチ通商協定「ハーヴァラ協定」など、イスラエル建国のために同胞ユダヤ人を裏切ったシオニストの行為は、やがて歴史の闇から掘り出されるであろう。トム・セゲフ『七番目の百万人』（拙訳、ミネルヴァ書房）を参照されたい。

第五章　一九四八年にパレスチナ人は自ら居住地を捨てた

この神話には二つの疑問があり、それを検討する。第一は、パレスチナ人を追い出す意思があったのか。第二は、一九四八年戦争前夜、シオニズム神話が主張しているように、パレスチナ住民に自発的に家を捨てよという呼びかけがあったのか。

シオニズム思想の中でトランスファー（移転）が中心的概念であることは、ヌール・マサールハの『パレスチナ人の追放』(1)（*Expulsion of the Palestinians*）の中で、私にとって非常に説得力のあるやり方で検討されている。本章では引用を交えて、シオニズム指導部とイデオローグが念頭に描く事業は、合意に依ろうと武力に依ろうと、先住民の完全排除なくしては完成しないこと〔訳註1〕を強く証明する。ようやく最近になって、長年の否定から転じ、アニタ・シャピラなどシオニストの歴史家は、彼らの英雄であるシオニズム運動指導者たちがパレスチナ人トランスファーを本気で考えていたことを認めた。それでもまだ「強制的トランスファー」「自発的トランスファー」の混同があると言い張っているが。[2] 確かに公式の会議でシオニズム指導者とイデオローグが語るトランスファーは、すべて合意によるトランスファーである。かりにそういう「合意」があったとしても、その裏に苛酷な現実が隠されている。そもそも自発的トランスファーなどあり得ないのだ。現実の話ではなく、意味論的に歪曲された表現だ。

カツネルソンはおそらく一九三〇年代の最も重要なシオニズム・イデオローグの一人であろう。彼はシオニズム運動の良心と呼ばれた人物であった。一貫してトランスファー支持者だった。英国が初めて意味を持つ和平協定を提案した後で開催された第一二回シオニスト会議ではトランスファーを力説し、次のように言った。

私の良心は完全に澄み切っている。近くで敵対し合うより遠く離れて隣人関係でいる方がよいと思う。いろいろ考えたが、結局トランスファーは双方にとってためになる政治的改革だ。これこそが最良の解決法だと、私は長い間確信してきた……やがていつか、そうしなければならない時がくるだろう。[3]

だから、英国政府がパレスチナ人をパレスチナ内部で移動させることを検討しているのを耳にしたとき、カツネルソンはひどくがっかりした。『内部トランスファー』というのは、具体的にはシェケム地域（ナーブルス）へのトランスファーだろう。私はパレスチナ人をシリアやイラクへトランスファーすべきだと思う」と言った。(4)

当時、カツネルソンらシオニズム指導者は、英国が先住パレスチナ人を説得なり誘導なりして土地を離れさせるものと思っていた。一九三七年一〇月にベン＝グリオンが息子のアモスに書いた手紙の中では、武力トランスファーの実施が必要になることをすでに認めていることが記されていた。(5) 同じ年、彼はカツネルソンを支持して、次のように言った。

ユダヤ国建設予定地の渓谷や流域から強制的にアラブ人をトランスファーできれば、我々はこれまでになかったもの、あの第一神殿や第二神殿の時代、我々ユダヤ民族が独立していたときに持っていたものを、実現することができるだろう……想像力を駆使しても考えつかないほどの大いなる機会を得ることになる。国家、政府、主権以上のもの――解放された郷土で民族の結束が実現できるのだ。(6)

一九三七年のシオニスト会議でも、彼は同じように明瞭に、「この国の多くのところでは、アラブ農民をトランスファーしない限り、入植は不可能だ」と語り、そのトランスファーを英国が実施してくれるという期待を表明した。(7) しかし、彼は英国に全面的に依存していたわけではなく、英国がトランスファーをするかしないかにかかわらず、パレスチナにおけるシオニズム事業にとってパレスチナ人追放の役割の重要性を明瞭に表現していた。同じ一九三七年に、彼は「強制的トランスファーによって我々は入植地建設のための広大な地域を得る……私は強制的トランスファーを支持する。そのことに何ら疚しさを感じない」と書いた。(8)

二〇〇八年、右に述べたような過去の声明類を読んだあるジャーナリストは、それから七〇年経過した現在でもそれらの声明が多くのイスラエル人によって受け入れられている現実を認識した。実際、パレスチナ人追放は、一九三七年以降ずっとシオニストのDNAの一部として、現代のイスラエル国に引き継がれ、実行されていることを理解した。(9) しかし、ことはそう簡単にいかなかった。ベン＝グリオンなど指導者は、パレスチナ人の移転説得に成功しなかった場合にとる行動についてはやや慎重であった。同意によるトランスファー以外のことについては、彼らははっきり表現することを控えた。ベン＝グリオンは強制的トランスファーに反対しないとは言ったが、それが現時点で絶対必要だとは見なさなかった。

カツネルソンはベン＝グリオンの煮え切らない姿勢に気づいていた。一九四二年の公式会議で、ベン＝グリオンがパレスチナ人トランスファーの考えを放棄したのではないかと疑う左派シオニスト指導者から質問を受けたカツネルソンは、「私が理解しているシオニズム・イデオロギーの中では、それ「トランスファー」はシオニズム実現の一部です。この見地に立てば、シオニズムとは、あの民族〔パレスチナ人〕を国を越えてトランスファーすることです──同意によるトランスファーです」と答えた。(10) 公式の場では、運動指導者ベン゠グリオンも運動イデオローグのカツネルソンも、自発的トランスファー推進論者であった。「アラブ人トランスファーは他の民族のトランスファーよりも容易である。なぜならこの地域にはたくさんのアラブ国家があるからである」とベン゠グリオン。さらに彼は、パレスチナ人はトランスファーされた方が生活が向上すると付け加えた（なぜそうなるかは言わなかった）。彼はパレスチナ人のシリアへのトランスファーを提案した。もちろん、自発的トランスファーという言葉を使って。(11)

それは本音ではなかった。それに、自発的トランスファーなどが可能であるはずがなかった。実際ベン゠グリオンやカツネルソンの同僚たちには、強制を伴わないトランスファーなど想像すらできなかった。一九三六年六月、トランスファーをテーマにしたユダヤ機関の非公開幹部会議で、ベン゠グリオン、カツネルソン、シャレット〔訳註2〕、ウシシュキン〔訳註3〕などを含む参加者全員が、強制的トランスファーに賛成した。カツネルソンは「強制的トランスファーは何を意味するか。アラブ諸国の意志に反するトランスファーのことか。世界のいかなる国もアラブ諸国の意志に反するトランスファーは実行できないであろう」と、「強制」の意味を説明した。(12) それによれば、「強制」というのはパレスチナ人の抵抗を抑えることであった。

一つ一つのアラブ人村、一人ひとりのアラブ人とトランスファー合意を結ばなければならないとすれば、とても問題解決はできないだろう。アラブ人個々人のトランスファーに関しては、我々はすでに実行している。そんなことでは埒が明かないのだ。アラブ国家と協定を結んで多数のアラブ人をトランスファーすることが必要だ。(13)

これは策略であった。自発的トランスファーを語って漸進的戦略を使いながら、実際には一九四八年のような大規模トランスファーを実施する機会の到来を待っていたのだ。ベニー・モリスは自著『パレスチナ難民問題の誕生』(*The Birth of the Palestinian Refugee Problem*)の中で、トランスファーは実際には少しずつ起きたので、決して大量追放ではなかったと書いているが、かりにその主張を受け入れても、その漸増的トランスファーが重なってある一定の数を超えると、結果は大規模な民族浄化となるではないか――それについては後述する。

一九三八年六月のシオニスト会議の議事録を読むと、自発的トランスファーという語が実質的に強制的トランスファーを意味する語として使用されていることがわかる。ベン＝グリオンは、強制的トランスファーを英国がやってくれれば、「パレスチナへのユダヤ人入植にとって歴史的な大成果をもたらすであろう」と述べ、「私は強制的トランスファーに賛成だ。それを人倫に反する行為だとは思わない」と付言した。有名な指導者・イデオローグであるメナヘム・ウシシュキンも、「アラブ人をパレスチナからもっとよい生活ができるところへ移転させるのは人道的行為だ」と、ベン＝グリオンを擁護した。おそらくバルフォア宣言の背後にあるのはそういう人道的意図であろうとさえ言った。だから急いでトランスファーの方法や規模などを決める議論を始めようとせき立てた。その具体的内容が決まったのは一九四八年になってからだが、その基本方針は一九三八年のシオニスト会議で決定されていた。強制的トランスファーに反対したのはごくわずかであった。トランスファー先はシリアとされ、最初のトランスファーは最低でも一〇万人の規模にすることが話し合われた。[14]

第二次世界大戦中、トランスファー議論は小休止した。パレスチナのユダヤ人社会はユダヤ人移民の数を増やすことと未来のユダヤ人国樹立の準備に力点を置いた。トランスファー議論が再開したのは、英国がパレスチナ統治から手を引くことが明らかになったときであった。英国は一九四七年二月に委任統治放棄を宣言した。強制的トランスファー議論が盛んになったのはその年であった。私は自著『パレスチナの民族浄化』（*The Ethnic Cleansing of Palestine*）の中で、一九四七年に燃え上がった議論が発展して一九四八年三月のパレスチナ人大量追放マスタープラン（D計画）になった過程を精察した。それについては、本章で後述する。しかし、イスラエルの公式説明は、パレスチナ難民はイスラエルが作り出した難民ではないというもので、それは何年間も変わらなかった。つまり、パレスチナ人指導者またはアラブ世界の指導者が、アラブ諸国軍が侵攻してイスラエル人を追い出すから、それまで一時避難してその後で帰ればよい、と呼びかけたのでパレスチナ難民が発生したという説明であった。しかし、そのような呼びかけはなかった――それはイスラエル外務省が捏造した神話であった。一九四八年戦争直後、ごく短期間、国連が和平プロセスを試みたが、その時イスラエル外務省は、難民は自発的脱出の結果であって、イスラエルの攻撃が生み出したものではないという立場を取った。国連はそれを証明する証拠の提起を要求しなかった。しかも、和平プロセスは非常に短かった（一九四九年初めの数か月間）。そのため、難民問題は何年間も国際舞台から消されてしまった。『ハアレツ』に寄稿していたフリーランス記者シャイ・ハズカニ〔訳註4〕の勤勉な取材活動のおかげで最近明らかになったことだが、イスラエルが主張する「自発的難民」を証明する証拠を提出する必要が、一九六〇年代初期に持ち上がっていた。[15] 彼の調査によると、ケネディ政権初期の頃、米政府が一九四八年難民の帰還を許可するようにイスラエルへ圧力をかけ始めたのだ。一九四八年戦争直後の米国の公式な立場はパレスチナ難民の帰還支持であった。実際、一九四九年に米国は難民帰還を許可するようイスラエルへ要求し、イスラエルがそれを拒否すると、制裁を発動した。もっともこの圧力は短期間で終わった。冷戦激化とともに米国はパレスチナ問題に関心を失った。しかし、ジョン・F・ケネディが大統領になって、パレスチナ・イスラエル問題を取り上げたのだ。（イスラエルへの巨額軍事援助を拒否した大統領は彼が最後だった。彼が暗殺された後、軍事援助の蛇口が大幅に開いた——それに関連して、オリバー・ストーンがケネディ殺害へのイスラエルの関与を暗示する映画『JFK』を製作した）ケネディ政権が最初に行ったことの一つは、一九六一年夏の国連総会におけるパレスチナ難民に関する討議で積極的役割を演じたことだった。ベン＝グリオン首相は大慌てした。米国が賛成に回ってパレスチナ難民帰還を国連がイスラエルに強制することになるかもしれないと思ったのだ。それで、彼は、パレスチナ難民が自発的難民であることを学問的に証明することが必要と感じ、当時イスラエル学界の中東研究の中心であったシローアフ研究所（Shiloah Institute）に話を持ちかけ、若手研究者ローニ・ガバイ（Ronni Gabai）にその任を託した。ベン＝グリオンから機密文書等の閲覧許可を得たガバイは研究に着手した。彼が出した結論は、パレスチナ人の故郷脱出の原因は強制的追放、恐怖、脅迫であり、アラブ軍指導者が故郷を捨てよと勧告した証拠は一つもない、というものであった。ところが、ここに一つ不思議なことが生じた。右に述べた結論は、ガバイの博士論文としても提出され、同時にそれを外務省にも送ったと、彼は記憶していた。[16] しかし、ハズカニが文書保管庫を調べたところ、アラブ人のパレスチナ脱出の主たる原因はアラブ指導者の呼びかけの結果であるという研究要約文を、ガバイが外務省に送っているのを見つけたのである。

ハズカニはガバイに会って話を聞いた。ガバイは、そんな要約を書いたことはないし、その内容も自分の研究結果とまったく異なるものだ、と言った。いったい誰がそれを送ったのかは今も不明だが、誰かがガバイの名を使って偽の研究要約を外務省に送ったことは確かだ。それでもベン＝グリオンは嬉しくなかった。偽要約文書が物足りなかったのだ——彼は本物の研究論文を読んでいなかった。それで知人の研究者、後にモサドのイランに関する専門家となったウリ・ルブラーニに再度の調査を依頼した。ルブラーニはその任務を、現在イスラエルの著名なオリエンタリストとなっているモシェ・マオズに任せた。マオズは注文通りの品を納品した。かくして、一九六二年九月に、ベン＝グリオンは、それを「わが国の白書」と名付けて、イスラエルがパレスチナ人を追い出したのではなくパレスチナ人が自分たちの指導者に指示されて自ら故郷を捨てたことを示す証拠として発表した。マオズはその後オックスフォード大学で故アルバート・ホーラーニ〔訳註5〕の指導のもとで博士論文を書いたが、ベン＝グリオンから依頼されたテーマとは無関係のテーマの研究だった。彼はハズカニのインタビューの中で、自分がベン＝グリオンに届けた論文は、自らが調べた記録文書というよりは、指示された政治的意志の影響の方が強いと、正直に言った。(17)

ガバイが一九六一年初頭に閲覧を許可された機密文書類は、一九八〇年代後半に機密扱いを解除された。〔訳註6〕それで、ベニー・モリスや私など何人かの歴史家は、パレスチナ人がパレスチナから追い出された明確な証拠を初めて見ることができた。このパレスチナ人追放が前もって計画されたものであるかどうかについては、モリスと私とでは見解が異なるが、アラブ諸国やパレスチナ人指導部の脱出指示がなかったという点で、二人は一致している。私たちはパレスチナ人が主として追放、脅迫、恐怖から住居と故郷を失ったというガバイの結論の正しさを再確認することができた。[18] 神話やイデオロギーを否定して歴史的事実を研究する私たちは「ニューヒストリアン」と呼ばれた。

モリスは、一九四八年五月一五日英国の委任統治が終わった日に、イスラエルとアラブ諸国侵攻軍の間の戦争が勃発したことが、彼が「パレスチナ難民問題の誕生」と呼ぶものが生じた主要原因であると主張する。私は、戦争だけが難民発生の原因ではないと考えている。なぜなら、難民となった人々の半分（数十万人）は戦争が始まる前に追い出されている事実があるからである。そもそも戦争自体がイスラエルのパレスチナ人追放の歴史的機会を確保するためにイスラエルが作り出したものである、というのが私の見解である。[19]

パレスチナ人が自発的に脱出したという考え方だけが、一九四八年戦争と関連した偽りの仮説ではない。他に戦争に関連した事柄を説明するのに頻繁に使われる偽りの言説が三つある。第一は、パレスチナ人は一九四七年の国連のパレスチナ分割案を拒否したから自らの不幸を招いたのであって、自己責任だというもの。これはシオニズムの殖民・植民地主義的性格を全く無視する言説である。パレスチナの住民であるパレスチナ人に相談もなく考案されたパレスチナ分割案に反対するのは当たり前であって、拒否への処罰としてパレスチナ人を民族浄化することこそが、決して正当化されない犯罪であるのは、はっきりしている。〔訳註7〕

一九四八年戦争に関連する他の二つの言説は、少年ダビデと巨人ゴリアテの闘いという聖書物語を引き合いにした小国イスラエルと大国アラブの戦争という言説と、戦後イスラエルは友好の手を差し出したのにパレスチナ人とアラブ諸国がそれを撥ね退けたという言説。事実調査によって第一の主張が正反対であることが明らかになっている。パレスチナ人には軍隊などなかったし、アラブ諸国が派遣した部隊は、ユダヤ軍に比べると小規模で、しかも装備や兵士の訓練度も貧弱であった。アラブ諸国軍はイスラエルの建国宣言に対応して侵攻したのでなく、すでに一九四八年二月から始まっていたシオニストの作戦行動、とりわけ一九四八年四月の有名なディル・ヤーシン村で起きたシオニストによるパレスチナ村民虐殺に対応したのである。(20)

一九四八年戦争後にイスラエルが友好の手を差し出したという第三の神話についても、記録文書を調べると、事実はまったく逆であることがわかる。実際には、イスラエル指導部は頑なに非妥協的であり、委任統治後のパレスチナのあり方に関する交渉、追放された、または避難したパレスチナ住民の帰郷への考慮も、一切拒否したのである。アラブ諸国やパレスチナ社会の指導者が、国連の新しい、もっと理に適った和平案提起に期待を寄せ、それに基づく交渉に参加する姿勢を示していたとき、一九四八年九月、ユダヤ人テロリスト集団が国連調停官ベルナドッテ卿を暗殺したのに、イスラエルは見て見ぬ振りをしただけであった。〔訳註8〕ベルナドッテに代わって、一九四八年末に新調停役として発足したパレスチナ調停委員会（PCC）が提案した和平調停案に関しても、イスラエルは拒否した。そのため、前年の一九四七年一一月に三分の二の多数決でパレスチナ分割案を決議した国連総会は、一九四八年一二月に和平案を反対ゼロで決議した。これが一二月一一日に成立した国連決議一九四号である。一九四号決議は三項目の勧告をしている。（1）実際の人口に合うようにパレスチナ分割を再交渉すること、（2）すべての難民の無条件かつ全面的帰還、（3）エルサレムの非軍事化と国際化。(21)

イスラエルは非妥協的態度を示し続けた。歴史研究者アヴィ・シュライムは自著『鉄の壁』（*The Iron Wall*）の中で、パレスチナ側が事あるごとに和平を拒否したというイスラエルが流した神話とは反対に、提案された和平案をことごとく拒否したのはイスラエル側であったことを明らかにしている。(22)提案された和平案や難民問題解決案の拒否から始まり、一九五〇年代初期にガマール・アブドゥル＝ナーセルが派遣した最初の和平使者をベン＝グリオンが陰険な手段で無効にするなど、イスラエル側は紛争解決の機会をことごとく破壊した。よく知られている例は、一九七二年に（西岸地区問題に関してヘンリー・キッシンジャーの仲介で行われた）ヨルダンのフセイン国王との交渉で、イスラエルがまったく柔軟性を示さなかったことと、一九七一年にエジプトのサーダート大統領がシナイ半島に関する二国間直接交渉に応じなければエジプトは再び戦争に訴えざるを得ないと警告したにもかかわらず、イスラエルが無視したことである――二年後サーダートは戦争に踏み切り、イスラエルの安全神話と不敗神話に打撃を与えた。〔訳註9〕

これら一九四八年戦争にまつわる諸神話が融合して、ユダヤ人国家はあらゆる逆境を克服し、パレスチナ人には援助の手を差し伸べ、そのまま生活を続けることを奨励し、友好関係を提案してきたにもかかわらず、残念ながらそれに応える「パートナー」がパレスチナ人側にはいない、というイメージを作り上げ、それを流布してきた。このイメージの化けの皮を剝ぐ一番よい方法は、一九四六年から一九四九年までに実際に起こったことを丹念に掘り起こして系統的に記述することである。

一九四六年には、英国政府はまだもう少しパレスチナ統治を続けられると思っていたようだ。その年、エジプトの民族解放運動が激化したので、英軍をエジプトから引き揚げてパレスチナへ回したからだ。しかし、その年末の冬が大変厳しく、英国にテロ攻撃を仕掛けるシオニスト民兵諸グループとの緊張関係が高まり、そして何より大きなことは、英国がインドから手を引くことを決定したことが、パレスチナに対する英国の政策に大きな変化をもたらした。一九四七年二月、英国はパレスチナから撤退する決定をした。その決定に対するパレスチナの二つの社会――入植者社会と先住民社会――の反応は異なっていた。パレスチナ人やその指導者たちは、それを近隣アラブ諸国であった歴史プロセスと同じもの、つまり、西洋の委任統治政府が次第に統治権力を地元社会に委譲し、地元民が将来どんな国作りをするかを民主主義的に決定するという民族解放プロセスと見た。シオニストは、この変化の次にくるものに対して素早く準備した。英政府の決定直後、シオニスト指導部は二つの戦線——外交戦線と軍事戦線——で隊列を整え、今後の対決に身構えたのである。

最初は外交に重点を置いた。これは、この国の将来のあり方を民主主義的に討議して決定しようという、十分に検討されたパレスチナ人の主張を潰す方法を見つけるための外交活動であった。その方法の一つは、ホロコーストや世界のユダヤ民族の運命とパレスチナのユダヤ人入植社会とを結びつけて、ユダヤ民族の絶滅危機を救うためにパレスチナが必要であるという独特の論理であった。英国に代わって誰がパレスチナの主権を持つかという問題は、世界のユダヤ人全体の運命を左右する重大問題であるという論理でもって、シオニスト外交官は懸命に国際社会の政治家に働きかけた。もっと狡猾なことに、ユダヤ人がホロコーストの犠牲になるのを見逃した国際社会の罪の意識を刺激し、賠償と結びつけたのである。

その結果が、一九四七年一一月二九日の国連パレスチナ分割決議であった。決議案は、どちらかというとパレスチナ問題に関する予備知識がない代表たちから構成された国連パレスチナ特別員会（ＵＮＳＣＯＰ）が作成した。彼らは、パレスチナ分割が最良の解決案であるという発想をシオニズム運動から得た。パレスチナ側からほとんど意見を聞かなかった。パレスチナ人とアラブ連盟を代表する組織であったアラブ高等委員会はＵＮＳＣＯＰをボイコットする決定をした。パレスチナ人の郷土に対する権利が、かつてイラク人やエジプト人の権利が尊重されたような形で配慮されていないことが、すでに明白になっていたからであった。かつての第一次世界大戦直後、国際連盟は中東地域の各国の民族自決権に配慮したものだった。一九四七年国連決議がパレスチナ人を排除したのは（クルド人を排除した決議と同様）国連の大きな過ちで、その後の中東地域で続く紛争の主要原因となった。

シオニストの提案は、パレスチナの八〇％をユダヤ人国とし、残りをパレスチナ・アラブ人の国にしてもよいし、ヨルダン王国の領地にしてもよいというものであった。ヨルダン自身は、シオニストの影響を強く受けた国連の動きに心を決めかねていた。自国の不毛な領地に肥沃なパレスチナの一部が加わるのは喜ばしいが、同時にパレスチナの大義を裏切ることになるのには気が引けた。やがてユダヤ人からこの案が直接ハシミテ王家に正式提案されたとき、ヨルダンのジレンマは最大となった。結局、一九四八年戦争が終わったとき、パレスチナはシオニストとヨルダンの間で、前述のような形で分割された(23)。

しかしＵＮＳＣＯＰに対するシオニストの影響力は必ずしも完全なものではなかった。一九四七年二月から一一月まで問題解決を審議した同委員会は、シオニストの提案を見直したのだ。パレスチナ側への割り当て領土を拡大し、ヨルダンへの統合でなく、二国家樹立を提案した。しかも、その二国家は経済的に統合し、どちらも移住の自由を保障し、必要とあれば双方の住民が相手国の選挙に投票できるようになることを暗に望む提案であった。シオニズム運動指導部がこの提案を受け入れたのは、それが望ましいと思ったからではなく、アラブ側が拒否することを知っていたからであることが、機密解除された公文書が明白に示している。それにシオニスト側は、領土分割は委員会の席上で決まるのではなく、現地での具体的な行動で決まると思っていた。[24] 大事なことはユダヤ人国が国際的に承認されることで、国境などは後で決めればよいのだった。今から思い返すと、一九四八年のシオニズム運動指導部の視点から見て、国境を定めないで国家を樹立したのは、まさに奸智に長けたやり方であった。

国連パレスチナ分割決議と一九四八年五月の英国のパレスチナ委任統治終了までの間、シオニズム運動指導部は何もしていなかったわけではなかった。むしろ忙しく活動しなければならなかった。ユダヤ人国家ができたら武力で潰せというアラブ人世論が高まり、アラブ諸国政府への圧力になっていたからだ。パレスチナ現地では、ユダヤ人民兵団と同じように小さなパレスチナ人民兵グループが誕生し、ユダヤ人の交通機関や孤立したコロニーを襲撃して、自分たちの郷土をユダヤ人国家にするという国際機関の決定と実施を食い止めようとした。しかし、この抵抗運動は極めて小規模かつ限定的で、国連決議が正式に発表された後、数週間で消えてしまった。これとは対照的に、シオニズム指導部は三つの前線で活発に動いた。一つはアラブ諸国の軍事行動の可能性に備える活動。実際に軍事侵攻が起こったが、すでに述べたように、アラブ側の本音はあまりやる気がなく、不完全な協力関係と準備不足のままの侵攻だったので、ユダヤ軍側に有利な状況が展開した。アラブ側の政治的支配層は、大言壮語とは裏腹に、パレスチナ介入に依然として消極的だったのだ。当時のアラブ世界で最も装備に優れ、訓練された軍隊を持つヨルダン王国との間で、アラブ諸国の限定的参戦を通じて、後に西岸地区となるパレスチナの一部をヨルダン領にするという暗黙の了解が成立していた。それが、この地域の力の均衡にとって重要だと考えられたのである。

外交前線では、一九四八年二月と三月が、シオニズム運動にとって特に厳しいときであった。米政府が、パレスチナに派遣した特命使節団の報告で、一九四七年一一月の国連パレスチナ分割決議の内容に大きな欠陥があると認識したからだ。分割案はパレスチナに平和と希望をもたらすどころか、むしろ暴力の応酬を招いていた。すでに地元民が家から追い出されたり、パレスチナ人とユダヤ人双方に死者が出たなどのニュースが頻繁に飛び交っていた。どちらも相手側の公共交通機関を襲撃し、混合居住地ではユダヤ人地区とアラブ人地区の境界線上で小ぜり合いが数日間頻発した。ハリー・トルーマン大統領は分割案を再考し、とりあえずパレスチナを五年間国連委任統治地にして、その間にもっとよい解決案を見つけようと、米国連大使を通じて提案した。〔訳註10〕

しかし、この動きは利益団体のロビー活動で、突然停止した。米国内のユダヤ人団体が米国の政治の流れを変えるために圧力をかけたのは、これが最初であった。当時、AIPAC（アメリカ・イスラエル公共問題委員会）は存在していなかったが、米国の政治をシオニズム運動に、後にはイスラエル国に有利なように方向付ける方法は、すでに整っていた。いずれにせよ、シオニストのロビー活動は功を奏し、米政府は国連決議支持へ戻った。それよりも興味深いのは、ソ連の一貫したシオニスト支持であり、シオニズム運動にまったく疑念を抱かなかったことである。ソ連は、一九四八年五月の前にも後にも、パレスチナ共産党（PCP）の協力で、チェコスロバキアから武器弾薬をユダヤ軍に供給した。読者はPCPがユダヤ軍に協力したことに驚かれるかもしれないが、これは二つの理由であり得ることだった。一つは、ソ連が新ユダヤ人国は社会主義的で反英的である（従って、すでに芽生えつつあった冷戦体制では東側ブロックに傾く）と信じていたこと。二つには、PCPが本格的社会主義革命に至る前の通過段階として民族解放段階があり、パレスチナ人もシオニストも民族解放運動の段階にあると信じていたからだ（だからこそ、PCPはいまだに二国解決案を支持しているのである）。[25]

シオニズム指導部は、一方でユダヤ人国の国際的承認を確保すべく外交活動をしながら、他方では現地で戦争準備を着々と進めていった。強制的徴兵、戦費獲得のための徴税、外国からの武器購入などで、どんどん軍備を増強した。彼らはまた手際よく情報を取集し、アラブ諸国が臨戦態勢にないことも知っていた。指導部はこのように外交前線と軍事前線で活動しながら、同時に、できるだけ多くの領土を手に入れてユダヤ国家を樹立するにしても、どのようにそれを作るかについて頭を悩ませていた。言い方を変えると、至るところに住んでいる異民族パレスチナ人をどう処置するかという問題に頭を悩ませていたのだ。

あれやこれや思考をめぐらせて議論したが、それは一九四八年三月一〇日に決着がついた。最高司令部が、やがてユダヤ軍が占領することになる地域に住むパレスチナ人の運命を決定する、あの悪名高いD計画（トフニット・ダレット）を考え出したのだ。D計画の議論を指導したのはパレスチナのユダヤ人社会の指導者ダヴィド・ベン＝グリオンであった。彼は、ユダヤ国とする地域ではユダヤ人人口の絶対的多数をどうしても実現したかった。これは、一九四八年以前から彼の思考と行動を決定づけていた強迫観念であった。だから、一九四八年のパレスチナ人民族浄化を指導したばかりでなく、一九六七年戦争後も西岸地区占領に反対したのだ。〔訳註11〕

ベン＝グリオンは、分割決議が国連で採択された数日後、ユダヤ人の人口が六〇％程度のユダヤ国では存続不可能だと、指導部の同僚に語った。しかし、パレスチナ人を何％まで減らしたら、それがユダヤ国として存続可能となるかは、はっきりと言わなかった。それでも彼が将軍たちに伝え、将軍たちから現場のユダヤ兵たちに伝わったメッセージは、明瞭だった――パレスチナ人の数が少なければ少ないほどよい、というメッセージである。だから、ヌール・マサールハやアハマド・サアディのようなパレスチナ人研究者が明らかにしたように、一九四八年戦争後もユダヤ国に残ったパレスチナ人〔アラブ人マイノリティ〕をも、追い出そうとしたのであった。(26)〔訳註12〕

一九四七年一一月二九日〔国連パレスチナ分割決議の日〕と一九四八年五月一五日〔英国パレスチナ委任統治が終了した日〕の間にも、シオニズム運動はあらゆる機会をとらえて領土拡大の準備をした。委任統治終了が近づいてきたとき、英軍はハイファ港から引き揚げた。すぐにユダヤ社会の軍隊がそこを引き継いだ。どこであろうと英軍が撤退すると、シオニストの軍隊がそこに陣取り、委任統治が終わっていないのに、住民を立ち退かせた。この住民追放作戦は、パレスチナ人村数村を皮切りに一九四八年二月から始まり、もう四月にはハイファ、ヤッファ、サファド、ベイサン〔ベト・シェアン〕、アッカ、西エルサレム等の都市の民族浄化を達成した。この最終段階は基本計画にそったものであった。その基本計画が、シオニスト武装集団ハガナーの最高司令部といっしょにベン＝グリオンが立てたD計画であった。D計画は住民を追い出す方法も指示していた。

＊村落破壊〔放火、爆破、地雷設置〕、特に継続的管理が困難になることが予想される人口多数地域を重点的に……

＊次のような指針に基づいて捜索・制圧作戦をすること。村落を包囲し、中に入って捜索する。抵抗がある場合抵抗武器を破壊し、村落住民を国外へ追放する。(27)〔訳註13〕

五月一五日に始まったアラブ諸国正規軍の侵攻と戦わなければならなかったのに、いったいどうして生まれたばかりの小国イスラエルが、大規模な民族浄化作戦を遂行できたのか。第一に、都市部（リッダ、ラムラ、ビール・サーバの三都市を除く）では、アラブ軍がやってくる前にすでに民族浄化が完了していたからだ。第二に、農村地域はすでにイスラエル支配下にあり、アラブ軍との衝突はパレスチナ農村内ではなく、その外側であった。リッダやラムラではヨルダン軍がパレスチナ住民を助ける機会があったが、ヨルダンのアラブ人部隊の司令官英国人ジョン・グラッブ卿は軍の引き揚げを命じてイスラエル軍との戦闘を避けた。(28)最後に、アラブ軍は痛ましいほど無力で、束の間の勢いしかなかった。最初の三週間ほどは善戦したけれど、その後は敗北と敗走の大混乱が、一九四八年末近くの小康状態まで続いた。イスラエルの民族浄化はその後も着々と続いた。

現在から見れば、イスラエル軍がパレスチナ農村で行ったことは完全な戦争犯罪である。人道に対する犯罪である。この厳然たる事実を無視すると、一つの政治体、一つの社会としてのパレスチナ及びパレスチナ人に対するイスラエルの思考と行為の背後にあるものを、決して理解できないだろう。シオニズム運動指導部、後にイスラエル政府となった運動指導部が犯した犯罪は、民族浄化である。これは単なる修辞的表現ではない。広く影響を与える政治的、法律的、倫理的告発である。この犯罪に関する定義は、一九九〇年代のバルカン半島の内戦後、国際的に確立した――民族浄化とは、民族混合社会を純粋な一民族社会にする目的で、一方の民族が他の民族を追放する意図で行われる、あらゆる行為のことである。そのために用いられる手段――説得、脅迫、追放、大量虐殺など――のいかんにかかわらず、そういう意図で行われる行為はすべて民族浄化である。〔訳註14〕

さらに、行為そのもので民族浄化と規定することもできる。行為の基となる基本計画が発見されなくても、または発覚しなくても、そういう行為を行う政治姿勢が国際社会から民族浄化だと見做されるのである。従って、ある作戦遂行の結果物理的に故郷を追い出された人々はもちろん、それへの恐怖から故郷を出た人々も民族浄化の被害者なのである。これに関する現実に直結する定義や具体例を、米合衆国国務省や国際連合のウェブサイトで見ることができる。(29)それが、国際司法裁判所がそのようなことを計画し実行した国や権力者を裁く任務を課せられたときに、指針とする原則である。

初期シオニスト指導者の著作物や思想を調べると、一九四八年以前からこの犯罪が不可避であったことがわかる。シオニストの目標――委任統治領パレスチナの可能な限り大きな部分を奪い取り、将来のユダヤ人国となる領域からパレスチナ人村や都市を除去するという目標――が一貫していたからだ。この目標の実行は、基本計画から予測される規模よりも徹底的で包括的であった。わずか数か月間で五三一の村落を破壊し、一一の都市からパレスチナ人をゼロにした。この大量追放に加えて、虐殺、強姦、一〇歳以上の男子を一年間以上強制労働施設に入れるなどの犯罪があった。(30)

これが政治的に意味することは、パレスチナ難民発生についてはイスラエルが法的にも道徳的にも責任があり、全面的に責めを負うべき立場にあるということだ。法的にそれが意味することは、もう随分と時が経過し、人道に反する罪と見做される行為を行った者たちに時効が成立しているかもしれないが、行為そのものはやはり犯罪である。しかも、実行犯が誰一人処罰されなかった犯罪である、ということだ。道徳的にそれが意味することは、ユダヤ人国家は罪から生まれた――その点では、そういう国家は他にも多くあるが――のに、その罪、その犯罪性を未だに公的に認めていないということだ。もっと悪いことは、建国に関する犯罪性を認めながら、舌の根が乾かないうちに、結果論としても、あるいは今後の対パレスチナ人政策としても、それを正当化するイスラエル人の存在だ。〔訳註15〕

イスラエルの政治的エリートはこれらの法的・道徳的犯罪を全面否定してきた。それどころか、一九四八年の諸事件からまったく異なる教訓を引き出したのだ。即ち、国家の名において行えば、住民の半分を追い出し、村落の半分を破壊しても、罪に問われないことを学んだのである。そこから必然的に生じる結果として、一九四八年後にも民族浄化を続けた。あらゆる手段で民族浄化を行った。その間に歴史に残るような事件も引き起こした。たとえば、一九四八〜一九五六年の間にイスラエル国となった土地からさらに多くのパレスチナ農民を追い出したこと。一九六七年戦争時に西岸地区とガザ回廊から三〇万人のパレスチナ人を強制追放したこと。慎重だが執拗に続けられる大エルサレムからのパレスチナ人浄化、その数は二〇〇〇年までに二五万人に達したといわれる。

一九四八年以後の民族浄化政策は多様な形をとった。占領地やイスラエル国内では、従来の追い出しに代わって封じ込め政策がとられた。パレスチナ人に村や地区の外に出ることを禁じる政策である。封じ込めは、目的実現の点で、追い出しと同じ効果があった。パレスチナ人を飛び地――たとえばオスロー合意で西岸地区が三地区に分けられ〔訳註16〕、本来西岸地区の一部であるエルサレムでは村や地区がバラバラに分断され、ガザはゲットーのように封鎖されている――にすると、人口統計的には公的調査や民間の調査の対象にならない地域となる。これはイスラエル政治にとって他の何物にもまして重要なことである。

国際社会がイスラエルの過去と現在の民族浄化政策に目を向けて何らかの取り組みをやらない限り、イスラエル・パレスチナ紛争の解決はないだろう。パレスチナ難民問題が無視されたままでは、両者を和解させるいかなる試みも失敗するだけだ。その意味でも、一九四八年事件を民族浄化作戦だと認識することが重要なのだ。いかなる政治的解決案も紛争の根本原因――パレスチナ人の追放――を回避できないようにするために、その認識が大切なのだ。過去の和平への試みがすべて失敗したのは、紛争の根本原因に面と向かわなかったからである。

前述した法的教訓から何一つ学ばないならば、パレスチナ人の側にいつまでも報復衝動や復讐感情が残ったままになるだろう。一九四八年のナクバを民族浄化だと法的に認めることが、何らかの原状回復という正しい措置へ進むための絶対的な前提条件である。これは南アフリカで経験されたプロセスである。過去の罪を認めることは犯罪者を裁くためではない。犯罪そのものの存在を世界的に認め、犯罪そのものを裁くためだ。その裁きの最終判決は報復ではなく――人の懲罰を行わない――犯罪が行われる前の状態への復元である。被害者への補償である。パレスチナ難民という具体的事例に関する最も妥当な補償案は、すでに一九四八年一二月に国連総会で国連決議一九四号という形で示されている――難民とその家族が故郷や家（もし家が残っている場合）へ無条件で帰還できること。〔訳註17〕そのような原状回復をやらない限り、イスラエル国はアラブ世界の中心部で敵対的な飛び地、パレスチナ人ばかりでなくアラブ世界全体との複雑な関係を持つ過去の植民主義の最後の遺物として、いつまでも残り続けるだけだ。

ところで、右に述べた教訓をすべて理解し受け入れているユダヤ人がイスラエルに存在し、活動しているのだ。それは重要なことである。ユダヤ人の全部が全部ナクバを知らないか、無関心であるわけではないのだ。今のところナクバを真剣に受け止めているユダヤ人は少数だが、その存在感はイスラエル社会ではかなり大きい。一九四八年戦争で殺害され、強姦され、障害者にされた人々の悲鳴、苦しみ、破滅に無関心でないユダヤ人が、たとえ少数でも存在することを、世に示しているからだ。彼らは一九五〇年代に何千人ものパレスチナ人が投獄されたことを聞き知っているし、パレスチナ人というだけでイスラエル軍が自国民を殺害した一九五六年のカフル・カーシム虐殺〔訳註18〕のことも知っている。一九六七年戦争で数々の戦争犯罪行為があったこと、一九八二年に難民キャンプを無慈悲に爆撃したこと、〔訳註19〕一九八〇年代とそれ以降に占領地のパレスチナ人の若者に身体的虐待を続けたことなどを、この少数派ユダヤ・イスラエル人は忘れていない。彼らは、イスラエル軍将校が何の罪もないパレスチナ人の家屋破壊と追い出しを命令した声、そしてその迫害を見て笑うイスラエル兵の下品な笑い声を、今も聞いているのだ。

　彼らは真実に目を閉じない。彼らは破壊されたパレスチナ人村五三一か村とパレスチナ人居住地の残骸を見ている。イスラエル人ならみな目にしているはずだが、たいていは本当に見ていないものを、彼らはきちんと見ているのだ。キブツの中に立てられた家の下やＪＮＦ（ユダヤ民族基金）が作った森林公園の松の木の下に眠るパレスチナ人村の遺影を見ているのだ。イスラエル社会が忘れた出来事を覚えているのだ。おそらくそれ故に、一九四八年の民族浄化と現在実行されている残酷な政策とが連結していることを、十分に理解しているのだ。イスラエル建国戦争の英雄たちと二つのインティファーダの弾圧を指揮した冷血漢とが連結していることを理解しているのだ。彼らはイツハク・ラビンとアリエル・シャロンを和平を推進した英雄だと思っていない。〔訳註20〕彼らはまた分離壁建設が民族浄化という大きな政策の一環であることを見逃していない。一九四八年の追放と現在の封じ込めとは、同じ人種主義的民族浄化の必然的産物である。また彼らは二〇〇六年以降続いているガザへの苛酷な攻撃と封鎖が、〔訳註21〕シオニストの過去の政策と犯罪行為に連続するものであることも見抜いている。あのような非人道的行為が無から突然生まれるわけがない。連綿と続く犯罪の歴史と、そういう行為を正当化するイデオロギー的基盤があるから、できるのである。

パレスチナの政治的指導部が紛争の根本原因を軽視しているのに対して、一九四八年の出来事を民族的課題の中心に据えた闘いを主導しているのは、パレスチナの市民社会である。イスラエルの外側と内側で、ＢＡＤＩＬ（パレスチナ人居住権と難民の権利を守る資料センター）、ＡＤＲＩＤ（国内難民の権利擁護協会）、アル＝アウダ（パレスチナ人帰還権利連合）のようなＮＧＯが、一九四八年の記憶を保存し、それへのこだわりが未来社会の建設にとって重要であることを説明して、共同運動を展開している。〔訳註22〕

註

（1）Nur Masalha, *Expulsion of the Palestinians: The Concept of "Transfer" in Zionist Political Thought, 1882–1948*, Washington D.C.: Institute for Palestine Studies, 1992.

（2）Anita Shapira, *Land and Power*, New York: Oxford University Press, 1992, pp. 285-6.

（3）David Ben-Gurion, *The Roads of Our State*, Am Oved: Tel Aviv, 1938, pp. 179-80（Hebrew）で引用されているもの。

（4）Ibid.

（5）この手紙はpalestineremembered.comの中で英訳されている。

（6）Yoel Gorny, *The Arab Question and the Jewish Problem*, Am Oved: Tel Aviv, 1985, p. 433（Hebrew）.

（7）Benny Morris, *Righteous Victims: A History of the Zionist-Arab Conflict, 1881-1999*, New York: Random House, 2001, p. 142.

（8）Masalha, *Expulsion of the Palestinians*, p. 117.

（9）Eric Bender の *Maariv*, March 31, 2008 の記事を見られたい。

（10）Berl Katznelson, *Writings*, Tel Aviv: Davar, 1947, Vol. 5. P. 112.

（11）Central Zionist Archives, Minutes of the Jewish Agency Executive, May 7, 1944, pp. 17-9.

（12）Central Zionist Archives, Minutes of the Jewish Agency Executive, June 12, 1938, pp. 31-2.

（13）Ibid.

（14）Ibid.

（15）Shay Hazkani, "Catastrophic Thinking: Did Ben-Gurion Try to Re-write History?," *Haaretz*, May 16, 2013.

（16）Ibid.

（17）Ibid.

（18）アラブ側指導部の指示がなかったと最初に指摘したのは、アイルランド人ジャーナリストErskine Childsの記事、*The Spectator*, May 12 1961であった。

（19）Ilan Pappe, “Why were they Expelled?: The History, Historiography and Relevance of the Refugee Problem, in Ghada Karmi and Eugene Cortan（eds.）, *The Palestinian Exodus, 1948–1988*, London: Ithaca 1999, pp. 37–63.

（20）Pappe, *The Ethnic Cleansing of Palestine*.

（21）Avi Shlaim, *The Iron Wall: Israel and the Arab World*, London: Penguin, 2014.

（22）Ibid.

（23）Avi Shlaim, *Collusion Across the Jordan: King Abdullah, the Zionist Movement and the Partition of Palestine*, New York: Columbia University Press, 1988.

（24）このことはSimha Flapanが*The Birth of Israel: Myths and Realities*, New York: Pantheon, 1988の中で実に説得的に証明している。

（25）この奇怪な歪みに関してより核心を突く新資料が、Irene Gendzier, *Dying to Forget: Oil, Power, Palestine, and the Foundations of US Policy in the Middle East*, New York: Colombia University Press, 2015で掘り起こされている。

（26）Ahmad Sa’di, “The Incorporation of the Palastinian Minority by the Israeli State, 1948–1970: On the Nature, Transformation and Constraints of Collaboration,” *Social Text*, 21:2（2003）, pp. 75–94.

（27）Walid Khalidi, “Plan Dalet: Master Plan for the Conquest of Palestine,” *Journal of Palestine Studies*, 18:1（1988）, pp. 4–33.

(28) Benny Morris, *The Birth of the Palestinian Refugee Problem Revisited*, Cambridge: Cambridge University Press, 2004, p. 426.
(29) US State Department, Special Report on Ethnic Cleansing, May 10, 1999.
(30) これらに関しては自著 *The Ethnic Cleansing of Palestine* で詳述している。
〔訳註1〕一九四〇年生まれのポーランド・ユダヤ人女性でテルアビブ大学ユダヤ史教授。

〔訳註2〕モシェ・シャレット。一八九四〜一九六五。第二代イスラエル首相を務めた。

〔訳註3〕メナヘム・ウシシュキン。一八六三〜一九四一。ロシア生まれ。ユダヤ民族基金の会長を務めた。

〔訳註4〕現在米国メリーランド大学でアラブ・イスラエル紛争の社会文化史を研究活動をしている博士。

〔訳註5〕一九二五〜一九九三、レバノン系英国人歴史研究者。

〔訳註6〕イスラエルでは公文書は三〇年経つと公開される原則となっている。

〔訳註7〕パレスチナ人は、自分の家へ勝手に他人が入り込んで分割を提案することに応じるお人好しではないと説明する。当時のユダヤ人の土地は七%だったのに、分割案では五七%、エルサレムは国連管理地、アラブ国として割り当てられるのは半分以下という不公平なもので、反対は当然である。その後の一九四八年戦争でイスラエルはエルサレムの西半分と七七%を領土として確保した。ガザはエジプト領、西岸地区はヨルダン領となった。

〔訳註8〕フォルケ・ベルナドッテ、一八九五〜一九四八。スウェーデンの外交官。イスラエルとアラブとの和平に尽力しているとき、一九四八年九月一七日、エルサレムでレヒまたの名をシュテルン・ギャングといわれるユダヤ人武装組織によって、国連軍将校とともに射殺された。

〔訳註9〕十月戦争または第四次中東戦争（イスラエル側はヨーム・キップール戦争、アラブ側はラマダン戦争と呼ぶ）のこと。初めはアラブ側が優勢であり、米などの援助でイスラエルが挽回したが、イスラエルにとって苦戦であった。このとき、アラブ石油輸出機構が「国際社会が占領地域の放棄をイスラエルに強いるまで石油生産の五％以上を毎月削減する」と発表し、オイルショックが発生した。

〔訳註10〕今ではもうあまり知られていないが、カルテットの中心として、口先では二国解決案を掲げてきた米国（もっともトランプ大統領になってから、大イスラエル主義的一国案になったが）が、一九四七年の国連パレスチナ分割決議の前には、アングロ＝アメリカ委員会の名前で、「イスラム教徒、ユダヤ教徒、キリスト教徒の平等な権利を保障する一国案」を提案していたのである。

〔訳註11〕読者は驚かれるかもしれないが、イラン・パペは西岸地区のイスラエル支配を「占領」と見ていない。一九四八年以前からの「殖民・植民地主義」の延長と考えている。それがシオニストの意図だというのが彼の主張で、そう考えるのが真実に近いだろうし、すべてが説明できる。

〔訳註12〕イスラエル内パレスチナ人については、ベン・ホワイト『イスラエル内パレスチナ人——隔離・差別・民主主義』（拙訳、法政大学出版局、二〇一八）を参照されたい。

〔訳註13〕D計画の中にナフション作戦とハレル作戦と呼ばれるものがあった。これは、国連分割案でアラブ国に割り当てられる地域の地理的連続性を破壊して、事実上国作りを不可能にする作戦である。たとえば、ヤッファとエルサレムを結ぶ線上付近のパレスチナ人村を全部破壊、民族浄化した。この作戦は現在も引き継がれている。これは、シオニストは、昔も今もパレスチナ分割を望まず、二国案に反対であるのが本音であることを物語っている。

〔訳註14〕語源としては、第二次世界大戦中にユーゴスラビア領内で建国された民族主義国「クロアチア独立国」が、ナチと協力して域内のユダヤ人、セルビア人、ロマなどの絶滅を目指して行った虐

殺を「エトニチエコ・シスチエーニエ」と呼んだが、その翻訳語だと言われる。一九九〇年代のユーゴスラビア内戦でもこの語が使われ、その翻訳語が世界的に通用するようになった。

〔訳註15〕おそらくニューヒストリアンの一人ベニー・モリスを念頭に置いての発言だろう。モリスは *The Birth of the Palestinian Refugee Problem* で、パレスチナ難民は自発的に故郷を捨てたというイスラエルの嘘を暴いたが、その後変節し、同書改訂版出版のときの『ハアレツ』インタビューで、「七〇万人のパレスチナ人追放は必要だった」、「歴史には民族浄化を正当化する状況があるものだ」、「もしベン゠グリオンに過失があったとしたら、それは一九四八年のパレスチナ人トランスファーを完遂しなかったことだ」などと発言した。その他自称進歩派、左派、リベラルのイスラエル知識人の限界をも念頭に置いているのだろう。

〔訳註16〕A地区はラマッラー、ベツレヘム、ナーブルス、エリコなどの主要都市を含み（エルサレムは含まない）、建前上はパレスチナ自治政府（PA）に治安権限がある。面積は、最初は西岸地区の三％にすぎず、その後拡大されたが、一八％を超えることはなかった。B地区は、イスラエルが治安を管理しPAが民政を行う二重統治地区で、西岸地区の四分の一の面積。C地区と国境付近はイスラエルの完全支配下にあり、西岸地区の四分の三の面積を占める。

〔訳註17〕「故郷に戻り、隣人と平和のうちに暮すことを希望する難民たちは実行可能な最も早い段階で認められなければならない。戻らない選択をした難民たちの財産と財産の損失あるいは損害に対する補償が支払わなければならず、それらは国際法あるいは衡平の原則に基づいて、責任ある政府あるいは当局によって履行されなければならない」という内容。

〔訳註18〕一九五六年一〇月二九日、グリーンライン境界線上にあるパレスチナ人村カフル・カーシムをイスラエル国境警察隊が襲い、四九人（女性六人、子ども二人、胎児一人を含む）を殺害した。

〔訳註19〕ベッカー高原の難民キャンプをイスラエル軍が爆撃したことを指すのだろうが、同じ月にイ

スラエル軍がサブラとシャティーラ難民キャンプを包囲し、レバノンのキリスト教民兵を侵入させ、三〇〇〇人を虐殺させた有名な事件も当然含んでいる。

〔訳註20〕ラビンはオスロー合意を推進したことからノーベル平和賞を受賞したが、和平反対の右翼の若者に銃撃されて死亡、「平和の人」と呼ばれた。サブラとシャティーラの虐殺、分離壁、入植拡大で有名なシャロンは「ガザからの入植地撤退」という「ハト派」を演じて、ブッシュから「痛みを伴う譲歩をした平和の使者」と呼ばれた。

〔訳註21〕二〇〇六年ハマース武装勢力によって拉致されたイスラエル兵一人を救出する名目で、空爆と戦車隊を含む攻撃を繰り返し、二〇〇八〜二〇〇九年は大規模な総攻撃を行った。その一方で陸・海・空から完全にガザを封鎖、二〇〇五年に「ガザ撤退」を謳いながら、実際には占領以上の悲惨な状態に追い込み、無差別攻撃を断続的に続けている。二〇一四年には大規模はガザ侵攻を行った。そのうえＰＡやエジプトからも冷遇され、ガザはまさに絶滅寸前といえる。

〔訳註22〕パレスチナの市民運動で世界の市民が支援しているＢＤＳ（イスラエルのボイコット、脱投資、制裁）運動も、「パレスチナ難民の帰還権の承認」を目標に掲げている。なお二〇一八年、ホンダが入植地でのカーレース開催を後援することに対して日本のＢＤＳ支援団体から抗議され、会場を変更した事例もあり、ＢＤＳは世界的な市民運動になっている。

第六章　一九六七年六月戦争は「やむを得ない」戦争であった

一九八二年、イスラエルのレバノン侵攻〔訳註1〕の後、イスラエル政府が発表した「(こうするより)他に選択肢がなかった」という声明をめぐって、大論争が起きた。当時のイスラエル世論は、レバノン侵攻を必要かつ正当なものとする意見と倫理的正当性を欠くとする意見で、二分していた。両者が議論の基準としたのは一九六七年戦争であり、あの戦争こそが「選択の余地がない」やむを得ない戦争、非難できない自衛戦争だという点で、両者は一致していた。実は、それが神話なのだ。[1]

その一般に受け入れられた談話によれば、一九六七年戦争はイスラエルが追い込まれて行った戦争で、西岸地区とガザを占領してそれを続行しているのは、アラブ世界とパレスチナ人がユダヤ国と和平する気になるのを待っているからだ、というもの。その談話から必然的に派生するもう一つの神話は、パレスチナ側指導部は頑固で非妥協的なので和平パートナーがいない、というものである——それについては別章で論じる。この談話は、イスラエルの占領支配は一時的なもので、パレスチナ側が「もっと分別ある」姿勢をとれば、占領地は返還されるという印象を与える。

一九六七年戦争を再評価するためには、まず一九四八年戦争に戻らなければならない。イスラエルの政治的・軍事的指導層は一九四八年戦争を「逃した好機」と見ている。すなわち、ヨルダン川から地中海までの歴史的パレスチナをユダヤ国にする歴史的チャンスを逃がした、と考えているのだ。それをしなかった唯一の理由は、隣国ヨルダンとの協定があったからである。英国の委任統治時代末期に交渉して成立したもので、そのために一九四八年の全アラブ軍侵攻のときヨルダン軍は非常に控えめに参戦したのである。その返礼としてヨルダンは、後に西岸地区と呼ばれるようになったパレスチナの一部を併合することができた。ダヴィド・ベン゠グリオンは一九四八年以前にヨルダンと約束したことを破らなかったのだ。しかし、彼は、西岸地区をヨルダン領として認めたことを「ベヒヤー・レドロート」——文字通りの意味は未来の世代が嘆く決定、比喩的に翻訳すれば「歴史的過誤」——と呼んだ。(2)

ユダヤ人の文化的・軍事的・政治的エリートは、一九四八年以降ずっと、この過ちを修正する機会を狙っていた。彼らは一九六〇年代半ば以降、西岸地区を含む「大イスラエル」を作り出す計画を入念に練っていた。(3) 歴史的過誤を修正できそうな歴史的節目が何回かあったが、いつも最後の段階で断念しなければならなかった。よく知られているのが一九五八年と一九六〇年で、いずれもベン゠グリオンが計画実行を止めた。その理由は、第一に国際社会の反応への不安と、第二には人口変化への不安（大量のパレスチナ人を抱え込むことへの恐怖）であった。しかし、一九六七年戦争が好機となった。この戦争の発端については本章の後半で詳述するが、戦争の原因に関する歴史上の談話がどんなものであれ、ヨルダンが果たした役割を軽視してはならない。たとえば、一九四八年以降イスラエルはヨルダンと比較的友好的な関係にあり、それを維持するために西岸地区を占領し支配する必要があったのかといえば、当然、答えは「ノー」である。そうであるなら、なぜイスラエルは西岸地区占領を続けるのかという疑問が生まれる。さらに、そもそも将来のいつの日かイスラエルは西岸地区から撤退する可能性があるのかという疑問も生まれる。仮に、イスラエルの公的神話が言うように、一九六七年六月五日にヨルダンが侵攻したことへの報復として西岸地区を占領したというのが本当だとしても、それでは戦争が終わってその脅威がなくなったにもかかわらず占領を続けているのはなぜか、という疑問が残る。〔訳註2〕いずれにせよ、この例だけにとどまらず、イスラエルの侵攻作戦が結局イスラエル領拡大で終わっている例はたくさんある。後述するが、西岸地区とガザ回廊を併合する大イスラエル構想は一九四八年以降ずっとあった計画で、それが一九六七年に実行されたのである。

その一九六七年戦争は不可避であったのか？　答えは一九五八年から始まる。近代中東史で革命の年と特徴づけられる一九五八年から見なければならない。エジプトの政権を奪取したエジプト自由将校団の進歩的改革思想がアラブ世界に影響を与え始めた年であった。〔訳註3〕ソ連はその思想を支持し、当然ながら米国が反発した。この中東における「冷戦の展開」が、一九四八年の「致命的な歴史的過誤」を修正する機会を狙っていたイスラエルのタカ派集団にとって、チャンス到来と映った。タカ派集団とは、一九四八年戦争の英雄たちが率いる政府や軍内の強力な一派である。エジプト発の「急進主義」がヨルダンを含むアラブ諸国を呑み込むかもしれないという不安が西側で広がっていたので、彼らは、イスラエルが西岸地区を取る先制攻撃を仕掛けてよいかとNATOに打診することをベン＝グリオン首相に進言した。(4)

イラクが進歩派、それも急進的将校たちの手に落ちたので、西側の不安はますます高まった。一九五八年七月一四日、イラク軍将校たちがクーデターでハーシム王制を倒したのである。ハーシム家は、一九二一年に英国がイラクを影響下に留めるためにイラク統治者の地位に据えた一族であった。しかし、経済悪化や民族主義の台頭を受けてエジプトやソ連と強い関係を持つ軍将校たちが決起し、権力を奪取した。指導者はアブド・アル＝カリーム・カーシムで、自由将校団と名乗った。六年前にエジプトで王制を倒したエジプト自由将校団を真似たもので、これによってイラクは王国から共和制国家に変わった。

西側は次にレバノンが革命勢力に奪われるのではないかと恐れた。NATOはそのシナリオを防ぐためにNATO軍を緊急派遣した（米軍海兵隊がレバノンへ、英国特殊部隊がヨルダンへ）。西側は、このアラブ世界における冷戦の展開にイスラエルの協力を必要としなかったし、協力させる気もなかった。[5]イスラエルがせめて西岸地区だけでも「救おう」と提案したが、米国が強く反対した。米国の態度に、実はベン＝グリオンはかなり喜んだようであった。彼は一九四八年に実現した人口バランスを崩したくなかったのだ。西岸地区に住んでいるパレスチナ人を抱え込んで「大イスラエル」を達成すると、ユダヤ人とアラブ人の人口バランスが大きく崩れるからだ。[6]彼は日記に、西岸地区占領は深刻な人口統計的危機をもたらすと閣僚たちに説明した、と記している――「人口一七五万人の国に一〇〇万人のアラブ人を入れることの危険について閣僚たちに説明した。[7]」同じように、二年後の一九六〇年にも、タカ派が当時の危機を利用しようとしたのをベン＝グリオンは先手を打って止めた。トム・セゲフが『一九六七』で見事に描いているように、ベン＝グリオンが首相でいる限りタカ派の思い通りにはならなかった。とはいえ、一九六〇年頃になると、タカ派を抑えることはかなり困難になっていた。実際、一九六〇年には、後に一九六七年危機の特徴となる要因がすべて整っていて、戦争が始まってもおかしくない脅威があった。しかし戦争は回避された。少なくとも、延期された。

一九六〇年に主役を演じたのはエジプト大統領ガマール・アブドゥル＝ナーセルであった。彼は危なっかしい瀬戸際作戦を行った。同じことを六年後にも行ったのである。非武装地帯シナイ半島に兵を進め、イスラエル南部の市エイラートへの船舶航行を封じると威嚇、戦争を仄めかす大言壮語を発した。彼がそういう振る舞いをした動機は、一九六〇年も一九六七年も、同じであった。一九五八年から一九六一年までアラブ連合共和国（UAR）としてエジプトと結びついていたシリアをイスラエルが攻撃するのではないかと懸念していたからである。一九四九年夏にイスラエル・シリア休戦協定が結ばれた後も、両国間には未解決問題が山積みであった。その一つが、国連が「緩衝地帯」と呼ぶ土地で、両国とも領有したがっていた。イスラエルはしばしばその土地に隣接するキブツや入植地のメンバーをその土地に侵入させ耕作させた。その土地を眼下に見下ろすゴラン高原からシリアが反撃することを承知のうえでやらせたのだ。まさにそれが一九六〇年に起こり、予測通りシリアが反撃、その後報復の連鎖となった。イスラエルは実戦経験を積ませる目的も兼ねて空軍戦闘機を出動させ、その性能がシリア軍のソ連製戦闘機よりも優れていることを立証した。空中戦や砲撃戦を繰り返しながら、双方が相手の休戦協定違反を休戦委員会に訴えた。こういう不安定な小康の延長線上で、再び暴力の勃発となったのである。(8)

両国間摩擦の二番目は水問題である。イスラエルがヨルダン川と国の南部の間に国営水輸送装置（national water carrier）（高架橋、パイプライン、運河など巨大な水路建設プロジェクトに対するイスラエルの公式英語呼称）を建設する計画を進めていた。このプロジェクトをめぐる軋轢である。一九五三年に着手されたこの事業はシリアとレバノンが生活上絶対に必要とする水資源の多くを途中で吸い上げてしまうのだった。シリアはこれに対抗するため、イスラエルが戦略地点ゴラン高原とヨルダン川の水源を確保するためにシリアを全面攻撃する可能性があると、UAR同盟国エジプトに信じ込ませた。

ナーセル自身にも、歴史的パレスチナをめぐる不安定な膠着状態を変化させたいという動機があった。当時の国際関係に一石を投じて波紋を与え、パレスチナ問題に対する世界の無関心を打ち破りたかったのだ。アヴィ・シュライムが『鉄の壁』の中で書いているように、ナーセルは、イスラエルのハト派外相で一九五〇年代に短期間首相を務めたことがあるモシェ・シャレットと交渉したとき、膠着状態を抜け出す希望を少し見出した。(9) しかし、イスラエル政治の実権を握っているのはベン＝グリオンであり、一九五五年に彼が首相に返り咲いたとき、両国間和平を促進する希望が完全に消え去ったとナーセルには思えた。

シャレットとの交渉の中で、両国軍の睨み合い状態を終わらせることと引き換えに、エジプトのネゲヴ陸路通行権も議論された。これは暫定的に議題になった試案で、それ以上発展することはなかった。それに、そのまま交渉が続いたとしても、それが二国間和平協定に辿り着いていたかどうか、我々には知る由がない。はっきりしているのは一つだけで、ベン＝グリオンが首相になった以上、イスラエル・エジプト二国間和平協定などあり得ないということであった。首相の座から離れている間でも、ベン＝グリオンは軍との強い関係を利用して、交渉中にもかかわらず、軍司令官を説得してガザ回廊のエジプト軍に対し挑発的軍事行動を何度か行わせた。ガザ回廊からパレスチナ難民がイスラエルに侵入してくるのを防ぐという口実で。侵入難民は次第に戦闘的になり、ついにはユダヤ国に対するゲリラ戦団になるというのだ。軍はエジプト軍基地を破壊し、エジプト兵を殺傷した。(10)

ベン＝グリオンが首相となり、一九五六年にナーセル政権打倒の英仏軍事同盟に加わったので、〔訳註4〕和平への試みと希望は全面的に消え去った。四年後、ナーセルが英・仏・イスラエルの合同攻撃があると考えて、自政権を守るために先制攻撃もあり得るとイスラエルを威嚇する軍事演習を始めたのは、当然の成り行きといえよう。だから、一九六〇年、イスラエル・シリア間の国境で緊張が高まり、外交戦線では何ら進展がなかったので、ナーセルは威嚇を振り回し「瀬戸際作戦」と呼ばれる新戦略を試みたのだ。可能性の境界を探る目的の戦略であった。つまり、軍事的準備と威嚇発言で、実際に戦争を始めずに政治的状況をどの程度変えることができるかを試す行為であった。このような瀬戸際作戦が成功するかどうかは、その発信者の能力ばかりでなく、それを受ける側の予測し難い反応に依存する。そして、一九六七年に見られたように、それは大失敗したのである。

ナーセルの威嚇だけの瀬戸際作戦は一九六〇年に初めて試みられたものだが、一九六七年にも同じことをやった。一九六〇年のとき、ナーセルは、一九五六年戦争の休戦協定で非武装地帯と見做されたシナイ半島へ軍を進めた。このときは、イスラエルと国連は賢明な対応をした。ハマーショルド国連事務総長は強い姿勢でエジプト軍の即時撤退を要求し、イスラエル政府は予備役を招集をしたが、戦争には突入しないという明確なメッセージを発信した。(11)

一九六七年戦争前夜、戦争を勃発させるこれらの要因がすべて整っていた。ただ、二人の人物がもういなかった。ダヴィド・ベン＝グリオンとダグ・ハマーショルドがいなかった。ベン＝グリオンは一九六三年に政治から引退した。皮肉にも、彼の引退のおかげで大イスラエル主義派が国土拡張を計画することができるようになった。それまでは、ベン＝グリオンの人口統計的強迫観念が西岸地区の接収を思い止まらせていたのだった。同時に彼は、今では軍政として知られる統治を、イスラエル内パレスチナ人に課していた。〔訳註5〕一九六六年にこの軍政が廃止されたことから、西岸地区とガザ回廊を支配する既成の装置が、一九六七年の六月戦争前から生まれていた。一九四八年以後難民とならずに故郷に残ったパレスチナ人マイノリティを統治した軍政は、英国委任統治政府の防衛法（非常事態）を利用したもので、民間人を潜在的敵性集団と扱い、それによって住民の人権や市民権を剝奪した。各パレスチナ人居住地区に軍政官が政官が配置され、彼らは行政権、司法権、立法権を自由に行使した。西岸地区とガザ回廊に同様の支配体制が敷かれたときにその中心を担うことになる数百人の職員を含んだこの装置は、一九六六年まで見事に機能したのである。

こうして、一九六六年にイスラエル国内で廃止されたパレスチナ系国民に対する軍政が、一九六七年に西岸地区とガザ回廊に押し付けられたのである。侵略の準備は万事整っていた。一九六三年以降、イスラエルの軍、行政府、大学関係の専門家グループは西岸地区とガザ回廊の統治に関する計画を練っていた。将来、機会がきたら支配することになるパレスチナ領を統治するための緊急法や統治マニュアルなどを作成していたのである。(12) これは軍にパレスチナ人の生活を全面的に支配する権限を与えるものであった。その装置がイスラエル内パレスチナ人集団から西岸地区とガザ回廊のパレスチナ人集団へと転用されたのが一九六七年であった。一九六七年戦争前夜、イスラエルのシリア攻撃が一九六六年末に確実に起こることをソ連指導部がナーセルに知らせ、ナーセルは瀬戸際作戦を演じた。(13) その一九六六年の夏、新イデオロギーを掲げる将校団がクーデターを起こしてシリア政権を奪取した〔訳註6〕（新「バアス党政権」）。新政権が力を入れたのはヨルダン川の水源を搾取するイスラエルの計画に対処することであった。シリア国の水需要を充たすように水路建設を始めたのである。イスラエルはそれを妨害するために空爆を行った。そのため両国空軍の交戦が次第に頻発化し、本格化していった。また新シリア政権は新しく誕生したパレスチナ民族解放運動の支援に力をいれた。〔訳註7〕それに励まされてファタハはレバノンを拠点にしてゴラン高原からイスラエルへのゲリラ戦を展開した。これはイスラエル・シリア間の緊張をいっそう高めた。

どうやらナーセルは、自分の芝居がかった仕草で、戦争をしないで現状を変えることができると、本気で思い込んでいたようである。彼は、一九六六年一一月にシリアと防衛協定を結び、もしイスラエルがシリアを攻撃すればエジプト軍が出陣すると声高に宣言した。しかし、一九六七年四月にイスラエル・シリア間国境の緊張が最悪の状態となり、イスラエルはゴラン高原のシリア軍を攻撃した。当時イスラエル軍参謀総長であったイツハク・ラビンによれば、それは「シリアを侮辱するための攻撃」であった。(14) もうこの時点では、イスラエルはアラブ世界を戦争に引きずり込むためにあらゆる手を尽くしたようであった。だからナーセルは一九六〇年に使った瀬戸際作戦を使わざるを得なかった――シナイ半島に進軍させ、アカバ湾と紅海をつなぐ狭い水路であるチラン海峡を封鎖し、イスラエル南端の港エイラートへの船舶航行をストップさせたのだ。そうしたうえで、ナーセルは国連の出方を待った。一九六〇年の国連は、ハマーショルド国連事務総長がナーセルのジェスチュアに惑わされなかったので、一九五六年以来シナイ半島に駐屯させていた国連平和維持軍を撤退させなかった。新国連事務総長ウ・タントはあまり自己主張が強い人物でなく、エジプト軍がシナイ半島に進駐すると国連軍を引き揚げさせた。これでいっそう緊張が高まった。

しかし、戦争突入の最大要因は、当時のイスラエル指導部に主戦派勢力を抑える実力者がいなかったことであろう。そういう人物がいたら内部で軋轢が生じ、主戦派の計画実行が遅れ、その間に国際社会が政治的解決を探る機会が生まれていたであろう。米国を中心とする外交努力がまだ初期段階にある間の、一九六七年六月五日、イスラエルは近隣アラブ諸国に先制攻撃を行ってしまったのである。イスラエル政権を担う閣僚の中には、和平仲介役に必要とする時間的余裕を与える気持ちがある人物はいなかった。何しろ逃してはならない絶好の機会だったのだから。

戦争前の重要な閣議で、一九六〇年危機と一九六七年の状況の違いは何かと、アバ・エバンは同僚閣僚や軍幕僚たちに素朴な質問をした。彼は一九六七年危機も一九六〇年危機と同じように回避できると思ったのであろう。[15] 返ってきた答えは、「国家の体面と抑止のため」であった。エバンは、単なる体面や抑止のために若い兵士たちの命を犠牲にするのは、あまりにも高い人間的代償ではないか、と言った。おそらく、エバンに対して言われた言葉は他にもあったと私は思っているが、議事録に記されていない。おそらく、一九四八年に西岸地区を接収しなかったという「重大な歴史的過誤」を正す絶好の歴史的機会であることを理解すべきだ、と言われたのではなかろうか。

六月五日早朝、イスラエル空軍がエジプト空軍基地を先制攻撃し、ほぼ壊滅させたことから、六日戦争が始まった。イスラエル空軍は同日、続いてシリア、ヨルダン、イラクの空軍基地も叩いた。〔訳註8〕イスラエル軍はガザ回廊とシナイ半島にも侵攻し、数日後にはスエズ運河に到達、シナイ半島全土を占領した。攻撃を受けたヨルダン軍は反撃し、東西エルサレムの間にある国連が管轄する小さな緩衝地帯を占領した。三日間の激しい戦闘の末、イスラエル軍は東エルサレムを占領した（六月七日）。その二日後にヨルダン軍を西岸地区から追い出した。

しかしゴラン高原でシリア軍と対峙する最前線を展開することに関しては、六月七日の段階で、イスラエルはまだ決心をしていなかった。けれども他の戦線で華々しい戦果をあげたので、政府は軍にゴラン高原を攻略させ、占領に成功した。一一日にはイスラエルはゴラン高原、西岸地区、ガザ回廊、シナイ半島を支配下に置く小さな帝国を成していた。本章では西岸地区占領に焦点を当てて記述を進める。

戦争前夜、ヨルダンは、もしイスラエルがエジプトを攻撃すればヨルダンも参戦するという軍事協定を、エジプト及びシリアと結んでいた。その協定にかかわらずヨルダンのフセイン国王はイスラエルに、戦争になったらヨルダンとしては何らかの行動を取らざるを得ないが、その行動は短期的なものであり、決して本気で戦争をする気はないという明確なメッセージを送った（一九四八年に彼の祖父がとったのと同じ姿勢であった）。実際、ヨルダンの参戦は単なる象徴的行為にすぎなかった。西エルサレムとテルアビブ南部郊外への空襲を行っただけであった。これは、数時間前、つまり六月五日のイスラエル空軍によるヨルダン空軍への壊滅的攻撃に対する反撃であった点に注目されたい。それはフセイン国王の意図よりも強い反撃になってしまった可能性がある。

問題はヨルダン軍がフセイン国王の指令下にあるよりもむしろエジプト将軍の指揮下にあったことだ。この間の出来事に関する一般的な言説はフセイン国王自身の回顧録と当時米国務長官だったディーン・ラスクの回顧録に基づく。それによると、イスラエルはフセイン国王を懐柔するメッセージを送り、戦争から離脱するように勧めた（すでにヨルダン空軍に壊滅的攻撃をしたにもかかわらず）。戦争開始一日目、イスラエルはヨルダン攻撃をあまり強く推し進めるつもりはなかったようだが、ヨルダンが空軍破壊に対して反撃したことに怒って、戦争二日目には対ヨルダン戦線を拡大した。フセイン国王は、自分としてはエジプトに逆らうこともできないし、かといって戦争もしたくないので、誰か第三者がこの狂気を止めてくれることを絶えず望んでいた、と回顧録に書いている。戦争二日目に彼はイスラエルに冷静になるよう促したが、まさにその二日目に、この一般的言説によると、イスラエルは作戦を拡大したのであった。(16)

この言説には疑問が二つある。イスラエルはヨルダン空軍を攻撃し、ヨルダン国王に懐柔のメッセージを送るという矛盾する行動をしたが、これをどう解釈すべきか。もっと重要なことは、言説どおりイスラエルが戦争第一日目にヨルダンへの攻撃をまだためらっていたとしても、第二日目には、言説によっても、イスラエルはヨルダンに一瞬の猶予も与えない猛攻撃をしたのである。ノーマン・フィンケルスタインが適格に指摘したように、ヨルダン空軍の残りまでも破壊して、なおかつイスラエルに忠実な唯一のアラブ国としてヨルダンとの関係を維持したいのならば、短期的に西岸地区で軍事行動を行ってもそこを占領しないという作戦で十分だったはずだ。(17) イスラエル人歴史家モシェ・シエメシュがヨルダン側の資料を調べた結果、イスラエル軍が一九六六年十一月にパレスチナ・ゲリラ掃討だとしてパレスチナ人村サムア〔訳註9〕を襲撃した事件から、ヨルダン軍最高司令官がイスラエルには西岸地区を武力占領する意図があると判断したことを発見した。(18) ヨルダン軍最高司令官の判断は正しかった。

占領は司令官が心配した一九六六年ではなく、その翌年に起きた。ユダヤ教聖地〔西岸地区＝ユダヤ・サマリア〕の「解放」、エルサレムを大イスラエルという新しい王冠の宝石として据えるこのメシア的プロジェクトに、イスラエル社会全体が興奮した。〔訳註10〕シオニスト右派も左派も、西側世界のイスラエル支持者も、みなこの奇跡のような至福感の虜になった。イスラエルは占領した西岸地区とガザ回廊から引き揚げる気配をまったく示さなかった。そもそも占領を解除する意図がまったくなかったのだ。このこと自体が、一九六七年五月危機を本格的な戦争へと悪化させた責任は主としてイスラエルにあることを、はっきり証明するのである。

この歴史的節目がイスラエルにとって非常に重要であったことは、国際社会が一九六七年の占領地から撤退せよといくら要請しても、イスラエル政府が頑として聞き入れなかったことに表れている。終戦後まもなく、国連安全保障理事会は、イスラエル軍の占領地からの撤退を求める有名な国連安保理決議二四二号を決議した。おそらく読者もご存じのように、安保理決議は国連総会決議よりも拘束力が強い。しかも、この二四二号決議は米国が拒否権を発動しなかった数少ないイスラエル非難決議であった。

現在では占領直後のイスラエル閣議の議事録が閲覧できる。当時の政府は第一七代内閣で、私の議論には格好の内閣であった。イスラエル政治史では後にも先にも見られないような、一種の統一内閣、シオニズム運動とユダヤ主義政治運動のあらゆる潮流が集まっていた。共産党を除き、左派、右派、中道まで全政党の代表が入閣していた。マパムのような社会主義政党、メナヘム・ベギンのヘルート党のような極右政党、リベラル、宗教政党など、イスラエル政治のスペクトルがすべて入っていた。そういう内閣の閣議議事録を読むと、各大臣は自分が自分を送り出した社会層やグループのコンセンサスの代弁者であることを自覚していることが読み取れる。この自覚が、わずか六日間の戦争で大勝利を収めた後イスラエル社会を呑み込んだ至福感で、いっそう高揚していた。そういう背景のもとで彼らが戦争直後に閣議提案・決定を行っていった雰囲気は、手に取るようにわかる。

さらに言えば、これら政治家の多くは、一九四八年以来ずっとこの時を待っていたのだ。もっとはっきり言えば、聖書に出てくる古代の地が多くある西岸地区を獲得することが一九四八年以前からのシオニストの目的であり、シオニズム運動全体の論理に適うことなのだ。その論理とは、端的に言えば、パレスチナ人をできるだけ少なくして、パレスチナの地をできるだけ多くユダヤ人国領にすることである。一九六七年以降のどのイスラエル内閣も、これらの閣僚が議論・決定した内容から逸脱したことがないという事実は、このコンセンサス、この至福感、この歴史的脈絡から説明できる。

第一に決めたことは、西岸地区なくしてイスラエルの存続はあり得ないということ。イーガル・アロン農業相は、西岸地区統治に関して、直接統治と間接統治を提案した。ユダヤ人入植地建設地域とパレスチナ人密集地域に分け、後者を間接統治するという考えであった。[19] しかし、彼は数年以内に間接統治の内容に関して考えを変えた。初めはヨルダンの協力を利用する統治方法（つまり、明言はしなかったが、西岸地区のアラブ人地域にヨルダン国籍と法律の適用を認めるやり方）だったが、ヨルダンがその案にあまり乗り気を見せなかったので、パレスチナ人自身による自治の方向へ傾いた。

次に決めたことは、西岸地区とガザ回廊の住民を国民としてイスラエルへ編入しないこと。ただし、当時イスラエルが新たに「大エルサレム」（Greater Jerusalem）地域としたところのパレスチナ人はその扱いから外れた。ただ、「大エルサレム」地域とそこの住民をイスラエル国民として認める範囲は、その地域拡大とともに変化した。当然のことだが、大エルサレム地域が大きくなればなるほどパレスチナ人の数も多くなる。現在、大エルサレム地域とされる場所には二〇万人のパレスチナ人が暮らしている。その人たちすべてを国民として受け入れるのを避けるために、多くの地区を西岸地区のパレスチナ人村と規定したのである。[20] 一方で国民ではないとし、他方で独立を許さないという統治は、西岸地区とガザ回廊の住民に基本的な公民権と人権を持たない生活を強いるものであった。

次に決めなければならなかったのは、占領の期間であった。結論は、今も同じだが、かなり長期間、という曖昧なものにならざるを得なかった。モシェ・ダヤン国防相は五〇年間と放言したことがあったが、[21] ちょうど占領五〇年目の二〇一七年に至っても、占領が終わる気配はない。

三番目の問題は和平交渉に関して。すでに述べたように、国際社会はイスラエルが和平と引き換えに占領地を返還することを要請していた。イスラエルは、シナイ半島の扱いをエジプトと、ゴラン高原の扱いをシリアと交渉する気はあったが、西岸地区とガザ回廊に関してはまったく交渉の意志はなかった。当時の首相レヴィ・エシュコルは、それに近いことをある記者会見で語った。[22] しかし、その後すぐに閣僚たちが、そのようなことを公けに発言するのは、穏やかな表現を使って、「無益である」と批判した。そのため、その後このイスラエルの戦略的姿勢が公けの場で示されることはなかった。公式の発表はなかったが、西岸地区とガザ回廊に対する戦略実務を担当する上級官僚のごく一部の証言は手に入る。とりわけ際立っているのはダン・バヴリの発言である。今から振り返って考えると、バヴリは占領地、とりわけ西岸地区については一切交渉しないのがイスラエルの政策であること（それは今も同じであると、私は付け加える）を伝えていたのだ。[23] 彼はこの政策を、問題解決を目指すのではなく、「喧嘩腰の態度と近視眼的態度に加わる第三の態度」と表現している。「イスラエル各政権は和平を何度も口にしたが、和平実現のために行動した政権は一つもなかった。[24]」イスラエル政府はその場しのぎでいろいろな提案をするが、それは、ノーム・チョムスキーの言葉を借りれば、「完全な茶番」であった。[25] イスラエル政府は、和平を語ることがその和平という発想そのものを無効にする既成事実を作ることを禁じるものではない、と考えていたのだ。

読者諸氏は、当時のイスラエルには和平を真摯に求める平和陣営かリベラル派シオニスト勢力がいなかったのかと質問されるかもしれない。当然の質問である。実は、存在していたし、現在でも存在している。ただ、そういう勢力は最初から周辺的で、選挙民のごく一部から支持されているだけだった。イスラエルでは意思決定するのは、世論と無関係に、政治家、将軍、政策を練る戦略専門家からなる中核グループである。それに、何がイスラエルの政策であったかを判断できる唯一の道は、少なくとも結果論的になるが、政治家の発言からではなく、現実の行動からである。たとえば、一九六七年の統一内閣の政治的宣言は、一九七七年までイスラエルを統治していた労働党の政治的宣言や、現在まで断続的に与党を務めたリクード政権（二〇〇〇年代の最初の数年間は、今は姿を消したシャロンやオルメルトのカディマ党が政権を握った）の政治的宣言と異なるところがあったとしても、実際の行動はみな同じであった。みな先述した三つの決定、ポスト一九六七年シオニズム教義の教本となった三つの戦略決定に忠実であった。

一番重要な実際の行動は西岸地区・ガザ回廊でのユダヤ人入植地建設と、それらを拡張する政策である。初めのうち政府は西岸地区（一九六八年に入植運動開始）とガザ回廊（一九六九年に入植運動開始）のパレスチナ人人口が少ない場所に入植地を建設していた。しかし、イディス・ゼルタルとアキヴァ・エルダールの共著『ザ・ローズ・オブ・ザ・ランド』（*The Lords of the Land*）が読み手の背筋を凍らせるほど真に迫って描いているように、ユダヤ教右翼団体グッシュ・エムニーム（信仰者の集団）やパレスチナ人居住地域の中心部に強引に入植した狂信的ユダヤ人の違法行為が次第に増大し、政府閣僚や入植地設計者たちはそれに同調するようになった。(26)

もう一つ一九六七年以降のイスラエルの真意を測る方法がある。犠牲者パレスチナ人の視点でイスラエル政治を観ることである。占領後、新統治者イスラエルは西岸地区とガザ回廊のパレスチナ人を、信じ難い辺獄のような状態に封じ込めた。難民でも市民や国民でもない状態——公民権を持たない単なる居住者であり、それは現在でも基本的に変わらない。彼らは市民権はおろか人権もなく、将来へのよすがもなく、巨大な牢獄に封じ込められた囚人であった。多くの点で現在もそうである。国際社会がそういう非道を黙認しているのは、イスラエルが、この状態は一時的なもので、パレスチナ側に適切なパートナーが現れ和平交渉が実現すればすぐに解消できると主張したからだ——この主張を国際社会はつい最近まで額面通り受け取っていた。もちろんそんなパートナーは現れなかった。こうして私が執筆している現時点でも、イスラエルは様々な手段と方法を使って第三世代パレスチナ人を毎日のように逮捕・拘禁している。〔訳註11〕そういうことをしながら、この大監獄状態は和平交渉までの一時的なものだと言っているのである。

いったいパレスチナ人にどうしろと言うのか？　イスラルのメッセージははっきりしている。パレスチナ人が土地没収、行動規制、厳しい占領地行政に黙従すれば、少しばかり恩恵を与えてやる。たとえばイスラエルへの出稼ぎ労働とか、少しばかりの自治など。一九九三年のオスロー合意以降は、その自治を拡大させて、一部の地域をパレスチナ国と呼べる権利を認めてやる、というものである。しかし、しばしば見られたように、パレスチナ人が抵抗の道を選ぶのであれば、イスラエル軍の強力な力を見せつけてやるだけだ。パレスチナ人活動家マージン・クムシーヤは、〔訳註12〕この巨大監獄から脱出しようとした一四回の民衆蜂起について書いている——

一四回とも残酷に弾圧され、ガザにおいては大虐殺となった[27]。西岸地区・ガザ回廊の占領が一九四八年に始まったシオニスト事業の仕上げであることが、これでわかるだろう。ベン＝グリオンを悩ませた人口上の統計恐怖——大イスラエル化すればユダヤ人が少数派になるという恐怖——は、占領地住民をイスラエル国に編入しないで、巨大な野外牢獄に封じ込めるという冷酷なやり方で解決された。このことは過去の歴史ではない。多くの点で、これは二〇一七年現在の現実なのだ。

註

（1）これに同意しない見解もある。Avi Shlaim, *Israel and Palestine: Reprisals, Revisions, Refutations*, New York and London: Verso, 2010.

（2）Shlaim, *Collusion Across the Jordan*.

（3）このタカ派エリートの動きについては、Tom Segev, *1967: Israel and the War That Transformed the Middle East*, New York: Holt and Company, 2008及びIlan Pappe, "The Junior Partner: Israel's Role in the 1958 Crisis," in Roger Louis and Roger Owen（eds.）, *A Revolutionary Year: The Middle East in 1958*, London and New York: I. B. Tauris 2002, pp. 245-74を見られたい。

（4）Pappe, "The Junior Partner."

（5）Ibid.

（6）Ibid.

（7）Ben-Gurion Archive, Ben-Gurion Dairy, August 19, 1958.

（8）この間に生起した事実については、David Shaham, *Israel: The First Forty Years*, Tel Aviv: Am Oved 1991, pp 289-47（Hebrew）を参照されたい。

（9）Shlaim, *The Iron Wall*, pp. 95-142.

（10）Pappe, "The Junior Partner," pp. 251-2.

（11）Ami Gluska, *The Israeli Military and the Origins of the 1967 War: Government, Armed Forces and Defense Policy, 1963-1967*, London and New York: Routledge 2007, pp. 121-2.

（12）この点については、Ilan Pappe, "Revisiting 1967: The False Paradigm of Peace, Partition and Parity," *Settler Colonial Studies*, 3:3-4（2013）, pp. 341-51で詳述。

（13）ノーマン・フィンケルスタインは、イスラエル政府の代弁者アバ・エバンが語ったイスラエルの公式談話をそのまま受け取って厳しく批判している。彼の著作*Image and Reality of the Israel-Palestine Conflict*, London and New York: Verso, 2003, pp. 135-45を参照されたい。

（14）一九六七年五月一二日ＵＰＩ通信のインタビュー。同インタビューでラビンはシリア政権を転覆させてやるとも言った。Jeremy Bowen, *Six Days: How the 1967 War Shaped the Middle East*, London and Schuster UK, 2004, pp. 32-3.

（15）Ibid.

（16）Avi Shlaim, "Walking the Tight Rope," in Avi Shlaim and Wm. Roger Louis（eds.）, *The 1967 Arab-Israeli War: Origins and Consequences*, Cambridge: Cambridge University Press, 2012, p. 114.

(17) Finkelstein, *Image and Reality*, pp. 125-35.

(18) Moshe Shemesh, *Arab Politics, Palestinian Nationalism and the Six Day War*, Brighton: Sussex Academic Press, 2008, p. 117.

(19) Israel State Archives, minutes of government meetings, June 11 and 18, 1967.

(20) Valerie Zink, "A Quiet Transfer: The Judaization of Jerusalem," *Contemporary Arab Affairs*, 2:1 (2009), pp. 122-33.

(21) Israel State Archives, minutes of government meeting, June 26, 1967.

(22) *Haaretz*, June 23, 1967.

(23) Dan Bavli, *Dreams and Missed Opportunities, 1967-1973*, Jerusalem: Carmel 2002 (Hebrew).

(24) Ibid. p. 16.

(25) Noam Chomsky, "Chomsky: Why the Israel-Palestine 'Negotiation' are a Complete Farce," Alternet.org, September 2, 2013.

(26) Idith Zertal and Akiva Eldar, *The Lords of the Land: The War Over Israel's Settlement in the Occupied Territories, 1967-2007,* New York: Nation Books, 2009.

(27) Mazin Qumsiyeh, *Popular Resistance in Palestine: A History of Hope and Empowerment*, London: Pluto Press, 2011.

〔訳註1〕カーター米大統領の仲介で、エジプト・イスラエルが単独講和。イスラエルはシナイ半島から軍を引き揚げ、北へ移し、ＰＬＯの拠点があるレバノンに侵攻する準備をした。エジプト大統領サーダートの裏切りとして問題になったが、サーダートとイスラエル右翼政権首相ベギンはノーベル平和賞を受賞した。

〔訳註2〕六月五日にイスラエル空軍がエジプト、シリア、ヨルダンに先制攻撃、この三国の空軍力をほぼ壊滅させた後に、アラブ諸国がイスラエルに宣戦布告した。ヨルダンは七日に停戦受諾。「序」訳註3を参照されたい。

〔訳註3〕エジプト・シリア合併、アラブ連合共和国成立、レバノン動乱、イラク革命などがあった。

〔訳註4〕ナーセルのスエズ運河国有化宣言に対し、英仏が対エジプト作戦を計画、イスラエルもカフム・カシム村虐殺を行って挑発し、第二次中東戦争と呼ばれるスエズ動乱が始まった。エジプトは戦争に負けたが、運河国有化に成功した。

〔訳註5〕イスラエル国内に残ったパレスチナ人も一応国民扱い（二級国民）されたが、ベン゠グリオンは彼らを一般国民とは別個に軍政権下においた。軍の許可がなければ自由な移動もできない「統制」であった。この軍政は一九六六年まで続いた。

〔訳註6〕一九六六年二月二一〜二三日にかけて若手バアス党員が起こしたクーデターで、西側は新シリア政権を旧政権のナーセル主義より急進的な「超ナーセル主義」と呼んだ。

〔訳註7〕パレスチナの抵抗運動はまだアラブ・ナショナリズムの一環で、「フェダイーン」「アラブ・ゲリラ」などと呼ばれていた。大別して「アラブ・ナショナリスト運動」（ＡＮＭ）、「パレスチナ民族解放運動」（ファタハ）、「パレスチナ解放機構」（ＰＬＯ）。パレスチナ・アイデンティティが発展して独自の闘いをするようになったのは、一九六七年戦争を通じてである。今も続いているアラブ諸国の消極的姿勢や裏切りも大きな動機となった。

〔訳註8〕「序」訳註3を参照されたい。レバノンが記されていないが、ベイルート空港も攻撃された。イスラエル戦闘機が空港へやってきて、あたりの飛行機を爆破した後、兵士が空港内でコーヒーを飲んで、悠然と帰っていったと、ベイルートのパレスチナ難民から聞いたことがある。それほどアラブ側は無防備で、イスラエルの一方的な戦争であったようだ。その背景の一部に当時のソ連の不

可思議な行動がある。

〔訳註9〕当時ヨルダン領だった西岸地区南部にある村で、一九六六年にイスラエルの攻撃を受け、ヨルダン兵一五人、ヨルダン民間人三人、村人三人が死亡、負傷者はヨルダン兵士五四人、村人九六人。襲撃を指揮したイスラエル大佐も死亡。イスラエル側負傷兵は一〇人。

〔訳註10〕強国意識が芽生え、安全保障問題は軍事力で克服できるという自信を背景に、大イスラエル主義が台頭した。また、神が六日間で天地創造したことと戦争に六日間で勝利したことが神秘的な符合とみなされ、宗教的シオニズムも力をもち始めた。

〔訳註11〕二〇一八年一月、イスラエル兵を平手打ちした一六歳の少女アヘド・タミミが話題になっているが、それだけでイスラエルは彼女を長期間拘留し、軍事裁判にかけている。イスラエル軍は子どもや青年に的を絞って逮捕や殺害を繰り返しているのが目立つ。これは未来の反乱者の芽を摘もうという予防弾圧政策と判断してよいだろう。

〔訳註12〕二〇一三年に来日、広島・長崎の平和祈念式典に参加した「分離壁入植地に反対する人民委員会」コーディネーター。日本ではＢＤＳ運動を語り、入植地で製造されるソーダ・ストリームのボイコットを呼びかける運動を要請した。

第二部　現在の虚偽

第七章　イスラエルは中東で唯一の民主主義国家である

多くのイスラエル人と世界のイスラエル支持者――イスラエルの政策の一部に批判的な人々も含めて――は、最終的には、イスラエルを温厚な民主主義国家で、近隣諸国との友好関係を望み、国内すべての国民に平等を保障する国であると見ている。イスラエルを批判する人々でさえ、イスラエルの民主主義に何か悪いところがあるとしたら、それは一九六七年戦争の影響のせいだと考えている。この考えによると、戦争のおかげで占領地で濡れ手で粟の大儲けができるようになったことや、狂信的ユダヤ教徒が政界に入ってイスラエルを暴力的に新領地を支配する抑圧的占領勢力に変えたことにより、もともと誠実で勤勉なイスラエル社会が堕落したというのだ。

民主主義的イスラエルは一九六七年に問題を抱えるようになったが、それでもまだ民主主義国家であるという神話は、こともあろうにごく一部の著名パレスチナ人や親パレスチナ学識者がプロパガンダを行うこともある――しかし、そのプロパガンダにはまったく歴史的根拠がない。一九六七年以前のイスラエルがどう転んでも民主主義国と言えないのは明らかだ。これまでの章で見てきたように、英国委任統治時代の防衛法（非常事態法）を使って国民の二〇％を苛酷な軍政下に置いて、公民権はおろか基本的人権を奪った国は民主主義国ではない。各地の軍政官は被支配パレスチナ住民の生殺与奪を握る絶対者であった。彼らは特別法を発布したり、家屋や生活を破壊したり、恣意的にパレスチナ人を投獄した。ようやく一九五〇年代末になってこのような前近代的軍政への批判がユダヤ人国民の間からも高まり、ついにはパレスチナ国民への不条理な圧迫が緩和され、一九六七年戦争の前年に軍政が解かれた。

一九六七年以前のイスラエル内パレスチナ人と一九六七年以降の西岸地区・ガザ回廊のパレスチナ人にとって、この軍政体制のもとでは、イスラエル国防軍（ＩＤＦ）末端の一兵卒さえもが、自分たちを支配し、自分たちの生活と生命を左右する存在だった。一兵卒またはその部隊あるいは指揮官が、気紛れで家屋破壊する気になったり、チェックポイントでパレスチナ人を何時間も足止めする気になったり、裁判なしの拘留［行政拘留］で身柄を拘束する気になったら、パレスチナ人には為す術がなかった。何の手も打てないのだ。[1] 一九四八年から現在まで、パレスチナ人はいつなんどきそういう目に遭うかもしれない状況が続いている。最初にそういう処遇を受けたのはイスラエル内パレスチナ人である。それはイスラエル建国二年目から始まった。ハイファ地区カルメル山のハイファア・パレスチナ人コミュニティのようにゲットーに閉じ込められたり、サファド［ヘブライ名ツファット］のように何十年にもわたって暮らしてきた町から追い出されたりした。イスドゥード［アシュドッド］の場合は住民まるごとガザ回廊へ強制移転させられた(2)。農村地帯ではもっと酷かった。キブツ運動体の多くが肥沃な農地があるパレスチナ人村を欲しがったからだ。社会主義者のキブツ運動で、二民族連帯を唱えていたと言われるハショメール・ハツァイルも例外ではなかった。一九四八年の戦いが終わってかなり時が経ってからでも、ガービシーヤ、イクリス、ビリム、カーイタ、ザイトゥン、その他の村々の住民は、軍が訓練に使うから二週間村を空けろと命令されて家を離れた。二週間後に帰ってくると村は消滅しているか、ユダヤ人農民の所有になっていた(3)。

軍による恐怖政治が典型的に現れたのが、イスラエル軍のシナイ半島侵攻直前の一九五六年一〇月に起こったカフル・カーシム村虐殺事件である〔訳註1〕。イスラエル軍が四九人の村人を殺害した事件である。軍当局は、外出禁止令を発令しているにもかかわらず村人が時間内に畑から帰ってこなかったからだと、理由を説明していた。しかし、それは本当の理由ではなかった。後に明らかになった証拠によると、イスラエルは、ワーディ・アラ地域と三角地帯と呼ばれる地域からパレスチナ人を追放することを前々から検討していた。カフル・カーシム村は三角地帯にあったのである。この二地域――ワーディ・アラは東部のアフラと地中海沿岸のハデラを結ぶ渓谷地帯で、三角地帯はエルサレム東部に広がる地域――は、一九四九年のヨルダンとの休戦協定でイスラエル領として接収されていた。前にも書いたように、イスラエルは領土拡大を常に歓迎したが、パレスチナ住民の増加は歓迎しなかった。だから国土拡大の機会があるときはいつでも新領土からパレスチナ人を減らす方法を考えたのである。

「ハファルフェレト」（もぐら）作戦とは、アラブ世界との戦争があるたびに、それを利用して考え出した様々なパレスチナ人住民追放方法のコードネームであった。現在では多くの研究者が、一九五六年虐殺はカフル・カーシム村を脅かせば地域のパレスチナ住民が村を捨てて逃げだすかどうかを試した実験であると考えている。幸い二人の国会議員〔訳註2〕、共産党のトウフィク・トゥビとシオニスト左派マパム党のラティフ・ドーリの粘り強い努力のおかげで、虐殺実行犯たちは裁判にかけられた。しかし、地域方面隊司令官や虐殺を行った部隊の兵たちはわずかな罰金で放免された。(4) これも、占領地では軍人は殺人を犯しても咎めを受けなかったことを証明している。

意図的・組織的残虐行為は虐殺のような大事件だけに現れているのではない。軍政の日常的な有り様の中で非人道的行為が普通に見られた。今のところイスラエル内パレスチナ人は一九六〇年以前の軍政時代についてあまり語っていないし、当時の資料類もまだ全面的に公開されていない。我々が軍政下の民衆の生活実態を知り得る道は、意外にも、詩である。ナタン・アルテルマン〔訳註3〕は当時を代表する有名詩人であった。彼は「セブンスコラム」と呼ばれる週刊コラムを書いていて、そこで自分が読んだり聞いたりした事件についていろいろコメントした。事件があった日付や場所などの記載を省くことが多かったが、読み手がどういう事件を取り上げているかを理解できる程度の情報は入れていた。しばしば詩の形で非難の意を表現した。

そのことは二日間だけ話題になって、消えた。
もう誰も気にかけていないし、覚えてもいない。
遠く離れたウンム・アル＝ファヘムという村で、
子どもたち——イスラエル国民と言うべきだが——が土遊びしていた。
そのうちの一人が、わが国の勇敢な兵士の目に、不審に映ったようで、
兵士は「止まれ！」と叫んだ。
命令であった。
命令なのに、子どもは止まらなかった。
怯えて逃げた。
当然、わが国の勇敢な兵士は、発砲した。
弾は子どもに当たり、子どもは死んだ。

そしてこのことを語るものは誰一人いない。[5]

またある時はワーディ・アラで射殺された二人のパレスチナ系国民について詩を書いた。またある時は、重病のパレスチナ人女性が、三歳と六歳の子どもと一緒に、問答無用で、ヨルダン川の対岸へ追放されたことを書いた。女性が子どもを連れて戻ってこようとすると、子どもともども逮捕され、ナザレの刑務所に収監された。アルテルマンはこの母親に関する自分の詩が人間の心を動かし、何らかの公的反応があるものと期待したのであった。しかし、一週後の「セブンスコラム」には次のように書いた。

詩人の期待は外れた
詩人の伝えたことは、
否定もされず、弁明もされず、
ただ無視されただけ、
一言の反応もなく。[6]

一九六七年以前のイスラエルが民主主義国家でなかったという証拠は他にもある。難民が自分たちの農地、作物、家畜を取り戻そうとするのに対し、殺害のための発砲を許可する方針で挑んだ国、エジプトのナーセル政権を転覆させるために植民地戦争に加わった国が、民主主義国であるはずがない。一九四八年から一九六七年までに警備隊が殺害したパレスチナ系国民の数は五〇人を超える。

民主主義国であるかどうかを試すリトマス試験紙になるのが、国内のマイノリティへの許容度であろう。その点ではイスラエルは民主主義社会から程遠い。新しく領土を獲得すると多数派ユダヤ人の有利な地位を保障する法律を次々と作る国なのだ——国籍法、土地所有法、そして、帰還法。とりわけ、この帰還法は、世界のユダヤ人に、何処で生まれようとユダヤ人というだけで自動的にイスラエル国籍を付与する法律である。これが甚だしく非民主主義的であるのは、他方でパレスチナ難民の帰還権を全面拒否しているからである——一九四八年国連総会決議一九四号によってパレスチナ難民の帰還権が国際的に認められているにもかかわらず。この拒否のために、イスラエル内パレスチナ人は一九四八年に追われた直系家族や親族友人たちといっしょに暮らすことも、彼らに接触することもできない。その土地で生まれ育った者たちが故郷へ帰る権利を否定し、その土地とは無関係な者たちにその土地に住む権利を提供する不条理な国家は、非民主主義国家の典型である。

この拒否に上乗せするように、パレスチナ人の人権を否定するような事例が山のようにある。

パレスチナ系国民は国民の義務である軍務につかないのだから差別されて当然だという差別の正当化がまかり通っている。(7) 民主主義的権利と軍務との関係は、政治家たちが国民の二〇%のパレスチナ系国民の処遇について検討していた形成期を振り返ると、よく理解できる。政治家たちは、どうせパレスチナ系国民は入隊しないだろうと考えていた。この想定がパレスチナ系国民への差別政策を正当化したのだ。一度、実験が行われたことがある。一九五四年に国防省が適齢年齢のパレスチナ系国民に徴兵招集をかける決定をしたのだ。そのとき、諜報部はパレスチナ人の広範な反対運動が起きると政府に助言した。ところが驚いたことに、当時パレスチナ人社会で最も強い影響力をもっていた共産党の賛同もあり、招集通知を受けた人々はみな徴兵事務所へ出頭したのであった。後に諜報部は、一〇代の若者たちが単調な田舎暮らしに飽きていて何か刺激を求めたのだろう、とその現象を説明した。(8)

そういうことがあったにもかかわらず、国防省はパレスチナ人社会が軍務を拒否しているという言説を流し続けた。当然のことだが、やがて、パレスチナ系国民は国防軍に背を向けるようになった。軍は彼らにとって永遠の抑圧者となった。だからといって、政府がそれを口実にして自国民を差別するのは、民主主義を標榜する国家としてあるまじきことであろう。同じ国民であってもパレスチナ人で軍務につかないのであれば、〔訳註4〕勤労者、学生・生徒、親、夫婦として公的扶助を受ける権利が大きく制限されるのである。とりわけ住宅と雇用における権利はく奪が著しい――雇用に関しては、イスラエル企業の七〇％は国防意識が強く、そのためにパレスチナ人国民に門戸を閉ざした。[9]

パレスチナ系国民は徴兵を拒否するばかりか信用できない内部の敵だ、と国防省は思い込んでいた。この思い込みとは異なり、イスラエルとアラブ世界の数次にわたる戦争のとき、彼らは国防省が思い込んでいるような行動をしなかった。いわゆる第五列を形成しなかったし、対政府反乱も起こさなかった。〔訳註5〕それでも政府のパレスチナ系国民に対する敵視と差別はなくならなかった。今日にいたるまでパレスチナ人は解決すべき「人口問題」としか見られてこなかった。ただ唯一救いとなるのは、人口問題解決の道はトランスファー、つまり強制的追放だけだと政治家たちが（少なくとも平常時には）本気で思っていないことであろう。

土地使用をめぐる予算配分を見ても、一九四八年以降ずっとイスラエルは民主主義国家であったという主張の嘘がよくわかる。パレスチナ系国民居住市町村はユダヤ人の市町村とは比べ物にならないほど少ない予算しか配分されていなかった。農地不足と雇用機会不足が相俟って、異常な社会・経済的現実になっている。たとえば、最も裕福だと言われるアッパー・ガリラヤのミイリーヤ村というパレスチナ人地域でも、最も貧しいと言われるネゲヴ地方のユダヤ人開発村よりも劣悪な状態にある。二〇一一年に『エルサレム・ポスト』が「一九九七年から二〇〇九年の間のユダヤ人国民の平均所得はアラブ人国民のそれより四〇〜六〇％高かった」

と報道した(10)。

現在イスラエルの土地の九〇％以上がユダヤ民族基金（JNF）の所有である。地主は非ユダヤ人国民との土地取引が禁止され、公有地は国家目的に使用される。国家目的とはユダヤ人の新入植地建設のことで、パレスチナ系国民の入植地などは考慮すらされない。それ故、最大のパレスチナ人都市ナザレの人口は一九四八年以降三倍に増加したにもかかわらず、市の面積は一平方キロメートルも増えていない。一方ナザレの上に建設されたユダヤ人の開発タウンであるアッパー・ナザレ〔訳註6〕は、パレスチナ人地主から土地を接収して、面積が三倍に膨れ上がった(11)。

こういう政策はガリラヤ地方のパレスチナ人村全体でも見られ、同じような現象が生じている。一九四八年以降同地方のパレスチナ人村の面積は四〇〜六〇％も減少し、彼らから取り上げられた土地にユダヤ人入植地が建設された。ガリラヤ以外の地でも大規模な「ユダヤ化」が進行した。一九六七年戦争後、イスラエル政府は国の北部と南部にユダヤ人口が少ないことを不安に思い、ユダヤ人口増加を計画した。そのような人口変化を起こすためにはパレスチナ人の土地を没収してユダヤ人入植地を作ることが必要であった。

もっと酷いことに、そのようにして建設した入植地からパレスチナ人国民を追い出したのである。国民は国内の何処にでも住む権利があるというのが国民の権利であるはずが、この権利侵害は今日も続いている。イスラエル内の人権NGOがこのアパルトヘイト政策に反対してきたが、これまでのところ完全敗北である。二、三の訴訟でアパルトヘイト政策の違法性を匂わす程度の判決を最高裁判所から勝ち取ったことはあったが、原則的には最高裁はその政策を合法と認めた。かりに英国とか米国で、ユダヤ人なりカトリック教徒なりがある村、ある地域、あるいはすべての都市部に居住することを法律によって禁止されたと想像してほしい。そうすれば、この施策がいかに民主主義と相容れないかがよくわかるだろう。

二つのパレスチナ人グループ――難民とイスラエル内パレスチナ人――に対するイスラエルの態度を見ると、いくら善意をもって解釈しようと試みても、とてもイスラエル＝民主主義国家と呼ぶことはできない。まして第三グループのパレスチナ人、すなわち一九六七年以降東エルサレムと西岸地区とガザ回廊でイスラエル軍の直接的・間接的支配のもとで暮らしているパレスチナ人に対する冷酷非道な行為を見ると、イスラエル国＝民主主義国家という主張がインチキ以外の何物でもないことが明白である。一九六七年戦争開戦時に導入された法的インフラから始まり、西岸地区の内側及びガザ回廊の外側に布かれた絶対的軍事権力、そして数百万人のパレスチナ人の日常生活を支配する屈辱的な規制や恣意的虐待〔訳註7〕にいたるまで、「中東で唯一の民主主義国家」は最悪の独裁者として振る舞ってきた。

こういう非難に対して、イスラエル外交官と知識人は、すべて一時的な処置で、パレスチナ人たちが、どこにおいてでももっと「行儀よく振る舞う」ようになれば、すぐになくなるものだと反論した。しかし、たとえ占領地で実際に生活しなくても、ちょっと本気になって調べれば、この反論が大きな嘘であることは直ちにわかる。これまで見てきたように、イスラエルの政策決定者たちは、ユダヤ人国に支障がもたらされない限りいつまでも占領地を手放す気はないのだ。占領地支配は、イスラエルの政治体制が既成事実と見做すものの一部で、それを変えることはあり得ない。イスラエルのパレスチナ支配は続き、そのパレスチナにはパレスチナ人が住んでいるので、その支配は反民主主義的にならざるを得ないのだ。

その上イスラエルは、反証が山ほどあるにもかかわらず、占領が先住民に文明を教える啓蒙主義的占領だと主張する。そこには、イスラエルが慈悲に満ちた占領政策を善意で行っているのに、パレスチナ人が暴力で抵抗するので、やむなく厳しい措置をとるのだ、という神話がある。一九六七年にイスラエル政府は西岸地区とガザ回廊を「エレツ・イスラエル」（イスラエルの地）の当然の一部と見做し、その考え方は以後ずっと変わっていない。その考え方に関するイスラエルの右翼と左翼の論争を見ると、違いは実現の仕方だけであって、考え方を正当とする点では同じである。

もっと広く世論にまで広げてこれを見ると、大別して「救世派」（Redeemers）と「管理派」（Custodians）の二つの流れがあった。救世派は古代の郷土を取り戻さなければイスラエルの未来はあり得ないと考え、一方管理派は、占領地と和平の交換、つまり西岸地区についてはヨルダンに、ガザ回廊についてはエジプトに返還して、アラブ世界との和平を達成すべきだと主張した。[12] しかし、政府の占領地支配政策はこれらの世論に影響されずに進められた。政府のいわゆる「啓蒙主義的占領」の最悪の部分は、その管理・執行である。初めのうちは占領地を「アラブ人地域」とユダヤ人の利用に適した地域とに分け、パレスチナ人が密集する前者を、イスラエル軍に協力する地域ボスが統治する自治区としていた。一九八一年にこの間接的支配は廃され、占領軍「民政局」による直接支配に切り替えられた。後者の「ユダヤ人地域」には入植地と軍基地がどんどん建設された。そのやり方は、パレスチナ人村や町が緑地も都市として発展する可能性もない離ればなれの居留地となるように入植地や基地やユダヤ人専用道路を配置するやり方であった。パレスチナの地理的連続性をずたずたに断ち切ったのである。

占領後まもなく事態は悪化した。狂信者集団グッシュ・エムニームが政府の計画や指示を無視して、聖書に登場する地をすべてユダヤ教の聖地として強引に入植する活動を始めたのだ。彼らはパレスチナ人人口密集地の真ん中に侵入して入植地を作ったので、地元民の生活空間がますます狭くなった。

入植事業が第一に必要とするのが土地である。占領地では、大規模な土地収奪と、先祖代々住んでいた住民を追い出し、劣悪な居住環境の飛び地のようなところに閉じ込めるやり方で、入植事業が展開された。西岸地区上空を飛行機で飛ぶと、その政策が生んだ風景が見られる

――入植地の帯が土地を分断し、パレスチナ人コミュニティが孤島のように連続性を断たれて点在している鳥瞰図だ。ユダヤ化ベルトが村と村、村と町を寸断し、中には一つの村を真っ二つに分断しているものもある。専門家が「災害の地理学」(geography of disaster) と呼ぶ状態である。実際にエコロジー災害――水資源の枯渇、美しい田園風景の破壊など――を招いているので、この呼び名はぴったりだ。しかも入植地は右翼過激派ユダヤ教徒を生み出す巣窟となり、付近のパレスチナ人が理不尽な暴力の犠牲になっている。たとえばエフラート入植地のために、ベツレヘム近くのワッラージャー渓谷の世界遺産や、ラマッラー近くの村で、清流が流れる水路で有名な観光地ジャフネが破壊された。これは数百を数える同じようなケースの中の二例にすぎない。

パレスチナの家屋破壊は新しい現象ではない。一九四八年以降イスラエルはこれを集団的懲罰という野蛮な報復として使ってきたが、それを最初に考え出して実行したのは、一九三六～三九年のアラブ大反乱のときのパレスチナ委任統治国英国であった。アラブの反乱は、英国の親シオニズム政策に対する最初のパレスチナ人蜂起であり、英軍はその鎮圧に三年間を要した。鎮圧過程で英軍は、地元住民への種々の集団的懲罰の一つとして、二〇〇〇戸のパレスチナ人家屋を破壊した。(13) イスラエルは西岸地区とガザ回廊の占領初日から家屋破壊を始めた。パレスチナ住民の抵抗と不服従があると、その人だけでなく、その人の家族全員を集団的懲罰の対象として、家屋を破壊し、その数は毎年数百戸に達した。(14) イスラエル軍が押し付ける規則や法にちょっと違反した者から占領への実力抵抗に関与した者まで、軍はすぐに「犯人」の家や村に何台ものブルドーザーを送り込み、家屋ばかりか、生活と生存の糧となる畑や井戸などすべてを徹底的に破壊した。大エルサレム地域でも（イスラエル国内と同じように）許可のない増築や公共料金の未払いがあると、直ちに家屋破壊という罰が下された。

最近集団懲罰のレパートリーに復活したものが、家屋密封である。セメント、モルタル、石などで戸口や窓を密封して、家人を締め出し、持ち出し損ねた大事なものも取り出すことができないようにするのである。こんな懲罰が過去にあったかどうかを手持ちの歴史書で調べたが、イスラエル以外の国ではこれほど意地の悪い集団懲罰の例を見つけることはできなかった。

最後に、「啓蒙主義的占領」は、入植者が自警団を組織して付近の住民に乱暴をすることや家や畑や作業所を荒らすことを許している。自警団と称する暴徒の乱暴の形態は時とともに変化した。一九八〇年代には実際のテロ行為——パレスチナ人指導者への襲撃〔訳註8〕（両足を失った指導者もいる）やエルサレムのハラム・アッシャリーフ〔神殿の丘〕にあるモスク群の爆破を計画した。二十一世紀に入るとヘブロンなどで日常的なパレスチナ人ハラスメントを始めた——オリーブ樹や果樹を根こそぎ引き抜いたり、収穫物を台無しにしたり、家屋や乗り物に発砲するなどの嫌がらせが、月平均一〇〇件あった。とりわけ五〇〇〇人のヘブロン入植者の付近のパレス

チナ住民への虐待は酷かった。(15)

占領が始まったときから、パレスチナ人には選択肢が二つしかなかった。巨大牢獄への収容という現実にいつまでも耐え続けるか、危険を覚悟で中東最強の軍に抵抗するかのどちらかであった。パレスチナ人が抵抗した――一九八七年、二〇〇〇年、二〇〇六年、二〇一二年、二〇一四年、二〇一六年――とき、彼らはまるで正規軍兵士のような攻撃の目標にされた。生活の場である村や町がまるで軍事基地であるかのように爆撃され、丸腰の民間人がまるで野戦兵士であるかのように銃撃された。今日ではオスロー合意以前・以後の占領軍のパレスチナ住民に対する残酷な扱いはもう周知の事実なので、パレスチナ人の抵抗がなければ抑圧政策もないというイスラエルの主張はまともも受け取ることはできない。いつまでも続く裁判なしの逮捕・収監、何千戸もの家屋破壊、何の罪もない住民の殺傷、水源井戸の破壊等々――これらの事実が歴代イスラエル政府がいかに残忍であったかを具体的に証言するものである。アムネスティ・インターナショナルが毎年占領の実態に関する報告を発表している。次に紹介するのは二〇一五年報告の一部である。

東エルサレムを含む西岸地区では、イスラエル軍は子どもを含むパレスチナ人の不法殺害を続け、占領軍への抗議活動をしたり、その他平和的手段による占領反対を訴えたパレスチナ人数千人を逮捕・収監し、数百人の住民を行政拘留した。拷問と虐待が頻繁に行われ、そういう不法行為を行っても咎められなかった。イスラエル当局は相変わらず西岸地区への不法入植を奨励し、その邪魔にならないようにパレスチナ人の行動の自由を規制した。一〇月にはパレスチナ人のイスラエル民間人への襲撃とイスラエル軍による超法規的処刑などの暴力がエスカレートした。軍はパレスチナ人の行動規制をいっそう厳しくした。入植者のパレスチナ人襲撃やパレスチナ人の所有物への破壊行為は罰せられなかった。ガザ回廊は引き続き住民を集団懲罰する軍事的封鎖状態のままである。西岸地区とイスラエル国内、とりわけネゲヴ／ナカブ地域のベドウィン族集落では、家屋破壊と住民追放が続いている。[16]

報告内容を一つずつ見ていこう。まず暗殺——アムネスティが「不法殺害」とよぶもの——について。一九六七年以降「不法殺害」されたパレスチナ人は一万五〇〇〇人、その中には子ども二〇〇〇人が含まれる。[17]「啓蒙主義的占領」のもう一つの特徴は、裁判なしの収監。西岸地区とガザ回廊のパレスチナ人は、五人に一人がその経験を持つ。[18]この裁判なしの身柄拘束を米国の過去・現在の同じやり方と比較する人々がいて、興味深い。BDS運動評論家が、米国の方がイスラエルより酷いと言うのだ。事実、第二次世界大戦中に米国政府は日系米国民一〇万人を裁判なしで身柄拘束し、現在の「テロとの戦争」では三万人を裁判なしに拘留している。数だけで見ると、そういう体験をしたパレスチナ人——若者、老人、長期拘留者も含めて——の数の方がはるかに少ない。[19] 裁判なしの身柄拘束はトラウマになる体験である。何の容疑で逮捕・拘留されているのかも知らされず、弁護士との接見も家族との面会も許されない囚人なのだ。もっと酷いことに、そういう苛酷な状態の中で、密告者やスパイになれと迫るのである。他にも、事実か単なる噂かに関わりなく、個人の性的指向を暴露するぞと脅して共犯関係に引きずり込もうとする汚い手も使われる。

拷問については、信頼できる中東モニターというウェブサイトが、イスラエルがパレスチナ人拷問に使う二〇〇の方法を説明する恐ろしい記事を発表している。そこにリストアップされた方法は、国連報告とイスラエル人権団体ベツェレムの報告に基づいたもの。[20] 他に、殴打、長時間ドアや椅子に鎖で縛りつける、冷水や熱水を浴びせる、指を引き裂くように引っ張る、睾丸を捻じるなどが、日常的に行われている虐待である。

従って問題とすべきは、「啓蒙主義的占領」という主張だけでなく、イスラエルが民主主義国家であるという見せかけの定義である。イスラエルが支配下に置く数百万人の人々に対して行う非人道的行為こそが、民主主義国家という政治的釈明が真っ赤な嘘であることを如実に物語っている。しかし、世界の市民社会の大部分がその嘘を見抜いているにもかかわらず、政治的エリートたちは、いろいろ理由があるだろうが、イスラエルを民主主義国家高級クラブの一員として扱っている。パレスチナ市民社会が呼びかけたBDS運動が世界の市民社会で強く支援されているのは、政府のイスラエルに対する政治的態度への不満の表れであろう。

ところが多くのイスラエル人は、こういう世界の市民社会の反応を、よくて見当違い、悪ければユダヤ人に対する悪意と考える。国家は自らを自慈悲深い占領者とする考えに固守する。ユダヤ人一般国民も「啓蒙主義的占領」という見解を支持し、占領のおかげでパレスチナ人の暮らし向きがよくなったのに、占領に抵抗、それも暴力で抵抗するとは、まったく理不尽だと思う。無批判にイスラエルを支持する世界のユダヤ人も、そういう考え方を受け入れてしまう。

しかし、世界の市民社会の反応や本書で展開されるような議論を正当であると認めるイスラエル・ユダヤ人もいる。一九九〇年代、人によって信念の強さの違いはあったが、かなりの数のユダヤ人学者、ジャーナリスト、芸術家がイスラエル国の民主主義の定義に疑問を呈した。自分が暮らす社会と国の基本を構成する神話に疑問を呈するのは勇気を要する行為である。だから、後になってこの勇気ある立場から外れて一般に歩調を合わせる態度に寝返った人も何人か出た。そういう多少の逸脱はあったが、二十世紀最後の一〇年間に、民主主義国家イスラエルという定義を批判する作品がかなり世に出た。彼らはイスラエルを民主主義国家とは異なるジャンルの非民主主義国家群の一つだとした。彼らの中の一人、ベン゠グリオン大学の政治地理学者オレン・イフタヘルはイスラエル国をエスノクラシー、つまり異種混合社会にあって一つのエスニック集団のみを公式にも法的にも特権集団扱いする政権が支配する国家体制だと規定したのである。[21] もっと厳しく、アパルトヘイト国家あるいは殖民・植民地主義国家と呼ぶ人たちもいた。[22] 要するに、批判的識者たちがどんな形容辞でイスラエルを描写しようと、その中に「民主主義的」という言葉はなかったのだ。

註

(1) これらの被虐待生活の詳しい描写は、Ilan Pappe, *The Forgotten Palestinians: A History of the Palestinians in Israel*, New Haven and London: Yale University Press, 2013, pp. 46-93を見られたい。
(2) Morris, *The Birth of the Palestinian Refugee Problem Revisited*, p. 471.
(3) Pappe, *The Ethnic Cleansing of Palestine*, pp. 181-7.
(4) Shira Robinson, "Local Struggle, National Struggle: Palestinian Responses to the Kafr Qasim Massacre and its Aftermath, 1956-66," *International Journal of Middle East Studies*, 35 (2003), pp. 393-416.
(5) Natan Alterman, "A Matter of No Importance," *Davar*, September 7, 1951.
(6) Natan Alterman, "Two Security Measures," *The Seventh Column*, Vol. 1, p. 291 (Hebrew).
(7) 私はその種の言説を*The Forgotten Palestinians*の中でリストアップした。

（8）Pappe, *The Forgotten Palestinians*, p. 65.

（9）The report by Adalah, "An Anti-Human Rights Year for the Israeli Supreme Court," December 10, 2015, at adalah.org参照。

（10）*The Jerusalem Post*, November 24, 2011.

（11）Ilan Pappe, "In Upper Nazareth," *London Review of Books*, September 10 2009.

（12）Amnon Sella, "Custodians and Redeemers: Israel's Leaders' Perceptions of Peace, 1967–1979," *Middle East Studies*, 22:2（1986）, pp. 236-51.

（13）Motti Golani, *Palestine Between Politics and Terror, 1945–1947*, Brandeis: Brandeis University Press, 2013, p. 201.

（14）おぞましい家屋破壊の詳細は「家屋破壊に反対するイスラエル人委員会」のウェブサイト、ichad.orgで見られる。

（15）The report of the Israeli NGO Yesh Din, "Law Enforcement on Israeli Civilians in the West Bank," at yesh-din.org参照。

（16）"Israel and Occupied Palestinian Territories," at amnesty.org参照。

（17）殺害件数が正確に記録されるようになったのは一九八七年以後であるが、占領開始以降全体に関して信頼できる情報として、ベツェレムのウェブサイトbtselem.org報告や、ＩＭＥＭＣ（国際中東メディア・センター）やＯＣＨＡ（国連人道問題調整事務所）の報告がある。

（18）これに関する詳細な報告は、Mohammad Ma'ri, "Israeli Forces Arrested 800,000 Palestinians since 1967," *The Saudi Gazette*, December 12, 2012.

（19）The document in the Harry Truman Library, "The War Relocation Authority and the Incarceration of the Japanese-Americans in the Second World War," at trumanlibrary.org参照

（20）"Torture in Israeli Prisons," October 29, 2014, at middleeastmonitor.com 参照。

（21）Oren Yiftachel and As'ad Ghanem, "Towards a Theory of Ethnocratic Regimes: Learning from The Judaisation of Israel/Palesinten," in E. Kaufman（ed.）, *Rethinking Ethnicity, Majority Groups and Dominant Minorities*, London and New York: Routledge, 2004, pp. 179–97.

（22）Uri Davis, *Apartheid Israel: Possibilities for the Struggle from Within*, London: Zed Books, 2004 参照。

〔訳註1〕イラエル軍は外出禁止令開始時刻を、それまでの午後六時から五時に変え、その決定を四時四五分にした。当然畑で働いていた村人はそのことを知らない。五時五五分に最初に自転車で帰ってきた四人は整列させられ銃殺された。その後馬車やトラックで帰ってきた村人も次々と銃撃された。村の外の山羊を連れ戻そうと村の入り口を出た八歳の子どもも撃ち殺され、驚いて出てきた父親も、子どもの遺体を運び込もうとした母親も、撃ち殺された。計四九人が虐殺された。

〔訳註2〕トゥフィク・トゥビはイスラエル内パレスチナ人で、ラティフ・ドーリはオリエンタル系ユダヤ人が結成したイスラエル人・パレスチナ人対話委員会の委員長。

〔訳註3〕一九一〇～一九七〇、ワルシャワ出身。一九二五年にパレスチナに移住、同地で教育を受け、パリへ留学。詩人、劇作家、翻訳者。

〔訳註4〕ユダヤ教超正統派（ハレーディーム）は、イエシヴァ（宗教学校）に通うために徴兵が免除されるという協定が同宗派指導者とベン＝グリオンの間に交わされたが、パレスチナ人のように差別されていない。

〔訳註5〕当時のパレスチナ解放闘争の主力はディアスポラ・パレスチナ人ＰＬＯのゲリラで、西岸地区やイスラエル内パレスチナ住民ではなかった。現在は逆転しており、オスロー合意で西岸地区へ戻ったＰＬＯ指導部は外交を通じての「国家作り」に集中、西岸地区やイスラエル内パレスチ

ナ人のインティファーダや市民的抵抗運動を迷惑に思い、弾圧さえしている。

〔訳註6〕一九五七年にパレスチナ住民から取り上げた土地に建設された町ナツラット・イリット（付近にはまだパレスチナ人が住んでいる）のことで、人口五万人に対し市面積四万二〇〇〇ドナム、他方ナザレは人口七万人に対し市面積一万四〇〇〇ドナム。ベン・ホワイト『イスラエル内パレスチナ人』（拙訳、法政大学出版局）一五五―一五七頁参照。

〔訳註7〕たとえば、チェックポイントで通学途中のパレスチナ人男子大学生を丸裸にして嘲笑するイスラエル女性兵士などがおり、日常的な虐待が見られる。高校卒業と同時に徴兵されたユダヤ人青年が銃を振りかざしてパレスチナ人を虐める状況を指して、国民教育の危機と警鐘を鳴らすイスラエル人教育学者もいる。

〔訳註8〕岩のドーム、鎖のドーム、昇天のドーム、アル＝アクサ・モスクなどのイスラム教施設があり、一方で神殿跡や西の壁などユダヤ教の施設もある。

第八章　オスロー合意に関する諸神話

一九九三年九月一三日、イスラエルとPLOは、ビル・クリントン大統領の仲介により、ホワイトハウスの芝生の上で、オスロー合意と呼ばれる原則の宣言に署名した。〔訳註1〕後に、PLO指導者ヤーセル・アラファート、イスラエル首相イツハク・ラビン、イスラエル外務相シモン・ペレスはこの合意のおかげでノーベル平和賞を受賞することになる。オスロー合意によって一九九二年から始まっていた長い交渉に終止符が打たれた。一九九二年までイスラエルは、西岸地区・ガザ回廊の扱いやパレスチナ問題一般に関して、PLOとの直接交渉を拒否する立場をとっており、交渉が必要なときはヨルダンと交渉していた。一九八〇年代中葉からヨルダン代表団にPLOが加わることを認めるようにはなっていた。

イスラエルがPLOと直接交渉する方向に転換したのには、いくつかの理由がある。一つは、一九九二年総選挙で労働党が勝利し（一九七七年以来一五年ぶり）、リクードを中心とする前政権よりはパレスチナ問題の政治的解決に関心を持つ労働党政権が誕生したこと。新政府は、自治に関して占領地のパレスチナ指導者と交渉をもっても、現地指導者は意思決定が必要な場合はいつもチュニスのPLO本部に問い合わせ、話がなかなかはかどらないので、PLOと直接交渉する方が効率がよいと考えたのだ。〔訳註2〕

第二の理由は、マドリード和平国際会議――第一次湾岸戦争後、米国がイスラエル、パレスチナ人、アラブ世界を一同に集めて、何らかの解決合意を導こうとした会議――にまつわるイスラエルの懸念であった。ジョージ・ブッシュ（父）米大統領とウィリアム・ベイカー米国務長官が一九九一年に提起した会議である。この二人の米国の政治家は中東和平の障害になっているのはイスラエルだと判断し、国際社会が認めている二国解決案が日の目を見るように、入植地建設を止めるようイスラエルへ圧力をかけた。〔訳註3〕当時の米・イスラエル関係は前例がないほど悪化していた。ラビン政権は自らPLOとの直接接触を始めた。一九九一年のマドリード会議は、イスラエルの占領地撤退を前提として西岸地区・ガザ回廊問題の解決を目指す、米国として初めての本気の試みであったと言ってよいだろう。イスラエルの政治エリートたちはこの会議をなんとかつぼみの間に摘み取りたかった。彼らとしては、イスラエル版和平案をテーブルに乗せてパレスチナ人に受け入れさせたかったのだ。一方ヤーセル・アラファートもマドリード会議に関して快く思っていなかった。ガザの指導者ハイダル・アブデル＝シャフィやエルサレムの指導者ファイサル・アル＝フサイニーらの占領地の指導者たちがパレスチナ側の主導権を握り、現地住民の人気も上々で、アラファートの指導者としての地位を脅かしているように思えたからだ。

そのため、チュニスのＰＬＯとエルサレムのイスラエル外務省は、マドリード中東和平交渉と平行して、秘密裏に交渉を行った。両者を仲介したのはオスローに事務所を持つノルウェーの平和研究所「ファーフォ」（Ｆａｆｏ）である。一九九三年八月になると両者の接触は公然のものとなり、米国の介在で、原則の宣言（ＤＯＰ）に至ったのである。同年九月ホワイトハウスの芝生の上で、随分と芝居がかった仕草で、ＤＯＰ調印が行われた。それはまるで紛争の終結であるかのように歓迎された。

オスロー合意には二つの神話がある。一つは、それが真剣な和平交渉だったという神話。二つは、アラファートが反イスラエル・テロ作戦として第二次インティファーダを意図的に扇動したという神話である。

第一の神話は、両者が一九九二年に何らかの解決を望んだことから生まれた。しかし、オスロー合意が何らの解決も生み出さなかったので、責任のなすりつけ合いとなった。イスラエルのタカ派はパレスチナ指導部に責任があると非難した。シオニスト・リベラル派はより複雑な立場をとり、アラファートを非難すると同時にイスラエル右翼の責任を追及し、とりわけ二〇〇四年のアラファート死後の行き詰まりについては、ベンヤミン・ネタニヤフを非難した。アラファート責任論にせよ、イスラエル右翼責任論にせよ、どちらのシナリオにおいても前提とされたのは、失敗したとはいえ和平プロセスは本気だったという神話である。しかし、真実はそれほど単純なものではなかった。そもそも合意内容が実現不可能なものだったのである。アラファートが一九九三年合意で自ら約束したことを尊重しなかったという主張は、的外れである。いくらアラファートでも不可能な約束の実行はできない。たとえば、自治政府（PA）が占領地内でイスラエルの下請け治安機関として働き、民衆の抵抗運動が起きないようにせよというのがイスラエル側の出した条件であった。〔訳註4〕それほど露骨な形ではないが、イスラエルは、オスロー合意からイスラエルが導き出す最終解決案の無条件承認をアラファートに求めた。二〇〇〇年夏、アラファート、イスラエル首相エフード・バラック、米国大統領ビル・クリントンによる最終地位協定に関するキャンプ・デーヴィッド会談では、イスラエルはイスラエルが作り出した既成事実を受け入れるよう要求した。

バラックが提案したのは、エルサレム近郷のアブ・ディス村を首都とする非武装パレスチナ国で、その領土は、ヨルダン渓谷、大規模ユダヤ人入植地ブロック、大イスラエルの領地となる地域を除いた西岸地区の一部だった。しかも独立した経済政策や外交政策を持つことができず、一定の国内行政（教育制度、税金制度、市町村システム、警察、既存インフラの維持）を管轄できるだけであった。そんな提案を受け入れると、なるほど紛争終結にはなるかもしれないが、多く残っているパレスチナの要求（たとえば一九四八年難民の帰還権）を放棄することになる。和平プロセスは最初から壊れた水洗トイレのようなものだった。オスロー合意挫折を理解するためには、分析範囲を拡大して、合意交渉で未回答のままにされた二つの原則と関連づけなければならない。一つは地理的または領土的分割を和平の絶対的基礎として優先する原則。もう一つは、パレスチナ難民の帰還権を否定し、交渉テーブルから排除する原則である。

紛争解決の最良策として領土分割が初めて登場したのは、一九三七年の英国王立調査委員会のピール委員会報告の中であった。当時のシオニスト運動は「パレスチナのアラブ人分割地」についてはヨルダン――当時はトランスヨルダンと呼ばれていた――が併合すべきと考えていたが、パレスチナ人が反対していた。[1] 分割案は、一九四七年一一月の国連決議で最良の解決案として再登場した。国連は紛争解決を検討するために国連パレスチナ特別委員会（ＵＮＳＣＯＰ）を立ち上げた。委員会メンバーはパレスチナに関して関心も知識もない国々の代表たちであった。パレスチナ人を代表するアラブ高等委員会とアラブ連盟はＵＮＳＣＯＰをボイコットし、協力も拒否した。その空白を埋めたのがシオニストの指導者や外交官で、彼らはＵＮＳＣＯＰに自分たちにとって好都合の発想を提供した。パレスチナの八〇％をユダヤ国とする案を提案したのだ。委員会はそれを五六％に削った。[2]〔訳註5〕

その後も分割による紛争解決案は、特に一九六七年戦争後の米国主導による調停の中で、様々に名前を変えて現れた。「領土と和平の交換」という言説の中に、分割が和平の前提として含意されていることが見てとれる。現在の和平交渉者はこの言説を聖なる公式——イスラエルが撤退する領土が大きければ大きいほどよりよい和平が達成できるという公式——として扱っている。しかし、現在ではイスラエルが撤退できる領土は一九四八年に接収した土地の二〇%以下である。つまり、それはこの残った二〇%をイスラエルと和平交渉のパートナー(一九八〇年代後半まではヨルダン、それ以降はパレスチナ人)との間で分割することによって和平を達成しようという公式なのだ。

だから、分割がオスロー交渉開幕の際に議論の土台となったのは当然であった。しかし、よく忘れられがちだが、歴史を振り返ると、分割案が提示されるたびに流血事件が増加し、分割が目指したはずの和平がよけいに遠のくのが通例であった。実際、分割を提案したパレスチナ人指導者はいなかった。パレスチナ分割を要求したのは常にシオニストであり、後にはイスラエルであった。それに、イスラエルが強国になるにつれ分割によってイスラエル領になる範囲はどんどん大きくなった。だから、国際社会がパレスチナ分割による紛争解決という発想を承認すればするほど、パレスチナ人にとってはイスラエルが戦争以外の戦略で土地を略奪する攻撃を仕掛けていると映るのだ。交渉の条件内でパレスチナ側がこういう状況をまだましな悪として受け入れたのは、他に選択肢がなかったからである。一九七〇年代初期にファタハは分割を全面解放へ向かう過渡的手段として必要と認めたが、分割自体を最終的な解決とはしなかった。(3)

実際には、巨大な圧力に押されない限り、地元民が先祖代々の郷土を入植者と分け合うために分割することに同意するなど、まずあり得ないことである。オスロー・プロセスは、平等な関係に基づく公正な和平交渉ではなく、植民地化された敗者である先住民がやむなく同意した妥協である。その結果パレスチナ人は、自らの利益に反し自らの存在をも危うくする紛争解決方法に、引きずり込まれてしまった。

オスロー合意で提案された「二国解決案」に関する議論についても同じことが言える。この提案の真実の内容を見るべきだ――つまり、それは違う言葉で表された分割なのだ。表現する言葉が違うだけで、そのシナリオにおいて、イスラエルがどれだけの土地を譲歩し、譲歩した土地をどのようにするかは、すべてイスラエルが決めるのである。初めは、パレスチナ国樹立という約束は、国際社会にとっても一部のパレスチナ人にとっても説得力があった。しかし、それが虚言であることはすぐに判明した。それでも、一九九三年のオスロー和平交渉では占領地撤退とパレスチナ国樹立という果実を上手に絡み合わせて、パレスチナ側の気を引いた。しかし、ホワイトハウスの芝生の上の調印式から数週間も経たないうちに、それが絵に描実にすぎないことが明らかになった。九月末にはもうオスローの曖昧な原則はオスローII（またはタバ合意）[4]と呼ばれる「西岸地区とガザ回廊に関する暫定協定」で、既成事実として成立している地政学的状況に合うように変貌した。その状況というのは、西岸地区とガザ回廊を「ユダヤ人圏」と「パレスチナ圏」に分割しただけでなく、将来「パレスチナ圏」をさらに小さな断片的区画またはバンツースタンに分割することである。多くの観測者や識者の言葉を借りると、一九九五年の和平地図は、パレスチナ圏は穴だらけのスイス・チーズのように、バラバラに分断された小区画の非連続的空間になることを表す地図なのだ。[5]

そういうイスラエル側の計画が明らかになると交渉は急速に停滞した。二〇〇〇年夏の最初の首脳会議前には、パレスチナの活動家、知識人、政治家たちは自分たちが支援してきた和平プロセスにはイスラエル軍の占領地撤退も正式なパレスチナ国樹立も含まれていないことを、すでに理解していた。見せかけがほころび、交渉が止まった。幻滅と絶望が二〇〇〇年秋の民衆蜂起、第二次インティファーダ勃発の要因になったと言えよう。

分割の固守だけがオスロー合意に基づく和平プロセス崩壊の原因ではない。最初の合意では、パレスチナ人の最大の関心である三つの問題——エルサレムの地位、難民問題、ユダヤ人入植地問題——は、五年間の暫定自治が経過する前に交渉テーブルに載せるという約束があった。イスラエルとしては、その暫定期間の間にパレスチナ暫定政府がイスラエルの治安下請け機関として有効に働き、ユダヤ人国、その軍隊、その国民に対するゲリラ活動やテロ行為を防ぐことを自己証明するのを期待したのだろう。いずれにせよ原則の宣言では五年間の暫定自治を第一段階として、五年後にパレスチナ人が切望する実質的内容を交渉する第二段階に入る約束だった。しかし第二段階は始まらなかった。ネタニヤフ首相は第二段階に入れないのはパレスチナ人の「不正行動」(たとえば「学校教育で反イスラエル扇動」を教えることとか、イスラエル軍や入植者やイスラエル国民に対するテロ実行犯への処罰が甘いことなど)のせいだと主張した。しかし本当は、一九九五年一一月にオスロー合意を推進したイツハク・ラビンが暗殺されたことで和平プロセスが中断し、その後一九九六年の総選挙でネタニヤフが率いる右派リクードが勝利したためである。オスロー合意に反対するネタニヤフ政権の成立で和平プロセスにブレーキがかかった。米国はネタニヤフに和平プロセス再開を迫ったが、交渉はいっこう始まりそうになかった。やっと交渉が再開されたのは、一九九九年エフード・バラックのもとで労働党が政権に返り咲いてからであった。バラックはクリントン米政権の支援のもとで最終的和平協定へもっていきたかった。

二〇〇〇年夏のキャンプ・デーヴィッド会談でイスラエルは最終提案を提示した。前述したように、アブ・ディスという小村を首都とする小規模なパレスチナ国を樹立するという提案だが、重要な主要入植地の解体や難民帰還を含んでいなかった。当然パレスチナ側はバラック提案を拒否した。するとイスラエル外務次官ヨッシ・ベイリンが少しだけ譲歩した条件を提示した。難民は原則として新パレスチナ国に編入されるが、象徴的に一部がイスラル国内の故郷へ帰還することを許すというものだった。しかしこれは非公式条件で、イスラエル国で正式に承認されることはなかった。(今では、「パレスチナ文書」(Palestine papers)と呼ばれる重要書類のリークで、和平プロセスの内幕を知ることができる。二〇〇一〜二〇〇七年の交渉内容について知りたい読者は、それを見るとよい。アクセス可能である。(6))交渉は崩壊した。オスロー合意の瓦解の責任はイスラエルの政治家ではなく、パレスチナ人指導部の頑迷さに帰せられた。〔訳註6〕オスロー合意崩壊は交渉に関わった政治家たちに悪影響を与え、さらに分割による解決の見通しにも暗い影を投げかけた。

オスロー合意が和平プロセスとして不適切だった第二の理由は、パレスチナ難民の帰還権を交渉議題から排除したことである。二国分割案が「パレスチナ」を西岸地区とガザ回廊に縮小してしまったのと同じように、難民問題とイスラエル内パレスチナ人問題を解決すべき議題から外したことで、「パレスチナ人」はパレスチナ民族の半分以下の人口に縮小された。難民問題の無視はオスローから始まったわけではない。英国委任統治時代以降、パレスチナ問題への最初の和平の取り組みから、難民はずっと迫害と無視にさらされ続けたままだった。一九四八年戦争後最初のパレスチナに関する和平会議は、一九四九年四月の国連パレスチナ調停委員会（UNCCP）主催のローザンヌ会議だった。その会議以降ずっと難民問題は議題から外され、「パレスチナ紛争」の概念とは無関係の問題とされた。イスラエルもこの会議に出席したが、それは出席がイスラエル国の国連加盟の前提条件とされたからであった。[7] 国連に加盟するためには、パレスチナ難民の帰還または損害補償の無条件実施を求める国連総会決議一九四号を遵守するという「メイ・プロトコル」と呼ばれる議定書に署名しなければならなかった。一九四九年五月、イスラエルはこの議定書に署名し、その翌日に国連加盟が認められた。加盟後すぐにイスラエルは議定書への誓約を撤回した。

一九六七年の六月戦争後、イスラエルは、パレスチナ紛争はこの戦争から生じたもので、基本的に西岸地区とガザ回廊をめぐる領土紛争であると説明し、世界もそれを受け入れた。いくつかのアラブ政権もそれを受け入れ、難民問題を紛争の原因とする考え方を放棄した。しかし、やがて難民キャンプがイスラエルに抵抗する政治的、社会的、文化的活動の中心となったのである。難民キャンプでパレスチナ解放運動が再生したのである。パレスチナ難民の無条件・全面的帰還――一九四八年の国連決議一九四号で最初に約束された国際社会の義務を忘れなかったのは国連だけで、何回かの決議でそれを繰り返し宣言し続けた。現在でも「パレスチナ難民の奪うことのできない権利のための委員会」という名の委員会が国連にある。しかし、実際に行われていた和平プロセスに対してはほとんど影響力がなかった。

オスロー合意も同じであった。難民問題は合意文書の中の従属節の片隅に埋もれ、ほとんど読み取ることができない状態であった。この難民問題の曖昧化にはパレスチナ側にも責任の一端がある。おそらく意図的なものというよりは不注意から出たことであろうが、結果として同じことである。オスロー合意文書は、難民問題――パレスチナ問題の核心であり、どこで暮らしていようとパレスチナ人なら誰でも、そしてパレスチナの大義を支持する人なら誰もが認める、歴然たる現実的問題――を周辺部に追いやった。一応それは、短命に終わった一つの多国間グループの検討課題に委ねられはした。これは、一九九一年のマドリード会議から生まれたもので、六月戦争で発生した難民問題を扱うことを任務としたが、国連総会決議一九四号を基調にして難民問題を協議する萌芽的試みでもあった。ところがグループの主導権を握ったのは難民問題を一つの神話としか見ないカナダで、協議が開かれた一九九四年の間ずっとその姿勢で、やがて会合そのものがだんだん開かれなくなった。結局、このグループは何らの公的声明を出すこともなく消えてしまった。難民問題どころか、一九六七年戦争難民(三〇万人以上)の運命も見捨てられたのだ。(8)

オスロー合意後、事態はかえって悪化した。合意による約束でパレスチナ指導部は難民帰還権の請求を放棄しなければならなかった。ただ、「パレスチナ政体」(the Palestinian entity)の分割化(cantonization)とバンツースタン化が終了した五年後に、パレスチナ指導部が、パレスチナ問題の恒久的解決に関する交渉の一環として、難民問題協議の希望を申し出ることは許されていた。それとても、協議に関する前提条件を決定するのはイスラエルであった。イスラエルは、一方で「難民問題」協議の申し出をパレスチナ側の正当な要望と認めながら、他方「帰還権」の主張をパレスチナ側の挑発行為とするなど、奇妙な区分をして問題をはぐらかした。

二〇〇〇年夏のキャンプ・デーヴィッド首脳会談におけるオスロー合意崩壊を防ごうとする最後の試みでも、難民問題の好転はなかった。その年の一月にバラック政府は、米国の承認のもとで、首脳会談のパラメーターを規定する文書を提出した。いわばイスラエルの最後通牒のようなものだった。それに対する対案をパレスチナ側は提示できないままで、夏の首脳会談が始まった。最終的「交渉」とは、実質的には、パレスチナ側に合意文書を受け入れさせるためのイスラエルと米国の合同作業であった。合意文書にはパレスチナ側に譲歩を迫る内容が多数あったが、中でもパレスチナ難民帰還権の絶対的・全面的否定が含まれていた。ただし、パレスチナ自治政府（PA）が管轄する地への帰還が認められる難民の数についての協議の余地は残された。しかし、敵も味方も交渉関係者は、そのような人口密集地に新たな人口を吸収する余裕がないこと、一方イスラエル管轄のパレスチナの地とイスラエルには十分な余裕があることを、みなが知っていた。この協議は問題の解決策を出さずに批判を回避するためだけに設けられた、全く意味のないジェスチュアであった。

だから、一九九〇年代の和平プロセスはまったく和平プロセスではなかった。パレスチナを分割し難民問題を排除するオスロー合意は、よくても西岸地区とガザ回廊におけるイスラエル軍の再配置と支配地の再編、悪ければ占領地のパレスチナ人の生活を悪化させる新支配システムの導入であった。

一九九五年以降、オスロー合意が和平をもたらすどころかパレスチナ社会を破壊する要因として作用することが、痛々しい形で明らかになった。ラビン暗殺と一九九六年のネタニヤフ政府成立後、オスロー合意は現実生活とは何の関係性もない和平の言説となった。交渉が続いている間——一九九六年〜一九九九年——に次々と入植地が建設され、パレスチナ人に対する集団的懲罰がどんどん実行されたからだ。二国解決案が最良と信じている人でも、一九九九年の西岸地区とガザ回廊の実情を目にしたら、イスラエルが元に戻せない既成事実をどんどん作り上げて二国解決案を殺してしまったというイスラエル人学者メロン・ベンヴェニスティの言葉が真実であることを納得したであろう。(9) オスロー合意は本当の和平プロセスではなかったので、パレスチナ人は参加したけれどもすぐに続行する気をなくしたのは、米国とイスラエルが宣伝するようにパレスチナ側の非妥協性や暴力的政治文化のせいではなく、イスラエルの占領地支配を固定し徹底する外交的芝居を見抜いたからであった。

このことからオスロー・プロセスに関する第二の神話——二〇〇〇年のキャンプ・デーヴィ

ッド会談が潰れたのはアラファートの非妥協的態度のため、という神話——が生まれた。この神話を解くためには二つの疑問に答えなければならない。疑問一、二〇〇〇年夏のキャンプ・デーヴィッド会談で何があったのか、会談挫折の本当の責任は誰にあるのか。疑問二、第二次インティファーダ勃発の本当の責任は誰にあったのか。この二つの疑問に答えることが、アラファートは和平交渉を破壊する目的でキャンプ・デーヴィッドへやってきて、新たなインティファーダを始めようという強い決意を抱いて帰っていったという、一般に流布された神話の直接的な吟味になるだろう。

答えを示す前に、アラファートがキャンプ・デーヴィッドへ向かった頃の占領地の現状を思い出しておこう。彼はその惨たらしい現状の改善を求めてキャンプ・デーヴィッドへ行ったのだが、一方イスラエルと米国はその現状を維持するつもりで首脳会談に挑んだことを、私は強調したい。オスロー・プロセスで占領地はオスロー合意前より悲惨な状態になり、パレスチナ人の日常生活がずたずたに引き裂かれていた。すでに一九九四年にラビン政府はオスロー合意の実際の執行方法を無理やりアラファートに受け入れさせていた。西岸地区をあの悪名高い分割、A地区、B地区、C地区と分けたのもその一つで、イスラエルが直接統治するC地区は西岸地区の半分の面積である。〔訳註7〕この三地区間の移動、あるいは同一地区内の移動すらほぼ不可能であり、西岸地区とガザ回廊は切り離されてしまった。ガザ回廊もパレスチナ人地区とユダヤ人地区に分離され、入植者地区が水源を独占、有刺鉄線で囲まれたゲーテッド・コミュニティを形成した。これが和平プロセスと呼ばれたものが生み出した現実であり、パレスチナ人の生活の質は大きく悪化した。

アラファートはそういう現状を抱えて二〇〇〇年夏にキャンプ・デーヴィッドへ到着したのだった。そのアラファートに、二国解決案の内容を、良くて二つの小さなバンツースタンをパレスチナ人に提供する取り決めか、悪い場合はイスラエルがもっと領土を拡大することができる取り決めにしてしまっている、もはや元に戻すことができない既成事実を、最終解決として承認せよ、とイスラエルと米国が迫ったのである。しかも、この最終解決の後は一切何も要求しないこと、パレスチナ人の日常的抑圧と苦難を軽減する施策を提案しないという約束も求められた。

キャンプ・デーヴィッド首脳会談の内実については、米国務省のフセイン・アガとロバート・マーレイによる信頼できる報告書がある。[10] その内容が『ニューヨーク・レビュー・オブ・ブックス』に掲載され、アラファートが首脳会議を壊したというイスラエルの作り話の嘘を暴いた。その報告書は、アラファートがオスロー合意以降の占領地のパレスチナ人の生活が悪化したことを問題にしたことを指摘している。アラファートが、たった二週間の会議で「紛争の幕引き」を強引に行うのでなく、パレスチナ人がこの和平プロセスが本物で有益だと信じられるように、目に見える形で現状を変えることにイスラエルも同意せよと提案したのは、この二人の米国の役人の目には極めて妥当に映った。この「二週間」というタイム・リミットはイスラエルの要求ではなく、愚かにも功績を焦ったクリントンが設定したものであった。

アラファートの提案がもし受け入れられていたら、既成事実の改善が実現していたかもしれなかった。一つは、オスロー合意以降加速度的に増加した西岸地区への入植地建設を減少させること、もう一つは、厳しい移動規制、頻繁な集団懲罰、裁判なしの逮捕・拘留、チェックポイントにおける屈辱的処遇などに見られるパレスチナ人の日常生活において常態化している虐待行為を止めることである。イスラエル軍・軍民生部（占領地を統治する機関）と地元住民の接触があるところではどこでもこういう虐待が、今なお起きている。

この二人の米高官の証言によれば、バラックは入植地政策も日常的なパレスチナ人虐待政策も変えることを拒否した。バラックの強硬姿勢のためにアラファートはもうどうすることもできなかった。バラックの「寛大な提案」と称されるいかなる提案も、現実に行われている不条理を改善するという約束が伴わないならば、何の意味もなかった。希望を打ち壊されてキャンプ・デーヴィッドを去ったアラファートは、予測通り、第二次インティファーダを引き起こした戦争屋として、イスラエルと米国から非難された。ここにある神話は、第二次インティファーダはヤーセル・アラファートが支持し、おそらくは彼が計画したテロリズムであるという神話だ。真実は、オスロー合意の裏切りに対する民衆の不満の表現であり、そのきっかけはアリエル・シャロンの挑発だった。二〇〇〇年九月、当時野党指導者だったシャロンは、大勢の武装保安隊員と報道陣を引き連れて、これ見よがしにムスリムの聖地ハラム・アッシャリーフを闊歩し、聖地を汚されたと感じた民衆の怒りに火をつけたのである。

最初パレスチナ人は非暴力デモで怒りを表明した。イスラエルはそれを苛酷な暴力で弾圧した。この無情な弾圧に追い詰められたパレスチナ人は絶望的な抵抗──自爆攻撃に走った。圧倒的軍事力に直面した人々の最後の自暴自棄的抵抗であった〔訳註8〕。イスラエルの新聞記者たちがインティファーダ初期段階の模様──非暴力デモがイスラエル軍の暴力で踏みつぶされるさま──を記事にしたが、それらが編集局長によって政府談話に合わせるために握りつぶされたことが、その間の事情の明確な証拠になる。イスラエルの日刊新聞『イエディオト・アハロノト』〔訳註9〕の副編集長もそういう記事を書いた記者の一人で、後に彼はイスラエル・メディアが作り上げた第二次インティファーダ初期の偽情報に関する本を書いた(11)。パレスチナ人は和平の機会が訪れるとすぐにそれを壊すと言ったのはイスラエル外交官アバ・エバンだが、その言葉が真実であることをパレスチナ人自身が証明したとするプロパガンダを、イスラエル・メディアは流し続けた。

今では、イスラエルがあれほど激しい反応をした理由は、周知のことである。二人のイスラエル人熟練ジャーナリスト、オフェル・シェラーとラヴィヴ・ドルケルが、共著『ブーメラン』という題名の本で、軍参謀長や国防省戦略担当者らへの取材を通じて、軍があれほど激しい反応に走った理由に関して軍幹部の考えていることを、内部情報として一般読者に提供してくれた。[12] 二〇〇〇年夏のイスラエル軍は、レバノン南部攻撃のときにヒズボッラーから受けた不名誉な敗北に傷ついていた。この敗北によってイスラエル軍が弱体化したと思われるのではないかと心配し、力の見せ場を求めていた。それが西岸地区での軍支配の強靭さの誇示で、「無敵」イスラエル軍の本当の力の見せ場であった。そのため、第二次インティファーダに全力で対応せよという命令が下り、軍兵はそのとおり動いた。二〇〇二年四月、海岸行楽地ネタニヤのホテルへのテロ攻撃（三〇人死亡）があったとき、軍はその報復に初めて「強硬派活動家拠点以外の住宅地への」空爆を行い、西岸地区の人口密集市街地や難民キャンプを襲った。テロ攻撃実行犯を対象とする報復ではなく、テロとは無関係な人々に致命傷を負わせる銃火と爆弾を浴びせたのだ。

キャンプ・デーヴィッド会談の失敗の責任をパレスチナ人に擦り付けるためにイスラエルと米国が頻繁に使ったもう一つの談話は、パレスチナ指導部には、問題解決の正念場になると、すぐ戦争屋としての正体を現す慢性的性質があるというデマを流布させ、国際世論化したことだ。当時イスラエル、ヨーロッパ、米国の専門家や評論家たちは、「パレスチナ側には交渉できるパートナーがいない」という言葉を使い、それがあたかも共通の分析結果であるかのように繰り返しメディアで語り、書いた。このような根拠のない主張ができるのは、パレスチナ人を野蛮人と見做す偏見があるからだ。そもそもイスラエル政府と軍部がイスラエルの解釈によるオスロー合意——パレスチナ人の同意がなくても占領を永続化する意図——を力ずくで押し付けようとし、弱気になっていたアラファートですら受け入れなかったのが経緯だ。ところがイスラエルは、パレスチナ民衆をユダヤ人との和解に指導できたかもしれないアラファートらパレスチナ人指導者のターゲット・キリング（標的殺害）政策を始めた。実際、たぶんアラファートも含めて、多くの指導者が殺害された。〔訳註10〕穏健派指導者も含めた指導者のターゲット・キリングは新しい戦略ではなかった。すでに一九七二年、やはりパレスチナ民衆をユダヤ人との和解に導いたかもしれない詩人で作家のガッサーン・カナファーニの暗殺から、このターゲット・キリングが始まった。〔訳註11〕カナファーニのような世俗派・左派の指導者を標的殺害した事実は、後にイスラエルがパレスチナ側に和平交渉パートナーがいないと「嘆く」状態を作り出するほど多くのパレスチナ人指導者を殺害した事実を象徴するものである。

二〇〇一年五月、ジョージ・ブッシュ・ジュニア米大統領はミッチエル上院議員を中東特使に任命した。〔訳註12〕ミッチエルは第二次インティファーダ勃発の原因に関する報告書を書いた。「パレスチナ自治政府が真っ先に意図的に暴力闘争を計画したと結論付ける根拠はない。また、

〔イスラエル政府が〕意図的に人命を殺傷する暴力で対応する計画があったと結論付ける根拠もない」という内容である。(13) その一方で、ミッチェル報告は、アリエル・シャロンがアル・アクサ・モスクなどのイスラム聖地を強引に訪問し、聖地を土足で踏みにじる挑発行為を行ったと非難している。

要約すると、まったく無力な立場に追いやられたアラファートですら、イスラエルのオスロー合意の解釈は、パレスチナ人が普通の生活をとり戻す希望を拒否し、彼らをいっそう悲惨な将来に宿命づけるものであることを理解していた。イスラエルのシナリオを認めることは人の道に反するばかりか、武装闘争だけがパレスチナ解放の唯一の道であると考える勢力を勢いづけることになることも理解していた。イスラエルはいつでも第二次インティファーダを終わらせることができたはずだったが、目に見える形の「戦果」が必要だった。だから、〔西岸地区における六日戦争以来最大の軍事行動である〕防衛の盾作戦という野蛮な武力弾圧を行い、悪名高い「分離壁」を建設して、ようやく、当面のところ反乱鎮圧に成功した、としたのである。

註

（1）Masalha, *Expulsion of the Palestinians*, p. 107.

（2）Walid Khalidi, "Revisiting the UNGA Partition Resolution," *Journal of Palestine Studies*, 27:1（1997）, pp. 5-21.

（3）オスロー合意へ至る過程を述べた最良の論文は、Hilde Henriksen Waage, "Postscript to Oslo: The Mystery of Norway's Missing Files," *Journal of Palestine Studies*, 38:1（2008）, pp. 54-65.

（4）"1993 Oslo Interim Agreement" at israelipalestinian.procon.org 参照。

（5）Ian Black, "How the Oslo Accord Robbed the Palestinians," *Guardian*, February 4, 2013 参照。

（6）"Meeting Minutes: Taba Summit-Plenary Session," at thepalestinepapers.com 参照。

（7）Ilan Pappe, *The Making of the Arab-Israeli Conflict, 1948-1951*, London and New York: I. B. Tauris, 1992, pp. 203-43.

（8）Robert Bowker, *Palestinians Refugees: Mythology, Identity and the Search for Peace*, Boulder: Lynne Reinner Publishers, 2003, p. 157.

（9）Meron Benvenisti, *West Bank Data Project: A Survey of Israel's Politics*, Jerusalem: AEI Press, 1984.

（10）Robert Malley and Hussein Agha, "Camp David: The Tragedy of Errors," *New York Review of Books*, August 9, 2001.

（11）Daniel Dor, *The Suppression of Guilt: The Israeli Media and the Reoccupation of the West Bank*, London: Pluto Press, 2005.

（12）Raviv Dricker and Ofer Shelah, *Boomerang*, Jerusalem: Keter, 2005（Hebrew）.

（13）報告書の全文は "Sharm El-Sheikh Fact-Finding Committee Report: 'Mitchell Report'", April 30,

2001, at eeas.europa.eu で見られる。

〔訳註1〕原則の宣言の字句上の骨子は、(1)イスラエルとパレスチナの相互承認、(2)イスラエル軍の占領地からの段階的撤退、(3)選挙によるパレスチナ自治政府の樹立、(4)自治政府とパレスチナの最終的地位に関する交渉を行う。実現したのは(1)と(3)だけである。よく誤解されるが、この宣言の正式名は「暫定自治政府編成に関する原則の宣言」で「紛争解決」に関する原則の宣言ではない。

〔訳註2〕一般に占領国は被占領地の民衆の教育、健康、社会福祉、公益事業など生活全般に責任を担うのが原則だが、イスラエルの言う「自治」はその責任を逃れる方法である。現にオスロー合意で成立したPAはイスラエルの占領政策の補助機関として機能している。

〔訳註3〕たとえば、イスラエルへの債務保証供与を拒否する意向を発表して、イスラエルの強硬派をけん制した。

〔訳註4〕アッバースPAは事実上そうなった。PA保安隊は米CIAの訓練を受け、民衆の抵抗運動を抑圧した。トランプの政策でアッバースPAと米国の関係が悪化したが、イスラエルと接近したがっているサウジアラビアが同じような圧力をPAにかけている。

〔訳註5〕結局、シオニストはパレスチナ全域の七七%を領土とするイスラエル国を樹立した。「国連分割案とイスラエルの利害が一致、一方パレスチナ人にとってそれは基本的な生得権の剝奪であった」佐藤寛和「国連パレスチナ分割決議成立の政治的背景――UNSCOPの対応とアドホック委員会での議論を中心として」(岡山大学大学院文化科学研究科博士課程論文、ousar.okayama.u.ac.jp参照)。エジプトとヨルダンは、イスラエルとの二国間協定と引き換えにイスラエルが一九四八年戦争で奪い取った領土をイスラエル国として承認する意向であった(エジプトは一九七九年に、

ヨルダンは一九九四年に正式に調印した)。

〔訳註6〕クリントン大統領の「イスラエルは柔軟な姿勢を示したのにパレスチナが頑なだった」という旨の発言もあって、バラックの「寛大な提案」を頑固なアラファートが拒否したというキャンペーンがはられた。バラックの提案は、従来のイスラエルの主張よりは若干譲歩したものだが、原則となるべき国連安保理決議二四二号からはほど遠いものだった。エルサレム問題についても、アラファートは「パレスチナ国家を実現するためだといって世界のイスラム教徒やキリスト教徒の意向を無視するわけにいかない」と他者への配慮を述べている。

〔訳註7〕A地区はパレスチナ自治政府が行政権及び治安権を行使し、B地区は行政権を自治政府、治安権はイスラエルと自治政府が共同で保持する地区。実際にはイスラエル軍は好き放題にどこへでも出かけて人々を逮捕し、家屋を破壊している。当初、A地区は西岸地区の三%、B地区が二五%、C地区が七二%だったと言われる。

〔訳註8〕イスラエルによる空爆と暗殺作戦など、国連が「過剰な武力行使」と非難決議をするほどの弾圧に対し、ハマースが自爆攻撃を開始。これを「自爆テロ」としてイスラエル・米欧諸国が非難するキャンペーンを展開した。自爆テロという言葉が確立し、後に各地のイスラム原理主義者に引き継がれていった。パレスチナの若者の間には、座して死ぬよりせめて一矢むくいたいという気持ちから、自爆攻撃を賛美する傾向があった。

〔訳註9〕イスラエル最大の発行部数を誇るヘブライ語新聞。意味は「最新ニュース」で、大衆紙である。他にリベラルで知識人向きの『ハアレツ』(「その土地」)と右派の『エルサレム・ポスト』がある。

〔訳註10〕アラファートは二〇〇四年一一月に七五歳で死んだが、スイスのローザンヌ大学法医学部研究所が彼の遺体から高濃度の放射性ポロニュムを検出、アラファート暗殺説が浮上したが、真偽は

不明である。

〔訳註11〕ベイルートのPFLP機関誌の編集長。一九七二年七月八日、一七歳の姪といっしょに車に乗ろうとしたとき、イスラエル諜報機関モサドが車に仕掛けた爆弾が破裂、死亡した。当時、ベイルートにあったPLO本部の要人宅に「手紙爆弾」を送って殺害するターゲット・キリングが頻繁に起きていた。

〔訳註12〕著者の記憶違いかミスプリントがあるようだ。原文ではRobert MitchellとあるがGeorge Mitchellという元上院議員が米国主導の国際調査委員会の委員長に選ばれ、二〇〇一年四月末にいわゆる「ミッチェル報告」をブッシュ大統領らに提出した。双方の暴力停止と冷却期間の設定、PAがテロ防止の努力をし、イスラエルが入植活動を停止するなどの勧告が骨子。

第九章　ガザに関する諸神話

国際世論はパレスチナ問題をガザ回廊と密接に結びつけて見ている。二〇〇六年の最初のガザ回廊侵攻から二〇一四年のガザで生活する一八〇万人のパレスチナ人に対する空爆まで、世界はガザ回廊をパレスチナ問題の縮図と見ている。本章では、ガザで継続している暴力に関して世界の世論を誤った方向に導く三つの神話——世界で最も人口密度が高い狭い土地にすし詰めにされた人々の悲惨な状態が終わってほしいと願う人々に無力感を覚えさせる神話——を示す。

本章で検討する第一の神話は、ガザ回廊の主役の一つ、ハマースに関するもの。「ハマース」というのは「イスラム抵抗運動」を表すアラビア語の頭字語で、その語自体は「情熱」を意味する。一九八〇年代後半にエジプトのイスラム原理主義運動ムスリム同胞団の支部として生まれた。福祉活動と教育活動を行う宗教団体として出発したが、やがて一九八七年の第一次インティファーダのときに政治運動化した。〔訳註1〕その翌年ハマースは、パレスチナを解放する力があるのは政治的イスラムの教義だけだという憲章を発表した。その教義を具体的にどう実践するのか、あるいは教義の正確な内容についての十分な説明はなかった。ハマース運動は誕生から現在にいたるまで、西洋、イスラエル、パレスチナ自治政府（PA）、エジプトと生き残りを懸けた闘いを続けてきた。

ハマースが世に出たとき、ガザ回廊で最大のライバルとなったのは、PLOの創設党派で、PLO内の最大勢力であるファタハであった。ファタハがオスロー合意を交渉し、PAを形成（以来PLO議長がPA大統領でありファタハの執行委員会議長である）したのだが、それ以降パレスチナ人大衆のファタハ支持にかげりが目立ってきた。ファタハは、一九五〇年代〜六〇年代の第三世界解放運動イデオロギーに触発された、左翼的色彩が強い世俗的・民族主義的運動である。原則的には民族や宗教に関係なくすべての人々を包含する民主主義的世俗国家パレスチナの創造を理想とする運動だったが、一九七〇年代以降は戦略的に二国解決案を掲げるようになった。〔訳註2〕ハマースの方は、まずイスラエルが全占領地から撤退し、一〇年間の休戦期間を設けてから、将来の解決策の交渉を始めるという方針を示していた。

ハマースは、ファタハのオスロー合意に固執する政治、人民の社会的・経済的生活の改善を軽視する政治、占領に対する無為無策な政治を批判した。単なる批判を越え、二〇〇〇年中頃に全国・地方選挙に関与するハマース政党が結成されたので、事態は深刻になった。第二次インティファーダでハマースの活動家が爆弾を背負って自爆攻撃を敢行したり、あるいは少なくとも占領軍に対して積極的な抵抗をしたので、西岸地区とガザ回廊でハマースの人気が高かった。（私はファタハの若い党員たちも同じように勇敢な抵抗を行ったことを指摘したい。とりわけ、〔チュニスから戻ってきたPLO幹部でなく〕地元のファタハ活動家マルワン・バルグーティは抜群の指導力を発揮したため、イスラエルは未だに彼を刑務所に入れたままである〔訳註3〕）

二〇〇四年一一月のアラファート死去により、指導部に政治的空白が生じ、PAはPA憲法に従って大統領選挙を実施しなければならなくなった。ハマースは、選挙が民主主義的手続きに依るものでなく、オスロー・プロセスと密接に関連しているとして、大統領選挙をボイコットした。しかし、同じ年〔二〇〇五年〕の地方選挙には参加し、占領地の自治体の三分の一以上で勝利した。二〇〇六年の立法評議会（PNC）選挙では大善戦し、評議会の過半数の議席を獲得し、従って民主主義的手続きによればPAを組閣する権限を得た——実際に組閣したが、すぐにファタハとイスラエルの介入があり、紛争となった。紛争の末、ハマースは西岸地区では政権の座を追われたが、ガザ回廊では政権を維持した〔訳註4〕。ハマースがオスロー合意を受け入れないこと、イスラエル国を承認しないこと、武装闘争を固守することが、以下に私が考察する第一の神話の背景である。メディアもイスラエルの法律もハマースをテロ組織と規定しているが、私はハマースが一つの解放運動であり、しかも正当な解放運動であると考える。

検討すべき第二の神話は、イスラエルのガザ撤退決定に関するものだ。ガザ撤退のおかげで、二〇〇六年選挙でハマースが勝利できたばかりでなく、ファタハを武力で追い出すことができたのである。ガザ撤退というのは、二〇〇五年、ほぼ四〇年間占領支配してきたガザ回廊から突然一方的に引き揚げたことである。〔訳註5〕イスラエルは撤退という形で和平と和解の姿勢を示したのに、こともあろうか敵意と暴力で報いられた、という神話である。この嘘を立証するために、なぜイスラエルがガザ撤退の決定をしたのか、その後ガザがどうなったのかを詳しく見る必要がある。本章ではそれを行う。ガザ撤退決定は、イスラエルの西岸地区における掌握力を強化し、一方でガザを外側から監視・支配する野外監獄にする戦略の一部である。軍や諜報員をガザから引き揚げたばかりでなく、一九六九年以降ガザに送り込んだ数千人の入植者を、かなりの抵抗を受けたが〔補償金目当ての抵抗が多かった〕、引き揚げさせた。それを和平を希求する印と宣伝するのが神話である。ハマースの力に対応するための戦略的兵力展開にすぎない。しかし、ガザの民衆に悲惨な結果をもたらした。

最後に検討する第三の神話は、二〇〇六年以降のガザ攻撃はテロに対する自衛戦争だとする神話。私は、それをガザの人々をじわじわと皆殺しにする作戦「漸次的ジェノサイド」と呼ぶ。これまでにも私はそういう主張をいろいろなところでしてきたが、本章でもそれを繰り返す。

第一の神話――ハマースはテロ組織

二〇〇六年総選挙におけるハマースの勝利で、イスラエル国内ではイスラム嫌悪症の波が起こった。それ以来、パレスチナ人を忌まわしい「アラブ」と悪魔化する蔑視に、新しく「狂信的ムスリム」というレッテルが加わった。このヘイトスピーチに並行してより攻撃的な反パレスチナ政策が実行され、すでに非人間的状況に追いやられていた占領地の人々の生活をいっそう悪化させた。

イスラエルには過去にもイスラム嫌悪症の波があった。第一回目は一九八〇年代後半、何人かのパレスチナ人労働者――一五万人のパレスチナ人コミュニティの中の四〇人――が、ユダヤ人雇用主と巻き添えの通行人をナイフで刺した事件に関与したことから生じた。このナイフ事件の後、イスラエルの学者、ジャーナリスト、政治家は、暴力的占領のことや占領地周辺で発展していた奴隷労働市場には一言も触れないで、ナイフで刺す行為をイスラム――宗教と文化――特有のものと解説し、イスラエル庶民の恐怖を煽った。(1)

二回目のイスラム嫌悪症の波は二〇〇〇年一〇月の第二次インティファーダのときに起こった。主にイスラム主義グループが武装蜂起――とりわけ自爆攻撃――を行ったものだから、イスラエル政治家やメディアによる「イスラム」悪魔化が容易で、民衆のイスラム嫌悪症は前よりも激しくなった。[2] 第三の波は二〇〇六年、ハマースがパレスチナ立法評議会（PNC）選挙に勝利したときに始まった。前二例と同じような特徴が見られたが、とりわけ顕著なのは、ムスリムと名がつくとすべて暴力、テロ、残虐行為と結びつける還元主義的思考であった。[3]

拙著『イスラエルという発想』(*The Idea of Israel*) でも書いたように、一九四八〜一九八二年にはパレスチナ人をナチスに喩える悪魔化が盛んだった。[4]〔訳註6〕現在、パレスチナ人を「ナチス化」するのと同じ手法が、イスラム一般、とりわけイスラム主義運動に適用されている。ハマースとその姉妹団体イスラム聖戦機構が武装闘争、ゲリラ活動、テロ活動を続けている間は、ずっとこの論法が続く。このイスラムを過激派とするレトリックのために、パレスチナにおける政治的イスラムの豊かな歴史と、ハマースが誕生以来実践してきた広範な社会福祉的・文化的活動が抹消されてしまった。

ハマースを無慈悲で異常な犯罪者集団として悪魔化するイメージがいかにこじつけであるかを証明する中立的立場の研究もある。[5] ハマース運動は、他の政治的イスラム運動と同じように、占領という苛酷な状況と、過去の世俗的・社会主義的パレスチナ諸党派が陥った方向感覚の喪失に反応した運動である。積極的に現実に即して研究をしていた人々は、イスラエル政府や米国政府や欧州諸国政府と違って、二〇〇六年選挙におけるハマース勝利を十分に予見していた。この選挙結果に胆を潰したのは、皮肉にも、学者やオリエンタリストであった。もちろん、イスラエルの政治家やイスラエルの知的世界のボスたちが仰天したのは言うまでもない。特にイスラエルのイスラム研究者が驚いたのは、ハマースが民主主義的に勝利したことであった。彼らの集団的理解では、狂信的ムスリムは民主主義とか大衆の意見尊重などとは無縁のものだったのだから。この専門家たちは以前にも同じような過ちを犯した。イランやアラブ世界に政治的イスラムが勃興したとき、彼らはまるで信じ難いことが眼前で展開しているかのように反応したのであった。

曲解とそれから生じる誤った予測や前提が、イスラエルのパレスチナ人に対する評価、とりわけパレスチナの政治的イスラムに対する評価を、長期にわたって特徴づけてきた。一九七六年、第一次ラビン政権は西岸地区とガザ回廊で地方選挙実施を許可した。ラビンたちは、どうせ西岸地区ではヨルダン政府と縁故関係にある有力者、ガザ回廊ではエジプト政府と関係が深い有力者が選ばれるものと思っていた。ところが、選ばれたのは圧倒的にPLOが擁立した候補者だった。イスラエルは驚いたが、本来驚くべきことではなかったのだ。難民キャンプだろうが占領地だろうが、パレスチナ社会に世俗的・社会主義的運動が成長するのをイスラエルが妨害すればするほど、それと正比例するようにPLOの影響力と人気が高まっていった。事実関係から見ると、その後ハマースが重要な現場のプレーヤーになれたのは、部分的には、イスラエルが世俗派ファタハ運動の対抗勢力になることを期待してガザでのイスラム教施設などの建設において、ハマースを援助したことに起因している。

二〇〇九年、ハマースが力を持ち始めた一九八〇年代後半にガザ回廊に勤務して占領地の宗教問題を担当していたアヴネル・コーエン〔訳註7〕は、「残念ながら、ハマースはイスラエルが作ったのだ」と、『ウォールストリート・ジャーナル』に語った(6)。彼は、アフマド・ヤースィーン師が一九七九年に設立した福祉施設アル＝ムジャーマ・アル＝イスラミーヤ（イスラム・センター）が政治運動になるようにイスラエルが援助し、その結果一九八七年にハマース運動が生まれた、と説明した。全身麻痺で車椅子生活をするほぼ盲目のヤースィーン師はイスラム教シャイフ（導師）であった。ハマース設立から二〇〇四年に暗殺されるまで、彼はハマースの精神的指導者であった。初期の頃、イスラエルは彼に援助を提供し、事業を拡大する許可を与えた。彼の社会福祉活動、教育活動、カリスマ性に注目し、彼の活動がガザ回廊ばかりでなくパレスチナ社会全体で世俗勢力ファタハの対抗勢力となることを期待して、彼を取り込もうとしたのだ。一九七〇年代後半、イスラエルは、米国と同じように、世俗主義的民族主義運動が西側にとって最悪の敵だと思っていたのだ。（現在、欧米もイスラエルも、世俗勢力の不在を嘆いている。）

自著『ハマースを知るために』（*To Know the Hamas*）で、イスラエル人ジャーナリストのシュロミー・エルダールは、イスラエルとヤースィーンの関係についておなじことを書いている(7)。「イスラム・センター」は、イスラエルの支援と祝福を受けて、一九七九年に大学を開設し、他に独自の学校制度や各種クラブやモスクのネットワークを設立した。二〇一四年に『ワシントン・ポスト』は、「イスラム・センター」が一九八八年にハマースへと変身するまではイスラエルと親密な関係にあったとする記事を載せた。(8) 一九九三年にハマースはオスロー合意に反対する重要勢力となった。当時はまだオスロー合意を歓迎する雰囲気があったので、ハマースは若干人気を落とした。しかし、イスラエルが合意内容をことごとく破り始めたので、ハマースに対する支持が再び上昇した。特にパレスチナ人が怒ったのは、イスラエルの入植活動強化と占領地の民間人への過度な暴力行使であった。

ハマースの人気はオスロー合意の可否に依存するだけではなかった。世俗派近代主義勢力が占領下の人々の日常生活の苛酷さを解決できなかったために、多くのムスリム（占領地の多数派を形成している）の目と心がハマースへ向いたこともある。このあたりの事情はアラブ世界における政治的イスラムの台頭と同じである。世俗派の政治と運動が民衆に雇用、福祉、経済的安定を提供できなかったために、多くの人々が宗教に回帰した。宗教が慰めになっただけではなく、宗教勢力が福祉事業や連帯ネットワークを提供したからだ。中東全域で、近代化と世俗化は少数エリートに利益をもたらしたが、大多数の人々を貧困、不幸、苦しみの中に置き去りにした。これは中東だけでなく、世界全体についても言える。そういうときに、宗教が万能薬──時には政治的選択の対象に見えるのである。

アラファート存命中にもハマースは大衆の支持を求めて奮闘していた。二〇〇四年のアラファートの死去によって、すぐには埋めることが困難な空白が生じた。後継者マフムード・アッバース（アブ・マゼン）〔訳註8〕には前任者のような正統性や民衆からの崇拝がなかった。

イスラエルと欧米がアラファートの正統性を傷つけ、一方でアッバースをパレスチナ大統領として受け入れたことが、かえってアッバースの人気を落とした。とりわけ未開発地や難民キャンプの若い世代の間で彼は人気がなかった。第二次インティファーダのときにイスラエルが導入した抑圧政策——特に分離壁、道路封鎖、ターゲット・キリング——のために、自治政府（ＰＡ）への支持が減少し、ハマースの人気と威信が高まった。〔訳註9〕従って、歴代イスラエル政権が全力を尽くして、占領——著名な米国人著作家マイケル・シェイボンが「私がこれまでの生涯で見た最も酷い不正」と形容した占領(9)——にぶれることなく抵抗する唯一のグループを信頼し支持する道へパレスチナ人を追いやったのだ、と結論付けて間違いないだろう。

ハマースの台頭に関して、イスラエルの体制内外のパレスチナ問題「専門家」たちが行った説明は、サミュエル・ハンティントンが歴史の動きに関する一解釈として提示した「文明の衝突」というネオコン的モデルの援用だけであった。ハンティントンは世界を合理的文化と不合理的文化に二分類し、この二つの衝突が必然的であると解説した。イスラエルのパレスチナ問題専門家たちは、パレスチナ人はハマースに投票することで自分たちが不合理文化の人間であること――彼らの宗教と文化から判断すれば必然的帰結である――を自ら証明した、と説明したのである。ベンヤミン・ネタニヤフはもっと露骨な言葉を使って、ユダヤ民族とアラブ民族の間には深い文化的・精神的溝があって両者を隔てていると言った[10]。

イスラエルとの交渉で注目されるようになったパレスチナ党派や指導者は、その当てが外れたので、他にどうすることもできない立場に追いやられた。そういう情況の中でイスラム武装グループがイスラエル軍をガザ回廊から追い出したのはパレスチナ人に元気を与える事件だった。しかし、それだけではなかった。すでにハマースは、学校教育、医療、福祉などを通じて民衆の苦しみを少しでも軽減する活動をしていたため、パレスチナ社会に深く根付いていた。さらに見逃せないのは、ハマースが一九四八年難民の帰還権を明確に支持・主張していることである。ハマースが帰還権をはっきり認めているのに対し、PA（自治政府）のメッセージは曖昧だった。たとえば、PA大統領アッバースが、彼個人としては故郷サファドへの帰還権を放棄すると演説の中で言ったことに示されるように。

第二の神話——イスラエルのガザ撤退は和平行為

ガザ回廊はパレスチナの地の中で二％程度の小さな土地である。ガザ回廊がニュースになるとき、この小ささに言及されることはほとんどないし、二〇一四年夏のイスラエルのガザ侵攻〔訳註10〕という歴史的事件に関する西側の報道の中でも、ガザが非常に小さな場所であることにはまったく触れられなかった。実際、ガザ回廊はあまりにも狭いので、これまで一度も独立地域として存在したことがなかった。パレスチナのシオニズム化が始まった一九四八年以前のガザの歴史は、パレスチナの一部としての歴史で、それ自体が独立政体を形成したことは一度もなかった。それは行政的にも政治的にもパレスチナであった。ガザはパレスチナの地方都市、世界に開かれたパレスチナの港町として、自由でコスモポリタン的な生活様式を発展させる傾向にあった。その点では近代の東地中海の沿岸都市と同じであった。エジプトからレバノンへ至る「ヴィア・マリス」（海の道）上に位置する港町ガザは、発展し安定していた——それが、一九四八年のパレスチナ民族浄化によって崩壊したのである。

ガザ回廊が作り出されたのは一九四八年戦争の末期であった。イスラエル軍が、ヤッファとその南地域からビール・サーバ（現在のベエルシェバ）に至るまでの地域から何十万人ものパレスチナ人を追い出して、そこへ閉じ込めたのが始まりである。他にも、一九五〇年に民族浄化の最終段階として、マジダル〔現在のアシュケロン〕からパレスチナ人が回廊へ追放された。こうして、パレスチナの小さなのどかな町がこの世で最大の難民キャンプになったのである。その状態が今日も続いている。この巨大な難民キャンプは、一九四八年から一九六七年の間に、イスラエルとエジプト両国によって境界が規定され、厳しい監視と制約を受けた。両国政府は回廊からの移動を許可しなかった。狭い土地の中で人口が倍増、生活条件がますます悪化した。一九六七年にイスラエルの占領が始まる直前の回廊は、強制された人口変化のため、破局が明白となっていた。かつてののんびりしたパレスチナの港町は、二〇年の間に、最も人口密度が高い地域となり、しかもその人口を支える経済的・職業的インフラもなかった。

占領開始後の二〇年間は、塀で囲まれたガザ回廊からの出入りがある程度許可されていた。数万人のパレスチナ人が、イスラエル国内の労働市場で安価な単純労働力として、〔日帰りで〕働くことが許されたのだ。〔訳註11〕それに対してイスラエルが求めた代価はパレスチナ人の完全降伏だった。その代価を支払わない者が出てきたので、イスラエルは労働許可を撤回した。一九九三年のオスロー合意に至る過程で、イスラエルは回廊を一つの飛び地（enclave）にしようとしたことがある。イスラエルの和平派はそれが自治区かエジプトの一部になることを望んだが、ユダヤ民族主義右翼陣営はあくまで自分たちが夢見る「エレツ・イスラエル」〔イスラエルの地〕の一部とすることを望んだ。

イスラエルは、オスロー合意成立で、回廊は西岸地区と離れた、地理的に別個な地域であると位置付けることができた。表向きは、ガザ回廊も西岸地区もPA統治下にあったが、両地域間の交通はイスラエルの善意にのみ依存していた。現実にはその善意が発揮されることは稀で、一九九六年にネタニヤフ政権になってからは、善意は消滅した。それに、今もそうだが、ガザ回廊の電気や水道はイスラエルからPAを通じて購入する仕組みであった。一九九三年以降、イスラエルはこの水道と電気の支配を利用して、一方ではユダヤ人入植者の生活の便を向上させ、他方ではパレスチナ人を脅迫し服従を迫った。この半世紀間、ガザのパレスチナ人は、人間生活が不可能なほど過密で不自由な空間の中で、被抑留者、捕虜、囚人のような生活を余儀なくされてきたのだ。

二〇〇六年以降のイスラエルとハマースの衝突は、このような歴史的文脈の中で見なければならない。その文脈で見ると、イスラエルの「テロとの戦争」とか「自衛のための戦争」という正当化の弁は否定されるべきだ。また、ハマースをアル＝カーイダの支部だとか、イスラム国ネットワークの一部だとか、中東支配を策謀するイランの手先だというイスラエルの主張も否定されるべきだ。ハマースのガザにおけるプレゼンスに好ましくない点があったとすれば、それは初期の二〇〇五～二〇〇七年頃に他のパレスチナ党派にとった行動であろう。特に大きなものはガザのファタハとの衝突で、これがはっきりした内戦にまで拡大したのは両派の責任である。衝突が起きたのは、二〇〇六年のPLC（パレスチナ立法評議会）選挙でハマースが勝利し、政府を組閣した後であった。ハマース党員がパレスチナ保安隊担当相に任命されたが、アッバース大統領がハマースの力を弱めるために彼を解任し、パレスチナ・シークレットサービスの長――ファタハ党員――を任命した。ハマースはガザで独自の保安隊を結成してそれに対抗した。

二〇〇六年一二月、ラファ・クロッシング〔ガザとエジプトの間の国境検問所〕でハマース保安隊と大統領警備隊が衝突し、それが両派の抗争に発展し二〇〇七年夏まで続いた。大統領警備隊は兵力三〇〇〇人のファタハ武装隊で、主としてアッバースに忠誠を誓った兵士から構成されていた。彼らはエジプトとヨルダンで米国の軍事顧問から訓練を受けた。（米政府はアッバース政権維持のため六〇〇〇万ドルの予算を組んだ。）〔訳註12〕衝突のきっかけは、ハマース内閣の首相に就任したイスマーイール・ハニーヤのガザ回廊入りをイスラエルが拒否したことであった――そのとき、彼はアラブ世界から集めた寄付金数千万ドルを所持していたと伝えられた。怒ったハマースは国境検問所を警備していた大統領警備隊を襲撃し、戦闘となった。(11)

以後事態は急速に悪化した。ハニーヤの車がガザ回廊に入ったとき、襲撃を受けた。ハマースはファタハの犯行だと非難し、ガザ回廊と西岸地区で両派の衝突が頻発した。ハニーヤが襲撃を受けた月にアッバースのPAはハマース内閣廃止を宣言、非常事態内閣を樹立した。このため両派の抗争はエスカレートし、二〇〇七年五月末まで続いた。数十人が死亡、多数の負傷者が出た（ある推算によると一二〇人が死んだとも言われる）。やっと抗争が終わったのはパレスチナ政府がラマッラーのＰＡとガザのハマース政府に二分裂したときだった。(12)

この殺戮劇の責任は両派にあったが、（二〇〇七年に『アル・ジャジーラ』にリークされた「パレスチナ文書」(Palestine Papers) によると）外部勢力がファタハをけしかけてハマース撲滅に走らせたという側面もある。すでに二〇〇四年にそれが始まっていた。イスラエル撤退後のガザがハマースの拠点にならないように先制的に阻止せよと、英国諜報機関ＭＩ６がファタハに働きかけていた。ＭＩ６は「対イスラエル強硬派 (rejectionists)（「文書」では後にこれが「ハマース」であるとされている）(13)の力を低下させ……ＰＡが安全保障の役割を果たせるように彼らを強化し激励する」という意味合いの安全保障計画を作成した。当時の英国首相はトニー・ブレアで、彼はパレスチナ問題に特別な関心を寄せていた。彼は無謀にもイラク侵攻に加わって評判を落としたため、〔訳註13〕その汚名をそそぐような功績を作りたかったのだ。『ガーディアン』はブレアのパレスチナとの関わりを、ハマースを壊滅するようにファタハを激励しただけ、と要約した。(14) イスラエルと米国も、ハマースのガザ回廊支配を防ぐために、同じような激励をファタハに行った。しかし、何か纏まりのない状態になっただけで、先制措置計画は種々の形で不測の結果をもたらした。

一つには、これは民主主義的選挙で選出された政治勢力と民衆の決定を受容しない政治勢力の間の争いであった。しかし、それだけではすべての説明にはならない。ガザで展開したのは、米国とイスラエルの代理人——主にファタハとPAの役人であり、その多くは意図せずに代理人の働きをしただけだが、それでもイスラエルの吹く笛で踊ったのは間違いない——と、それに反対する人々の間の戦いであった。ガザ回廊でハマースが他の党派に対して行ったことは、後に西岸地区でPAによるハマース弾圧という形で応酬された。どちらの行為も容認できないし、支持もできない。とはいえ、世俗派パレスチナ人が神政政治の創出に反対する気持ちは十分理解できる。中東の多くの地域と同じように、パレスチナでも宗教と伝統の社会的役割をめぐる争いは今後も続くであろう。今のところ、ハマースの人気は高く、世俗派パレスチナ人の多くもハマースが勇敢にイスラエル軍と戦っていることを、いろいろな意味で、称賛している。実は、それがイスラエルや欧米にとって大問題なのだ。彼らの公式見解では、ハマースは、和平を望んでガザ回廊を撤退したイスラエルに対して凶暴な暴力を仕掛けるテロ集団である。しかし、本当にイスラエルは和平のためにガザから撤退したのか？　答えは断然「否」である。

この問題をよりよく理解するためには、ハマース指導者で〔ヤースィーン師殺害後の後継者であった〕アブドゥル・アズィーズ・アッ＝ランティースィーが暗殺された後の、二〇〇四年四月一八日に遡る必要がある。その日、クネセト（議会）の外務・国防委員会の委員長でベンヤミン・ネタニヤフの懐刀であるユバール・シュタイニッツのラジオ・インタビューがあった。シュタイニッツは、政治家になる前、ハイファ大学で西洋哲学を教えていた。彼はデカルト哲学の影響を受けたと語っていたが、政治家としての彼を見ると、ヨーロッパ民族の卓越性を前提にして人種的純粋性を説いた［フランスの貴族主義者］アルテュール・ド・ゴビノーやヨハン・ゴットリープ・フィヒテらのような民族的ロマン主義者の影響を受けているように思えた。(15) インタビュアーがハマース以外のパレスチナ指導者に対する政府の方針を質問したとき、彼がヨーロッパ的人種優越論をイスラエル版に翻訳した思想の持主であることがたちまち明らかになった。インタビュアーとシュタイニッツは、全てのPAのメンバー――約四万人――は殺害するか追放するかしなければならないだろう、という点で意見が一致して、クックッと笑ったのだ。「私は満足だよ」とシュタイニッツが言った。「やっと米国が目覚めて、わが国の政策を完全に支持するようになったのだから。(16)」この同じ日に、ベン＝グリオン大学のベニー・モリスが、パレスチナ人民族浄化を支持する意見をまたもや述べ、それが最良の紛争解決方法だと主張した。(17)

以前は、良い意味では少数意見、悪い意味では狂信的と見做されていた過激な意見が、今やイスラエル・ユダヤ人のコンセンサスの中核となった。体制派学者がテレビのゴールデンタイムなどで、そういう意見を唯一の真実としてばら撒いたからである。二〇〇四年のイスラエルはパラノイア社会で、相手社会がどうなろうと、相手側の犠牲者がどれだけ出ようと、力の行使と破壊力で紛争に決着をつけると力んでいた。イスラエル社会の指導者は米国政府と西側の政治的指導者から頻繁に励まされた。米欧以外の良心的国家は為す術もなく、当惑して見ているだけであった。イスラエルは自動操縦で飛んでいる飛行機のようだった。飛行コースも飛行速度もあらかじめ設定されていた。目的は西岸地区の半分とガザ回廊の一部を含めた大イスラエル（歴史的パレスチナのほぼ九〇％になる）建設。大イスラエルにはパレスチナ人はいない。先住民パレスチナ人をガザと西岸地区の残余という二つの野外監獄に閉じ込め、周囲を高い塀で囲むのだ。イスラエル内のパレスチナ人はその監獄へ加わるか、それとも国内で差別と虐待に満ちたアパルトヘイト制度に甘んじるかのどちらかになる。

同じ年、つまり二〇〇四年、米国は和平へのロードマップを主導することを打ち出した。これはもともと二〇〇二年夏にブッシュ大統領が提起したばかげた発想で、オスロー合意よりも現実離れした内容だった。その内容は、パレスチナ人にある程度の経済的回復を図る計画を提供し、占領地の一部からイスラエル軍のプレゼンスを縮小し、そのまま三年間据え置き、その後に再びサミットを開いてなんとか紛争の最終的解決をしようとするものである。

西側メディアはロードマップとイスラエルの大イスラエル・ビジョン（小さなパレスチナ自治区も含む）とを同じもの――どちらも和平と地域安定への唯一の道――として扱った。このビジョンを実現する使命を担ったのが「カルテット」（別名は中東カルテット、または時にマドリード・カルテットと呼ばれることもある）であった。カルテットは二〇〇二年に立ち上げられ、国連、米国、ロシア、ＥＵの四者の協力でイスラエル・パレスチナ和平を導こうというものである。基本的に四者の外相から成る調整機関で、二〇〇七年にトニー・ブレアが中東特使に選ばれてから、急に活動的になった。ブレアはエルサレムで有名なアメリカン・コロニー・ホテルの新しく増築した翼全体を借り切ってカルテット本部にした。この高いカルテット本部運営費は、ブレアの高い給料と同様、結局何の成果も産み出さなかった。

カルテットのスポークスパーソンたちは、イスラエルの占領地からの撤退、入植地建設中止、二国解決に言及する和平ディスコースを用いた。その和平コースにまだ希望を抱く人々には期待感を与えたが、現実には、オスロー合意と同様、ロードマップも一方的な大イスラエル実現への驀進を許すだけのものであった。違いがあるとすれば、アリエル・シャロンがイスラエル首相であったことであろう。彼は、ラビン、ペレス、ネタニヤフよりもはるかに具体的目的を実践する意志の強い戦略家であった。彼は、誰もが予想しなかったサプライズ戦略を立案・実行した——ガザ回廊から入植地を引き揚げる決意を発表したのだ。二〇〇三年にこの提案を出し、関係閣僚に圧力をかけて同意させ、発表から三年後にそれを実行した。二〇〇五年には軍を送り込んで、嫌がる入植者を強制撤去させた。このシャロンの戦略の背後には何があったのか？

歴代イスラエル政府は、西岸地区についてははっきりしたヴィジョンをもっていたが、ガザ回廊をどうするかついてははっきりしたヴィジョンがなかった。(18) 西岸地区は、直接的及び間接的に、常にイスラエル統治下に置く方針であった。一九六七年以降の各政府は、シャロン政府も含めて、この方針を「和平プロセス」の一部に組み入れてきた。西岸地区の一部をパレスチナ国としてもよかった——もちろん、バンツースタンとしてだが。これは一九六七年からイーガル・アロンやモシェ・ダヤンが抱いていた年季が入った発想である。しかし、ガザ回廊となると、話は違った。初期労働党政権の、ガザ回廊の中心部へ入植者を送り込む政策に、かつてのシャロンは賛成していた。シナイ半島に入植地を建設する政策にも賛成していた。シナイ半島の入植地の方は、エジプトとの二国間和平協定の結果、全て引き揚げられたが。二十一世紀に入るとシャロンは、ガザを引き払って西岸地区確保に全力を注ごうという、一部のリクード党員や労働党員のプラグマティックな考えを受け入れるようになっていた。(19)〔訳註14〕

オスロー・プロセス以前には、イスラエルにとってガザ回廊のユダヤ人入植地は何ら問題でなかった。しかし、オスロー合意でPA（パレスチナ自治政府）という発想が生じてからは、ガザ入植地はイスラエルにとってプラス資産というよりマイナス資産となった。だから多くのイスラエルの政治家は、ガザ撤退という発想を抱かない者も含めて、ガザのことをあまり考えないようにしていた。オスロー合意が調印され、ガザ回廊を有刺鉄線で囲み、ガザの労働者のイスラエルや西岸地区への出入りを厳しく管理しなければならなくなったとき、ガザ回廊内のユダヤ人入植者の存在がやっかいな問題であることがはっきりした。この新しい事態のもとでは、ガザを外側から支配・管理する戦略の方が容易であったが、回廊内にユダヤ人入植者が存在するので、そういう支配方法が完全に可能というわけにはいかなかった。

一つの解決策は、回廊をイスラエルと直結するユダヤ人地区とパレスチナ人地区に二分することであった。しかし、この方法がうまく機能したのは第二次インティファーダが勃発するまでだった。入植地群とイスラエルを結ぶグッシュ・カティフ・ブロックと呼ばれる道路が容易にインティファーダの標的になり、ガザのユダヤ人入植者は襲撃に対し丸裸同然となった。この紛争におけるイスラエル軍の戦術はインティファーダ拠点を爆撃して破壊することであった。二〇〇二年四月の西岸地区ジェニンの難民キャンプ攻撃で罪のない民間人を大虐殺したことはよく知られている。しかし、この戦術は人口過密でユダヤ人入植者がパレスチナ人と隣り合って存在する狭いガザ回廊では使えなかった。だから、西岸地区で残忍な「防衛の盾」作戦を行ってから一年後に、シャロンが、ガザへの報復政策をやり易くするために、ユダヤ人入植者のガザからの引き揚げを考え出したのは、驚くべきことではなかった。しかし、二〇〇四年段階ではまだ閣僚たちへの説得が完了していなかったので、代わりに一連のハマース指導者暗殺を提案した。二人の大指導者、アブドゥル・アズィーズ・アッ＝ランティースィーとアフマド・ヤースィーン師（二〇〇四年三月一七日殺害）の暗殺でガザの未来が大きく変わることを期待したのだった。シャロンだけでなく、一般に慎重に物事を見る『ハアレツ』ですら、一連のハマース指導者暗殺の結果ハマースはガザ回廊で権力基盤を失い、パレスチナを支持するシリアでも微力な存在となるであろうと、予測した。それに、もしシリアがハマースを支援すれば、イスラエルはシリアも攻撃するだろう、とも書いた。さらに、『ハアレツ』は、一連のハマース指導者暗殺が米国の支援のもとで行われたことに感心した、と書いた（もっとも、後には、『ハアレツ』も米政府も、シャロンの暗殺作戦を支持したわけではないと釈明した）[20]。

これらの暗殺はハマースが二〇〇六年選挙に勝利し、ガザ回廊統治を実現する前の出来事であった。換言すると、イスラエルの暗殺作戦がハマースを弱めることはなかったのだ。それどころか、パレスチナ人の間でハマースの人気と影響力は高まった。シャロンが望んだのは、PAによるガザ統治の実現であり、ガザを西岸地区のA地区のように扱うことであったが、その目論見は実らなかった。それでシャロンはガザに対して次の二つの方法を使わざるを得なかったのだ。一つは、自国民である入植者を傷つけるリスクを冒さずに外側からハマースを攻撃できるように、入植者をガザから撤退させること。もう一つは、ガザを捨てて西岸地区あるいは西岸地区の大部分の併合に全力を注ぐことである。ガザ撤退が国際社会から評価されるように、シャロンは一芝居うった。彼が入植者を引き揚げると吹聴すると、うまい具合にグッシュ・エムニームがホロコーストだと言って騒ぎ、抵抗した。実際に物理的強制撤去の場面になると、テレビ向けのリアル・ショーをやってくれた。まるでイスラエルに内戦が起こったかのような騒ぎだった。入植者を支援する人々と、かつてはシャロンの政敵だったが現在は和平のためにシャロンのガザ入植地撤去政策を支持する左派の人々の間の内戦のような観を呈した。(21)〔この騒ぎは現場で一時的にあっただけで〕イスラエル国内では反対意見が弱まり、場合によっては完全に消え去った。シャロンは、ガザ撤退を実現したし、ガザでハマースの権勢が高まった以上、もはやオスロー合意のような和平理想を推し進める意味はないではないかと問題提起した。シャロン、そして二〇〇七年に彼が不治の病で倒れた後を引き継いだエフード・オルメルトも、当面は和平プロセスよりも現状維持を選択した。ガザのハマースを制圧する必要はあったが、西岸地区については解決を急ぐ必要はないと考えたのだ。オルメルトはこの方針を単独主義と呼んだ。近い将来にパレスチナ人と重要な交渉をすることはないので、西岸地区のどの部分をイスラエル領として併合するか、どの部分をPA自治区とするかは、イスラエルが単独で決定するというのである。カルテットとPAも、イスラエルのやり方を、公式にはともかく少なくとも現実として受容するであろうという意識が、イスラエルの政治家の間にはあった。実際、これまでそういう形で事が運んできたのであった。

強力な国際的圧力がなく、隣りのＰＡが無力なこともあって、ほとんどのイスラエル・ユダヤ人にとって西岸地区戦略は関心の高い問題でなかった。二〇〇五年から続いている選挙運動の中に見られたように、イスラエル・ユダヤ人社会が関心を寄せたのは、社会・経済問題、社会における宗教の役割、そしてハマースとヒズボッラーに対する戦争だった。最大野党の労働党は、連立政権に入りたい気持ちで揺れていた。事実、二〇〇五年以降連立政権に出たり入ったりした。西岸地区問題、あるいはパレスチナ問題の解決に関しては、イスラエル・ユダヤ人社会は一つのコンセンサスに達していたようであった。そのコンセンサスを固めたのがシャロン右翼政府によるガザ入植地撤去なのだ。リクードより左に位置すると思っている人々にとって、シャロンの行動は、勇敢に入植者と対決して和平への意志を表示する行為だった。ピエ・ノワール〔仏領アルジェリアにいたヨーロッパ系入植者〕をアルジェリアから引き揚げて和平を達成したドゴールと同じように、シャロンも、中道や穏健派右派ばかりか左派からも英雄扱いされた。この後、ガザ回廊のパレスチナ人の抵抗やＰＡのイスラエル政策批判が、パレスチナ側には和平交渉ができる健全で信頼できるパートナーがいないことを示す証拠だと解釈されるようになった。

『ハアレツ』の執筆者ギデオン・レヴィやアミラ・ハスのような勇気あるジャーナリスト、小さなシオニスト左派政党メレッツ内の二、三人の党員、いくつかの反シオニズム政党を除いて、イスラエルのユダヤ人社会は物を言わなくなり、二〇〇五年以降は、各政府にパレスチナ人に関して好きなようにしてよいという事実上の白紙委任状を与えたような状況になった。だから、たとえば、二〇一一年に政府の政策に反対する抗議行動に五〇万人もの人々が立ち上がった（七〇〇万人人口の中の五〇万人）ときも、デモのスローガンの中には占領や恐怖政治のような占領政策に反対する項目はなかった。〔訳註15〕このように政府の対パレスチナ人政策に関する国民的議論やそれへの批判が欠如している中で、シャロンは、首相在任最後の年である二〇〇五年に、非武装のパレスチナ人の殺害、外出禁止令、パレスチナ人集落の包囲、道路封鎖など様々な長期的弾圧方法を実行し、占領下のパレスチナ人社会をますます窮乏化させることができたのである。時々占領地のパレスチナ人の抵抗があると、イスラエル政府は当然の権利だとして、暴力と破壊意欲を倍増させて報復した。

　これまで歴代米国政権はイスラエルの対パレスチナ人政策を、それがどんな結果をもたらすか、それがパレスチナ人からどう見られているかに関わりなく、支持してきた。しかし、この支持には、和平交渉を行うこと、イスラエルもある程度譲歩を行うことという前提条件が付随していた。二〇〇〇年一〇月に第二次インティファーダが勃発した後、米政府の中にはイスラエルの非人道的なインティファーダの制圧方法に対して距離を取ろうとした政治家もいた。毎日パレスチナ人が死に、その大半が子どもたちであるという事実に、尻込みしたのだ。それに、集団懲罰、家屋破壊、裁判なしの逮捕・拘留というやり方に不快感を覚える米政治家もいた。しかし、結局、彼らはイスラエルのやり方に慣れていった。前述したイスラエル・ユダヤ人のコンセンサスが二〇〇二年四月の西岸地区攻撃——占領という凶悪な歴史の中でも類を見ない残忍な出来事——を赦してしまったときも、EUと米国は、自分たちが主張するロードマップが明確に禁じている一方的領土併合と入植地拡大を行ったことに、口先で異議を唱えただけであった。

二〇〇四年シャロンはガザ撤退の代償として西岸地区植民地化への支援を米英に求め、それを獲得した。シャロン計画はイスラエル国内では合意に基づく和平計画とみなされていたが、最初米国はそれを「非生産的」として否定した（米国以外の国際社会はもっと強い言葉でシャロン計画を非難した）しかし、イスラエルのパレスチナ政策と米英のイラクでの行動が酷似しているので、結局米国は態度を変えるだろうと、イスラエルは安心していた。実際そのとおりになった。注目すべきことは、米国政府がシャロンにゴーサインを与える前に最後の最後まで躊躇したことだ。二〇〇四年四月一三日、ベン＝グリオン空港の滑走路で奇妙な光景があった。予定時間を数時間過ぎているのに首相専用機が飛び立たなかったのだ。機内でシャロンが、自分のいわゆるガザ撤退計画を米国が承認・支持するという確約を得るまでは、ワシントンへ飛ばないと言って、離陸させなかったのだ。ブッシュ大統領自身はシャロンのガザ撤退を支持していた。

ただ、彼の補佐官たちは、シャロンが支持表明の一環として彼が作成した文書にブッシュの署名を要求していることが引っかかって、正式な支持を渋っていたのだ。その文書には、今後米国は和平プロセスを推進するようイスラエルに圧力をかけないこと、パレスチナ難民の帰還権を交渉議題から除外することを、米国が約束するという文言が入っていたからだ。シャロンは、ガザ撤退計画に関してイスラエル国民の全面的支持を得るために米国の公式な承認・支持が必要なのだと、補佐官たちを説得した。(22)〔訳註16〕

イスラエル政府の要求を米政府が受け入れるのに時間がかかったのは、以前では普通であった。今回はたった数時間で済んだ。シャロンが焦ったのには他の理由もあった。彼は汚職の容疑をかけられていて、やがて起訴され裁判になることがわかっていたので、それに備えて自分への国民の信頼を作り出したかったのだ。「汚職捜査が大規模になればなるほど、シャロンの撤退計画の規模も大きくなるであろう」と左派の国会議員ヨッシ・サリドが、シャロンの汚職容疑と彼がガザ撤退に熱心だったことの関連を語っている。(23) 米国はシャロンの計画を承認する決定を出すのにもっと時間をかけるべきであった。要するにシャロンの要求は、米国がパレスチナ問題に関して国際公約したことをすべて取り消すことであった。イスラエル軍をガザから撤退させ、ガザ回廊にあるわずかなユダヤ人入植地と西岸地区の二、三の小入植地を撤去する代わりに、西岸地区の大入植地群をイスラエル領として併合する計画を承認せよという要求であった。米国側もそれが複雑なジグソーパズルをイスラエルに有利な形で埋める一片であることを十分承知したうえで認めたのであった。彼は西岸地区の大部分の併合を、二〇〇三年から着手していた西岸地区のパレスチナ人居住地を分断する分離壁を完成させるだけで達成できると思っていた。しかし、彼はそれに対する国際社会の反発を予想していなかった――国際司法裁判所が分離壁建設を人権侵害と裁定したのであった。分離壁は今や占領の象徴となった。壁が重要な境界標識となるかどうかは、時間が経てばはっきりするであろう。(24)

シャロンが飛行機の中で待ちの姿勢に入った結果、米政府はシャロンの計画――西岸地区の大部分をイスラエルに併合し、パレスチナ難民をそのまま異郷に放置する計画――に許可を与えた。そして分離壁にも暗黙の承認を与えた。時の米大統領はシャロンにとって理想的であった。ジョージ・W・ブッシュはキリスト教シオニズムの影響を強く受けた人物で、たぶんユダヤ民族の聖地帰還がイエス・キリスト再降臨を招くという、キリスト教シオニズムの「最後の審判の日」のシナリオを、ある程度信じていたのかもしれない。ブッシュ大統領の世俗派ネオコン補佐官たちも、シャロンのガザ撤退という「和平」路線がハマースとの戦争を伴っていることに好印象を受けた。見たところ成功したイスラエルの対ハマース作戦――主として二〇〇四年のターゲット・キリング――が、米国の「テロとの戦争」は必ず勝利するという証拠を与えているように思えたのだ。本当のところは、イスラエルの「成功」は現実の歪曲にすぎなかった。パレスチナ人のゲリラ活動やテロ活動が比較的減少したのは確かだが、それは外出禁止令や村や町の封鎖で二〇〇万人以上の人々を、仕事も食料もない状態で長期的に身動きを取れないようにしたからであった。こんなやり方が、パレスチナであろうとイラクであろうと、占領軍が誘発する被占領地の民衆の敵意と抵抗を消滅させるものではないことを、米国のネオコンたちは理解できなかったのであろうか。

ブッシュのメディア担当顧問たちもシャロンの計画を支持した。それを和平への一歩前進として宣伝し、イラクで米軍が陥っている泥沼から世間の注意を逸らせる手段に使えると思ったからだ。物事をもう少し公平に見る顧問たちも、シャロンの計画を受け入れた。彼らは何らかの和平への前進を望んでいたので、シャロンの計画が和平とより良い未来へのきっかけになるものと、自らに言い聞かせたのだった。これらの顧問たちは、言葉が人を酔わせる効果とその言葉が本当に意図していることとの違いを識別する能力を、とっくの昔に失っていたのだろう。「撤退」という魔法の言葉が計画に入っているので、かなり冷静な判断ができる数少ない米国人ジャーナリストですら、シャロンの計画を基本的に良いことと見た。もちろん、イスラエル労働党の指導者（彼らは聖なるコンセンサスの名目でシャロン政権に入りたがっていた）も、左派政党メレツの新党首ヨッシ・ベイリンもそうだった。[25]

二〇〇四年が終わる頃には、もうシャロンは外国からの圧力を心配していなかった。米欧の政府はイスラエルに占領を止めさせることも、これ以上のパレスチナ人社会の破壊を止めさせることもできなかったし、その気もなくしていた。占領反対運動に参加するイスラエル人は、圧倒的な新コンセンサスに押されて、いっそう少数派となり、意気消沈した。その頃に、パレスチナ市民社会からイスラエルのボイコット、脱投資、制裁を呼びかけるＢＤＳ運動が発生し、〔訳註17〕世界の市民社会への呼びかけが行われた。米欧の市民社会は、自分たちもイスラエル・パレスチナ紛争で重要な役割を果たせる可能性があることに気づき、活気づいた。かなりの数の団体、労組、学生自治会、個々人がこの新しい社会運動に取り組み、シャロンの政策のような対パレスチナ破壊政策を敢行すると、大きな代償を支払うことになることを、全力をあげてイスラエル人に悟らせようとしたのである。

以来西側社会では、学術研究分野のボイコットから経済制裁にいたるまで、あらゆる手段が試みられた。この運動が伝えるメッセージは明瞭である——自分たちの政府はイスラエルと同じように、パレスチナ人の過去、現在、未来の破局に関して責任がある、というメッセージである。ＢＤＳ運動は、倫理的または歴史的理由だけにとどまらず、西側社会の安全と存続のためにも、シャロンの一方的戦略に対抗する新しい政策を採ることを自国政府に求めた。二〇〇一年の九・一一事件が痛々しい形で示したように、パレスチナ紛争の理解が間違っているために、西側社会の多文化構成が崩れていった。米国とムスリム世界の距離が遠ざかり、悪夢のような関係となった。そういう背景から、西洋社会の市民運動は、世界の平和、地域の安定のためには、パレスチナで和平が実現するようにイスラエルに圧力をかけることは、西洋社会にとって大した負担でないはずだ、と思ったのだ。

結論を言うと、イスラエルのガザ撤退は和平計画の一環ではなかった。イスラエルが和平の姿勢を示したのに恩知らずなパレスチナ人はハマースを選挙で選び、イスラエルにミサイルを撃ち込んだ、というのが公式談話である。だから、これ以上占領地パレスチナから撤退することは意味がないし、賢明なやり方ではない。イスラエルは自らを守る姿勢に徹すべきだ。「イスラエルをもう少しで内戦に追い込み」そうになった「トラウマ」を二度と繰り返すべきではない。これが教訓として、イスラエル社会のコンセンサスとなった。

第三の神話――ガザ戦争は自衛の戦争

私はノーム・チョムスキーとの共著『ガザに対する戦争』〔訳註18〕(*The War on Gaza*) を書いたが、二〇〇六年から始まったイスラエルのガザ回廊への攻撃で生じたことを表現するのに、果たして「戦争」という語が適切だったかどうか、疑問に思っている。実際、私は、二〇〇九年の

「キャスト・レッド」(鋳込まれた鉛)作戦以降、〔訳註19〕イスラエルの政策を漸次的ジェノサイドと呼ぶことにした。初めのうち私は、この言葉が論争を招きそうなので躊躇したが、現実に起きていることを正確に表現できる言葉を他に見つけることができなかった。他の人々ならともかく、著名な人権活動家から、この言葉に何か不安感を感じると聞かされたので、しばらくはその言葉の使用を考え直そうと思った。しかし、今では、これまで以上に強い確信で、それを使用するようになっている。二〇〇六年以降何度もイスラエル軍がガザ回廊で行ったことを的確に表現するのは、この言葉が一番であるからだ。

二〇〇六年一二月二八日、イスラエルの人権団体ベツェレムが占領地における虐待に関する年次報告を発表した。その年イスラエル軍は民間人六六〇人を殺害した。前年は約二〇〇人の殺害だったから、三倍増になる。六六〇人のうち一四一人が子どもで、犠牲者のほとんどがガザ回廊の住民であった。三〇〇戸近くの家屋破壊で、家族全員を破滅させた。二〇〇〇年を基点に累積すると、殺害されたパレスチナ人はほぼ四〇〇〇人、しかもその半数は子どもであった。負傷者は二万人を超えた。(26)

ベツェレムは慎重な団体であるから、実際の死傷者数はもっと多いかもしれない。しかし、問題は意図的殺害のエスカレートよりも、その背後にある戦略である。この一〇年間、イスラエルの政治家が見る西岸地区とガザ回廊の状況はまったく異なるものであった。西岸地区とイスラエルの境界線の設定はほぼ完成間近になっていた。国内のイデオロギー的紛争も収まり、西岸地区の半分を併合するマスタープランも順調に進行していた。最終段階が遅れているのは、ロードマップのもとでイスラエルが新入植地建設をしないと約束をしたためであった。しかし政治家たちはこの約束を迂回する方法を二つ考え出した。一つは、西岸地区の三分の一を大エルサレムの一部と再規定してイスラエル領に併合し、町や住宅地を建設する方法。もう一つは、新入植地建設をしなくてもすむように、既存の入植地を拡大する方法であった。

概して、入植地、軍基地、ユダヤ人専用道路、分離壁の存在のおかげで、イスラエルがその気になればいつでも西岸地区の半分を公式にイスラエル領として併合できる状態にあった。その地域内にはかなりの数のパレスチナ人が生活しているが、イスラエル政府はその数を徐々に減らすトランスファー政策を実行した。この漸次的トランスファーは執拗だが曖昧な形で進行しているため、西側メディアは面倒くさくなって掘り下げなくなっているし、人権団体も、捉えどころがないので全面的な批判ができない。イスラエルは急ぐ必要がないのだ——支配者という優位な立場にいるし、軍と占領行政の日常的虐待と非人間的処遇がパレスチナ人トランスファーの効果を発揮していると思っているから。〔訳註20〕

シャロンの戦略的思考は彼の閣僚たち、および後継者エフード・オルメルトによって受け入れられた。シャロンはリクードを脱党し、占領地に対する彼の政策へのコンセンサスを反映する中道政党カディマを創設した。[27] その一方でガザ回廊に関しては、シャロンも彼の後継者も、明確な戦略を提起できなかった。イスラエル人にとって、ガザ回廊は西岸地区とは異質な地政学的ブロックだった。ガザ回廊はハマースの手中にあり、ＰＡ（自治政府）はイスラエルと米国のお情けによって西岸地区の一部を統治しているように思えた。ガザ回廊にはイスラエルが欲しいと思う土地もないし、パレスチナ人を追放できるヨルダンのような内陸地帯もない。問題解決手段としての民族浄化はガザでは有効ではないのだ。

最初の戦略はゲットー化だったが、うまくいかなかった。包囲されたガザから手作りの原始的なロケット弾が飛んできた。住民の生への意志の表明である。イスラエルの懲罰的報復は、回を重ねるごとにエスカレートした。二〇〇五年九月一五日、イスラエル軍はガザを引き揚げると同時に西岸地区のトゥールカリムへ侵攻、特にハマースの同盟組織イスラム聖戦の活動家を主な標的として大規模な逮捕劇を展開し、一般民衆も何人か殺害した。イスラム聖戦が九発のロケット弾をイスラエルへ発射したからだったが、ロケット弾の被害者はゼロだった。この侵攻は「初雨作戦」（Operation "First Rain"）と呼ばれた。[28] この作戦の性格を少し説明した方がよいだろう。これは、包囲下にあるかまたは追放したコミュニティが反抗的になったとき、植民地主義政権、後にはそれを真似た独裁者が用いた懲罰方法である。イスラエルの場合、まずガザ上空に超音速ジェット戦闘機を旋回させて住民を威嚇し、続いて海、空、陸から広範な地域に爆撃・砲撃を行った。イスラエル軍のスポークスパーソンの説明では、これは当該地域の住民が武装集団の反抗やロケット弾発射を支援しないようにするための圧力だという。[29] しかし予測どおり、とりわけイスラエルの見込みどおり、この作戦はかえって武装戦士への民衆の支援を増大させ、次なるロケット弾発射を促進した。本当の狙いは実験であった。イスラエル軍の将軍たちは、この作戦が当該地域、中東全体、世界全体でどのように受け取られるかを見たかったのだ。国際社会からの非難が限定的だとわかると、将軍たちは実験結果に満足したのだった。

「初雨作戦」以降の各作戦も同じようなパターンであった。異なったのは凶暴性の増大だけ——より大きい火力、より多い死傷者、より多い巻き添え被害者、そして、予測どおり、より多いカッサーム・ロケット弾による〔ハマースの〕報復である。二〇〇六年以降は新次元の戦術が加わった。排斥と封鎖を通じてガザ回廊の人々の包囲をいっそう強めるという邪悪な戦術だ。二〇〇六年六月にイスラエル国防軍の兵士ギルアド・シャリートがハマース軍らの捕虜になったが、ハマースとイスラエルの力関係に変化はなかった。〔訳註21〕それでもそれはイスラエルの戦術、いわゆる懲罰作戦をエスカレートさせる機会となった。要するに、イスラエルは懲罰的攻撃を繰り返すだけで、それ以外にはつきりした対ガザ回廊戦略をもっていないのだ。

イスラエルは軍事行動にふざけた作戦名をつけた。「初雨作戦」の後、二〇〇六年六月に開始した懲罰作戦を「真夏の雨作戦」（Operation Summer Rain）と命名した。この作戦ではガザ回廊に地上軍を侵攻させるという新しい戦術が用いられた。その戦術のおかげで確実に住民を殺害でき、しかも住民殺害はイスラエルの政策によるものでなく、人口過密地帯での戦闘から派生するやむを得ない犠牲者であったと世界に向かって説明できた。夏が終わると、今度は「秋の雲作戦」（Operation Autumn Clouds）である。これはより効率的に民間人を殺すことができる作戦であった。二〇〇六年一一月、四八時間足らずで七〇人の民間人を殺害した。一一月末には死者数は二〇〇人に増加し、その半分は女性と子どもであった。〔訳註22〕この殺戮劇は、レバノンへの攻撃と並行して行われたため、国際的関心がレバノンへ向き、外国からの注目や批判を免れた。

「初雨作戦」から「秋の雲作戦」までの過程で、あらゆる次元で過激化があった。まず、「民間人」と「戦闘員」というターゲット区分が消えた。無分別・無差別殺人行為のため、住民全体が作戦の主要標的になった。第二に、イスラエル軍が備えているあらゆる種類の殺人マシーンが総動員された。第三に、死傷者が急増した。最後に、最も重要なことだが、これらの作戦は次第にガザ問題解決の戦略へと結晶していった。つまり、計画的な集団虐殺政策となったのである。しかし、ガザ回廊の人々の抵抗は続いた。イスラエルはいっそう集団虐殺作戦へと走る。けれども、現在はガザを再占領していない。

「夏の雨」「秋の雲」に続いて、二〇〇八年二月「熱い冬作戦」（Operation “Hot Winter”）が始まった。予想どおり、以前の攻撃以上の民間人死傷者が出た。空と海と陸からの爆撃・砲撃に加え、地上部隊の侵攻もあり、一〇〇人以上の民間人が死亡した。今度は、ほんの少しの間だったが、国際社会は注意を向けた。ＥＵと国連は「不相応に過剰な武力行使」で、国際法違反にあたるとして、イスラエルを非難した。米国は「喧嘩両成敗」的な非難をした。いずれにしても、国際社会の注意のおかげで休戦が成立した。この種の休戦は何度もあり、たいていイスラエルの攻撃で破られている。[30] ハマースの方は長期休戦を望んだ。休戦を宗教的言語で権威付けし、「タハディア」――アラビア語で「休止」の意味だが、思想的には「長い平穏」を意味した――と呼んだ。実際、ハマースはイスラエルへのロケット弾発射を止めるように各党派を説得した。イスラエル政府スポークスパーソンのマーク・レゲヴも個人としてはその事実を認めた。[31]

もしもイスラエルのガザ封鎖が本当に緩和されていたら、この休戦は確実に成功していたであろう。つまり、回廊内への物資流入や人間の出入りが可能になっていれば、もっと違った様相を呈しただろう。しかし、イスラエルは約束を守らなかった。それについては、イスラエル政府高官が、ガザ封鎖はガザの経済を「崩壊寸前」の状態に置き続けるためにやっているのだ、と率直に米政府高官に語っている。[32] 次に提示するカーター・センターが作成した図表が如実に示すように、封鎖が厳しい時ほどガザからのロケット弾発射が多く、封鎖が緩和された時は少

ガザへの物資流入——ガザからのロケット弾・迫撃砲発射

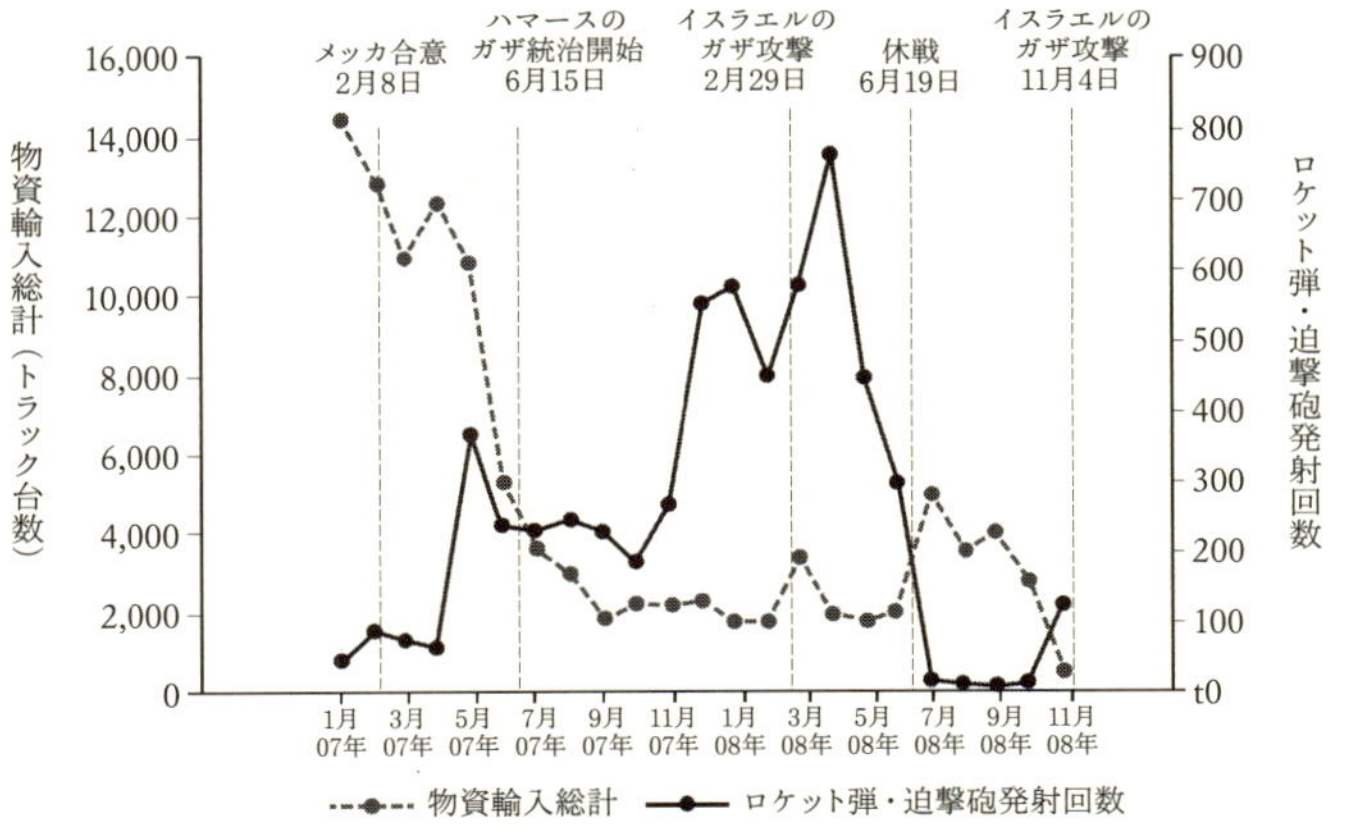

出典：The Carter Center, “Gaza Timeline Analysis: Movement and Fatalities”, 2009

ないという事実がある。

二〇〇八年一一月四日、イスラエルは、ハマースがトンネルを掘ったことを口実にして休戦を破棄した——またもやイスラエル兵を誘拐するためにトンネルを掘ったというのがイスラエルの主張。

確かにハマースはゲットー化された回廊からの出入口としてトンネルを掘っていた。生活物資の流通や人間の移動、そしてもちろんレジスタンス戦略の一環としてトンネルを利用した。しかし、ハマースが境界線近くにイスラエルの軍事基地があることを口実にして休戦を破棄することはなかった。トンネルを口実に休戦を反故にするのは、まさにそれと同じことではないか。ハマースは地下トンネル建設は生活防衛のためだと主張している。ハマースはイスラエル攻撃のために何かを準備するとそれを誇らしげに自慢し、隠すことをしないから、おそらく「生活防衛のため」というのは本当だろう。アイルランドのパレスチナ連帯グループ「サダカ」(Sadaka) は、イスラエル軍将校たちがトンネルに何ら脅威を感じていないことを示す証言を集めたレポートを出している。政府はハマースを攻撃する口実が欲しかっただけである。[33]

ハマースはイスラエルの攻撃に対抗して次々とロケット弾を発射したが、一人の死者も負傷者も出なかった。イスラエルは暫時攻撃を中止し、ハマースにイスラエルが提示する条件で休戦に応じよと要求した。ハマースが拒否すると、二〇〇八年末のあの悪名高い「キャスト・レッド」(鋳込まれた鉛) 作戦が始まった (作戦名が威嚇的なものに変化した)。この作戦における準備砲撃は前例にないほど激しいものだった──二〇〇三年のイラクへの絨毯爆撃を思い起こした人が多かった。主要な標的になったのは民間インフラで、何一つ爆撃を免除されたものはなかった──病院、学校、モスクなど、あらゆるものが破壊された。対抗してハマースは、以前には標的にしなかったイスラエルの町、たとえばベェルシェバやアシュドッドにロケット弾を撃ち込んだ。イスラエル民間人死傷者が何人か出た。しかし、死者一三人のうちほとんどはイスラエル軍の流れ弾や誤射によって生じたものだった。対照的にパレスチナ人の死者は一五〇〇人であった。[34]

この攻撃には新しい嫌な面が見られた。アラブ世界と国際社会の資金提供者が、どのみちイスラエルが破壊することになるインフラの再建に数十億ドルもの資金を投資すると約束したのだ。史上最悪の惨事ですら金儲けになる。

次のラウンドは二〇一二年の二作戦である。一つは「やまびこ作戦」(Operation "Returning Echo")で、小規模のものだった。もう一つは七月の「防衛の柱作戦」(Operation "Pillar of Defense")。この作戦のため、その年の夏のイスラエル社会で盛り上がっていた社会運動、政府の経済的・社会的政策の失敗のために当時の政府が崩壊する可能性があった若者たちの市民運動が終わってしまったのである。イスラエルの若者にとって、政府の失政を批判する運動よりは祖国を防衛するために南の戦場へ行く方が理解しやすかったのであろう。このように戦争を起こして内政批判の矛先をかわす方法は以前にも成功したが、このときも同じように成功した。

二〇一二年ハマースのロケット弾が初めてテルアビブに届いた——しかし、死傷者はゼロで、被害もほとんどなかった。一方、お馴染みのイスラエルの過重な報復で、子ども数十人を含む二〇〇人のパレスチナ人が死亡した。もう疲れ切ったEUと米国は二〇一二年攻撃を非難すらしなかった。それどころか彼らは「イスラエルの自衛権」を繰り返し口にした。だから、二年後にイスラエルが攻撃をエスカレートさせたのは当然であった。二〇一四年夏の「境界線防衛作戦」(Operation "Protective Edge")は二年かけて計画されたもので、西岸地区の入植者三人が誘拐・殺害された事件を口実として実行された。この作戦で二二〇〇人のパレスチナ人が殺害された。イスラエルの方も、ハマースのロケット弾がベン゠グリオン空港へ着弾したので、一時身をすくむ思いをした。

このときイスラエル軍は初めてガザ回廊内でパレスチナ・ゲリラと顔を突き合わせて戦い、六六人の兵士を失くした。長い間の残酷な封鎖への怒りに燃え滾り、背水の陣を敷いた決死のパレスチナ人とイスラエル軍の肉弾戦では、前者の方が優勢になるのは当たり前であった。いわば、主として外側から制御していた重警備刑務所の中に警官が入って直接囚人を制御しようとしたが、徹底的に飢えさせられ圧迫されてきた囚人たちの死に物狂いの抵抗に遭ったようなものである。勇猛なハマース戦士との衝突を経験したイスラエルが次にどのような〔過剰な〕作戦を採るか、考えただけでもおそろしい。

ガザでこのような酷いことが起きていても、同じときにシリア戦争とそこから生じる難民問題があったため、国際社会の関心と反応はそちらに向いて、ガザへ注意を向ける余地がなかった。その隙にガザの人々に対してさらに厳しい攻撃が準備されているようであった。国連は、このままの破壊ペースが続くと、二〇二〇年にはガザ回廊は人間が居住できない状態になると予測した。この恐ろしい破局をもたらすのは、イスラエル軍の攻撃だけでなく、国連が「脱開発」(de-development)——未開発状態へ戻るプロセス——と呼ぶ、封鎖などのイスラエルの政策である。

八年間に及ぶ経済封鎖に加えて、過去六年間三度にわたるイスラエルの軍事作戦のため、すでに衰弱していたガザのインフラが崩壊し、生産基盤が壊滅、再建や経済回復の余裕もなくなり、ガザのパレスチナ住民は貧困のどん底にある。経済は二〇年前の水準よりも劣化した状態である。(35)

エジプトで軍事クーデターが起きてから、ガザの死刑宣告の可能性が高まった。新エジプト政権は、イスラエル以外にガザを外の世界とつなぐエジプトへの出入口を閉鎖した。まったく閉鎖されたガザに対し、世界の市民社会は物資を送る救援船団を送って連帯の意を表した。そのうちの一つ、トルコからのマヴィ・マルマラ号をイスラエル空挺部隊が襲撃し、九人を殺害、それ以外の人々を逮捕した。〔訳註23〕マヴィ・マルマラ号以外の救援船団はこんなひどい扱いを受けなかった。しかし、国連が予測した二〇二〇年の運命は厳然としてある。このじわじわと全員が死へ向かうような苦しみを防ぐには善意の救援船団だけでは不十分であり、イスラエル人の頑なな非人道的姿勢の緩和が必要である。

註

（1）Ilan Pappe, "The Loner Desparado: Oppression, Nationalism and Islam in Occupied Palsetine," in Marco Demchiles（ed.）, *A Struggle to Defense a Nation*（forthcoming with Gorgias Press）.

（2）Pappe, *The Idea of Israel*, pp. 27-47.

（3）Ibid, pp. 153-78.

（4）ハマースに関する新しい見方が、Sara Roy, *Hamas and Civil Society in Gaza: Engaging the Islamist Social Sector*, Princeton: Princeton University Press, 2011で見られる。

（5）Yehuda Lukacs, *Israel, and the Peace Process*, Albany: Syracuse University Press, 1999, p. 141.

（6）Andrew Higgins, "How Israel Helped to Spawn Hamas," *Wall Street Journal*, January 24, 2009で引用されているもの。

（7）Shlomi Eldar, *To Know the Hamas*, Tel Aviv: Keter, 2012（Hebrew）.

（8）Ishaan Tharoor, "How Israel Helped to Create Hamas," *Washington Post*, July 30, 2014.

（9）Charbon in an interview with *Haaretz*, April 25, 2016.

（10）ある大学生がネタニヤフによる「文明の衝突」の利用を見事に分析している。Joshua R. Fattal, "Israel vs. Hamas: A Clash of Civilizations?" *The World Post*, August 22, 2014. at huffingtonpost.com参照。

（11）"Hamas Accuses Fatah over Attack," *Al Jazeera*, December 15, 2006.

（12）Ibrahim Razzaq, "Reporter's Family was Caught in the Gunfire," *Boston Globe*, May 17, 2007. これは当時の混乱を目撃した証言の1つである。

（13）"Palestine Papers: UK's MI6 'tried to weaken Hamas'," BBC News, January 25, 2011, at bbc.co.uk.

（14）Ian Black, "Palestine Papers Reveal MI6 Drew up Plan for Crackdown on Hamas," *Guardian*, January

25, 2011.
(15) 彼の思想的傾向は、Yuval Steinits, "How Palestinian Hate Prevents Peace," *New York Times*, October 15, 2013を見ればわかる。
(16) Rashet Bet, Israel Broadcast, April 18, 2004.
(17) Benny Morris, Channel One, April 18, 2004. Joel Beinin, "No More Tears: Benny Morris and the Road Back from Liberal Zionism," *MERIP*, 230 (Spring 2004) も参照。
(18) Pappe, "Revisiting 1967."
(19) Avi Shavit, "PM Aide: Gaza Plan Aims to Freeze the Peace Process," *Haaretz*, October 6, 2004.
(20) *Haaretz*, April 17, 2004.
(21) Pappe, "Revisiting 1967."
(22) この日の出来事を詳しく分析したものは、Ali Abunimah, "Why All the Fuss About the Bush-Sharon Meeting," *Electronic Intifada*, April 14, 2014.
(23) *Yediot Ahronoth*, April 22, 2014で引用されているもの。
(24) "Legal Consequences of the Construction of a Wall in the Occupied Palestinian Territory," on the ICJ website, icj-cij.org参照。
(25) ベイリンは最初撤退に反対していたが、二〇〇四年七月から賛成へ回った（二〇〇四年七月四日のテレビ『チャンネル・ワン』のインタビュー番組で公式に賛成を表明）。
(26) The fatalities statistics on B'Tselem's website, btselem.org参照
(27) Leslie Susser, "The Rise and Fall of the Kadima Party," *Jerusalem Post,* August 8, 2012.
(28) John Dugard, *Report of the Special Rapporteur on the Situation of the Human Rights in the Palestinian Territories Occupied by Israel since 1967*, UN Commission on Human Rights, Geneva, March 3, 2005.

(29) The analysis by Roni Sofer in *Ma'ariv*, September 27, 2005参照

(30) Anne Penketh, "US and Arab States Clash at the UN Security Council," *Independent*, March 3, 2008.

(31) David Morrison, "The Israel-Hamas Ceasefire," *Sadaka*, 2nd edition, March 2010, at web.archive.org.

(32) "WikiLeaks: Israel Aimed to Keep Gaza Economy on the Brink of Collapse," *Reuters*, January 5, 2011.

(33) Morrison, "The Israel-Hamas Ceasefire."

(34) The B'Tselem report "Fatalities during Operation Cast Lead," at btselem.org参照。

(35) "Gaza Could Become Uninhabitable in Less Than Five Years Due to Ongoing 'De-development'," UN News Centre, September 1, 2015, at un.org.

〔訳註1〕当初イスラエルはハマースが世俗勢力ＰＬＯへの対抗勢力になると期待して秘密裏に援助していた。かつて米国はアフガニスタンでソ連を排除するためにイスラム原理主義を利用したが、後にアルカイーダなど反米勢力になるというバックラッシュを受けたのと同じ力学が働いた。

〔訳註2〕「解放まで革命を」がファタハの合言葉であったが、一九七四年ファタハとＤＦＬＰがガザ・西岸地区にミニ国家を建設するという案を掲げ、それに反対する拒否戦線と内部分裂した。ＰＬＯの立法府であるパレスチナ民族評議会（ＰＮＣ）はミニ・パレスチナを暗示する——「ガザ・西岸地区に民族的権威を設立する」と表現——方針を採択した。この後アラファートの国連演説が実現し、ＰＬＯは世界各国に領事館代わりの事務所を開設した。日本でもＰＬＯ事務所開設を認めよと政府に要求する運動があり、成功した。

〔訳註3〕バルグーティはオスロー・プロセスを支持していたが、やがてそれに幻滅し、二〇〇〇年にはアル・アクサ殉教者旅団を立ち上げて指導者となった。「パレスチナのネルソン・マンデラ」という異名がある。服役中にヘブライ語をマスターし、看守にパレスチナの大義を説いているという。

現在も刑務所内でハンガーストライキなどの闘争を続けている。

〔訳註4〕二〇〇七年、ガザ衝突でハマースはファタハを制圧して政治体制を維持した。この衝突に際して、ウィキリークスによると、アッバースはイスラエルに対してファタハ制圧への協力を求めたという。また、これはガザのファタハ党員であるムハンマド・ダーランがファタハ保安隊を利用したクーデターだという説もある。いずれにせよ、ファタハ武装組織はガザから撤退した。なお、ダーランは二〇一一年にアラファート毒殺容疑でファタハを除名された。最近、ガザをハマースやPAから切り離して（つまりパレスチナから切り離して）ミニ国家とする「ダーラン・プラン」が、エジプト、イスラエル、アラブ首長国連邦の間で持ち上がっているようだ。

〔訳註5〕二〇〇四年にシャロンが計画したもの。撤退のおかげで検問所がなくなり、回廊内の移動は自由になった。しかし、制空権・制海権維持、出入管理維持、壁による封鎖、軍事的封鎖、経済的封鎖、食料や燃料や電気その他生活資源がイスラエル経済に組み込まれているので、事実上イスラエル支配が続き、占領責任を伴わない占領となっただけである。なお、引き揚げた入植者に対してはたっぷり補償金を与え、西岸地区へ再入植させた。

〔訳註6〕パレスチナ人のナチス化は現在でも学校教育の中で行われている。卒業と同時に徴兵される高校生はアウシュヴィッツに修学旅行へ行かされ、ホロコーストを学習する。イスラエル・ユダヤ人が虐殺されないのはイスラエル軍のおかげだと、軍国的愛国主義教育とパレスチナ人悪魔化教育が、ホロコーストを利用して行われるのだ。最近このようなホロコーストの利用に反発してアウシュヴィッツ修学旅行を中止した勇気ある校長がいる。なお、イスラエルのホロコースト観については、トム・セゲフ『七番目の百万人』（拙訳、ミネルヴァ書房）を参照されたい。

〔訳註7〕イスラエルの核開発を批判し、最近ではネタニヤフによるホロコーストの政治的利用を非難している学者のアヴネル・コーエンとは別人物。チュニジア生まれのユダヤ人で、ガザで二〇年以

上役人を務め、イスラエルのハマース支援政策に警告を発した。

〔訳註8〕「アブ・マゼン」は「マゼンの父」の意味で、このように子どもが生まれると名前を付け足す風習がある。「ウンム〜」は「〜の母」の意味。

〔訳註9〕アラファートが議長府で包囲・軟禁状態にあるとき、私はPAのPR担当者とラマッラーを歩いていた。そのとき、包囲するイスラエルの戦車に子どもたちが投石するインティファーダを目撃した。それに対してPAの役人は不快そうに舌打ちし、「こんなことをするからダメなんだ」と言ったので、私は驚いた。このとき初めてパレスチナの中にも体制派エリートと反体制的大衆の区別があることを経験した。それがアッバースのもとで大きくなったのである。

〔訳註10〕ハマースの統治以来イスラエルは断続的にガザを攻撃した。二〇〇六年、二〇〇八〜二〇〇九年、二〇一四年に大規模攻撃があったが、他にも空爆や狙撃は絶え間なく行われている。二〇一八年現在でも、ガザ民衆の「帰還大行進」という平和的デモに対し残酷な攻撃が続いている。

〔訳註11〕ガザとイスラエルの間の検問所エレッツ・クロッシングには、未明からイスラエルへ出稼ぎに行くパレスチナ人労働者の長蛇の列が見られた。夕方から夜遅くまでは反対方向の列が見られた。列の回廊は、まさにガザ回廊の象徴であった。

〔訳註12〕ハマースの選挙での勝利以来、米、イスラエル、EU、アラブ諸国はアッバース政権維持のために支援を行っている。戦争犯罪人の米軍のキース・デイトン将軍が西岸地区でファタハの武装隊を訓練したのは、公然の秘密である。

〔訳註13〕英国の独立調査委員会はブレア政権はイラクの脅威を過剰に表現し、外交手段を尽くさず、正当な根拠もなく、準備不足の英軍を現地に送り出し、戦後の計画も不十分だったと、調査結果を発表した。

〔訳註14〕「シャロンはプラグマティックな労働党の中で政治家修行を積んだのだし、シナイ半島のユ

ダヤ人入植地を撤退させた経験もある人物だった。事実、ある意味では、二〇〇一年〜三年のシャロンは一九八二年のシャロンではなかった。彼は、自分の政策に対して国内及び国外両方からの支持が必要で、あからさまな力の行使だけで長期的目標を実現できるものではないことを悟っていた」（バールフ・キマーリング『ポリティサイド――アリエル・シャロンの対パレスチナ人戦争』〔拙訳、柘植書房新社、二〇〇四年、一六七頁〕。いずれにせよ、パレスチナ人が一二〇万もいる狭いガザで入植者が七〇〇〇人ではユダヤ化は不可能であり、それを捨てる見返りに二五万人以上の入植者がいる西岸地区を手に入れ、彼の夢エレツ・イスラエルを実現したかったのであろう。

〔訳註15〕テルアビブだけで五〇万人、全国で六〇万人のデモと言われる。青年労働者が中心となり、政府の新自由主義政策（民営化、福祉・公的サービス切り捨て、低賃金、家賃高騰〔生活費の六割〕、格差増大）への抗議が行われた。皮肉なことに、アラブの春に影響を受けたデモだったが、アラブ人との連帯には発展しなかった。

〔訳註16〕他にアラファートの殺害または追放の承認も要求していたが、それは拒否されたと伝えられる。

〔訳註17〕二〇〇四年四月、「イスラエルに対する学問・文化ボイコットのためのパレスチナ・キャンペーン」（PACBI）が、オマル・バルグーティなどの呼びかけで発足、二〇〇五年に「ボイコット、投資撤退、制裁」を呼びかける集団的取り組みに発展した。二〇〇七年には世界中のBDS運動のためのパレスチナ人による運営母体として「BDS民族評議会」（BNC）が発足した。南アの反アパルトヘイト運動をモデルにした市民的非暴力運動である。最近日本のBDSがホンダの入植地でのモーターショーを止めさせた成果もある。

〔訳註18〕Gaza in Crisisが正しいタイトル。著者の記憶間違いであろう。Noam Chomsky & Ilan Pappe, *Gaza In Crisis: Reflections on Israel's war Against the Palestinians*, Haymarket Books, 2010.

〔訳註19〕二〇〇八年末から開始されたガザ攻撃で、「疑わしいものは何であれ攻撃せよ」との命令が下り、一般市民を含む一四〇〇人が死亡した。

〔訳註20〕一方パレスチナ人は、何度家屋を破壊されても、戻ってきてテント生活をするなど、絶対に家と土地から離れないという決意をしている。ナクバのとき避難したためにイスラエルにすべてを奪われたことを教訓として、「今度は絶対に離れない」と決意しているのである。

〔訳註21〕イスラエル国防軍監視施設を攻撃し、戦車に搭乗していたシャリート伍長を誘拐した。この兵士の身柄と引き換えにイスラエルが拘束しているパレスチナ人のうちすべての女性と一八歳以下の男性の釈放を要求したが、オルメルト首相は拒否し、地上部隊をガザに投入した。

〔訳註22〕イスラエル軍は、子どもの殺害は将来のテロリストを未然に防止するため、女性殺害は女性に扮した武装勢力がいるためと語ることが多いが、女性と子どもが人口増の中核なので、民族浄化、著者の言う「漸次的ジェノサイド」を狙った意識的な政策と言えよう。

〔訳註23〕トルコの民間団体が派遣したガザ救援船を、領海侵犯の名目でイスラエルが空から急襲した。イスラエルは、船上の人間が発砲したのでやむなく応戦しただけと、民間人殺害について反論したが、私は当時船上の人が発信した映像を見た。空挺部隊が武器を持たない市民活動家に連射を浴びせながら落下傘で船へと降下している映像が全世界に発信された。

第三部　未来の虚偽

第十章　二国解決案が唯一の道である

このお馴染みの神話は、たいてい、イスラエル・パレスチナ紛争は解決可能で、それも今すぐに実現できるかのように、前向きな声で伝えられる。しかし、イスラエルが西岸地区の大部分を植民地化している現実を見れば、この二国解決案は実現不可能なビジョンであることが容易にわかる。せいぜい、かつての南アフリカ共和国で見られたバンツースタンのようなパレスチナ国しか期待できない。そのような政治的お膳立てで作られる国は、まともな主権もなく、ばらばらな断片から成る非連続的領土で、自前の防衛力の所持も認められず、イスラエルの関与なしには存続もできない。あり得ないことだが、万一イスラエルが奇跡的に心変わりして、何らかの独立国家が西岸地区に樹立できる見込みが生まれたとしても、それが紛争の最終章になることはないだろう。一世紀半も続いてきた民族解放闘争が、民族郷土のたった二〇％を領土とする条件付きの自治統治で終息するとは考えられない。それに、これまでの二国解決案に関する合意や交わされた協定書の中には、合意や協定に誰が含まれ誰が含まれないかの定義はない。たとえば、西岸地区に住んでいる人々をパレスチナ人とするが、ガザ回廊に住んでいる人々はパレスチナ人でないと宣言することはできないだろう。しかし、二国解決案交渉の中で行われているのは、まさにそういうことである。ガザ回廊とエルサレム地域は交渉議題から外され、想定されるパレスチナ国に含まれないのである。

　前述のように、二国解決案は、円を四角形とするようなイスラエルの発明である。西岸地区を併合したいが、そこに住む人々は併合したくないことから生まれた、歪な発想である。西岸地区の一部を自治区にして疑似国家を認めてやる代わりに、パレスチナ人は、帰還、イスラエル内パレスチナ人のユダヤ人との平等な権利、聖地エルサレム、先祖代々の郷土で人間らしく生活するなどの期待を全て捨てよ、という発想である。

　この神話を批判すると反ユダヤ主義者というレッテルを貼られることが多い。しかし、多くの場合、逆の方が真である。この神話と新反ユダヤ主義の間には一つのつながりがある。二国解決案は、ユダヤ人問題の最良の解決法はユダヤ人が国家を持つことだという思想に立脚している。ユダヤ人は世界のどこでもなくパレスチナで暮らすべきという思想である。これは、反ユダヤ主義の発想と共通している。二国解決案は、間接的ではあるが、イスラエルとユダヤ教[訳註1]（Judaism）とは同じという前提に立っている。だからイスラエルは自らの行為をユダヤ教の名のもとで行い、その行為が国際社会から非難されると、その非難はイスラエルへ向けられたばかりでなくユダヤ教に向けられたものと主張する。英国労働党首のジェレミー・コービンは、ネタニヤフの政治をユダヤ教のせいにするのはイスラム国（ＩＳＩＳ）の野蛮な行動をイスラム教のせいにするのと同じだという、私にとっては当然と思える説明をしたために、〔イスラエルとＩＳＩＳを一緒にするなという〕多くの非難を浴びた。(1) コービンの説明は、ある種の人々の感性に合わないかもしれないが、まともな比較である。

二国解決案は、時おり遺体安置所から取り出されて、見栄えよく化粧を施されて、まるで生きているかのように提示される死体なのだ。生きていないことが発覚すると、再び遺体安置所へ戻される。将来何か変化が起きるとすれば、国連がパレスチナを正式な加盟国として認めたときであろう。しかし、その頃にはイスラエルはＣ地区（西岸地区の半分以上）併合を完了しているることだろう。そうすると、国連安保理の象徴的決定と西岸地区の現実との間の食い違いが大きすぎて、国際社会はどうしてよいかわからなくなるだろう。そういう状況になれば、考えられる最良のシナリオは、みなが振り出しへ戻り、紛争解決方法を基本原則から考え直すことである。

見せかけの解決案は、穏便な形か暴力的な形かのどちらかで、すぐに化けの皮が剝がれる。いずれの形にせよ、痛みを伴う。現在イスラエルが進めている西岸地区の植民地化とガザ封鎖は終わりそうにない。この事業は国際社会の承認によって完成するかもしれないが、イスラエルには国際社会の承認のあるなしにかかわらずそれを推し進める決意の政治家がかなりいる。いずれにしても、イスラエルは「解決」ビジョン——西岸地区の大部分の併合、残余の西岸地区をガザ回廊と同じようにゲットー化すること、自国内のパレスチナ系国民に一種のアパルトヘイト体制を課すること——を実現するためには、苛酷な暴力を使う必要がある。そのような現状では、二国解決案をどんなふうに語っても、まったく無意味であり、それは現実離れした古物にしか見えないであろう。

古代、死者は愛好した装飾品や所有物とともに埋葬された。二国解決案も同じような葬儀をされる。ともに埋葬される最も重要な装飾品は、「和平プロセス」、「中東唯一の民主主義国」、「平和を愛する国」、「対等・互恵」、「人道主義的難民問題解決法」など、幻想と欺瞞の語彙を含んだ辞書である。新しい辞書はすでに何年も前から作成途上にある。それは「シオニズム」を「殖民・植民地主義」、「イスラエル」を「アパルトヘイト国」、「ナクバ」を「民族浄化」と、事実に即して表現し直す辞書である。二国解決案に死亡宣告が下されれば、新しい辞書が広く用いられるようになるだろう(2)。

二国解決案の地図も死体といっしょに埋葬しよう。パレスチナを歴史的パレスチナの一〇分の一に縮小して、これが和平の地図だと提示する地図製作法も、願わくば消えてもらおう。しかし、新たな地図を作る必要はない。一九六七年以降、リベラル・シオニストの政治家、ジャーナリスト、学者の言説においては紛争の政治的地理が絶えず変形してきたが、現実の地理はまったく変わっていない。パレスチナは常にヨルダン川と地中海の間の地域であった。現在もそうである。パレスチナの運命の変化は地理の変化ではなく人口の変化である。十九世紀後半にパレスチナに上陸した入植運動の結果、今やパレスチナ人口の半分がユダヤ人入植者となり、彼らが残る半分の人口をレイシスト・イデオロギーとアパルトヘイト政策で支配するようになった。パレスチナに平和を実現することは、人口を入れ替えるとか地図の描き方を変えるという問題ではなく、レイシスト・イデオロギーとアパルトヘイト政策を除去することである。もしかしたら、今がそのチャンスかもしれない。

あの二〇一二年のイスラエル市民の対政府抗議運動に注目したい。二国解決案を葬り去ることによって、あの運動に欠如していたものと同時にあの運動が秘めていた可能性が明らかになるであろう。二〇一二年の夏、七週間にわたって多数の中産階級イスラエル・ユダヤ人が政府の経済・社会政策に抗議した。指導者とコーディネーターたちはできるだけたくさんの人々を参加させるために、異論を招きそうな占領、入植、アパルトヘイトの問題に触れなかった。政府が行う非情な資本主義的政策がすべての悪の根源だと主張した。ある次元では、的を射た主張であった。イスラエルの支配民族の一翼を構成する自分たちがパレスチナ人から収奪した戦利品を平等に享受できないことへの不満である。しかし、収奪したものの平等な分配が実現したからといって、パレスチナ人にとっては言うまでもなく、ユダヤ人にとってもまともな人間らしい生活が保障されるわけがない。そもそも収奪や搾取を廃止することが大切なのだ。そういう弱点があるものの、この運動は、社会経済的現実について政治家やメディアが伝えてきた言説に対する懐疑と不信を表明した。これは、一歩進んだら、政治家やメディアが長年「紛争」と「国家安全保障」に関して国民に刷り込んできた神話に関しても、その虚偽を見破る可能性を示すものだ。

二国解決案葬儀を契機に、我々ユダヤ人もパレスチナ人も、かつて存在した労働分配を追い求めるべきだ。パレスチナ人社会の方は代表問題〔ハマースとPAの統一か新たなパレスチナ人代表を創設するか〕を早急に解決する必要がある。世界の進歩的ユダヤ人はもっと積極的にBDS運動やパレスチナ連帯運動に関わる必要がある。パレスチナ人は〔PAの国家建設方針を乗り越え〕一国解決論を政治議題化し、それと同時に新しい辞書を採用すべきだ。至るところで収奪と追放が行われてきたので、至るところで復元と和解を求める運動を起こさなければならない。もしもユダヤ人とパレスチナ人が正しい民主主義的原則のもとで関係を再構築する方向へ進むようになれば、事実上死に体となっている二国解決案とパレスチナ分割という地理的論理は、もう不必要になる。さらにまた、入植でできあがったイスラエル国家（一九六七年以前）と西岸地区の入植地の区別も不必要になる。必要な区別は、入植者の地理的居住地による区別でなく、パレスチナ人との関係の再構築、イスラエル政治体制の変革、ユダヤ人とパレスチナ人の平等化を論じようとする人々と、それを望まない人々の間の区別である。

この点に関して、現在のイスラエルとパレスチナの人間的・政治的関係を詳しく観察すると、意外な現象が少し見られる。グリーンラインの内側ばかりでなく、それを越えて、ユダヤ人とパレスチナ人の対話を望む声がときどき表明されるようになってきたのである。〔訳註2〕イスラエル内では体制変革に関する議論、パレスチナ側では代表問題、そして世界的にはＢＤＳ運動が起きているが、これらはすべてパレスチナに正義と平和をもたらそうとする取り組みの本質的部分である。二国解決案を葬ることができれば、イスラエル・パレスチナの真の和平実現を妨げてきた大きな障害物が一つ取り除かれることになる。

註

（1）Daniel Clinton, "Jeremy Corbyn Appears to Compare Supporters of Israel with ISIS at Release of Anti-Semitism Report," *Jerusalem Post*, June 30, 2016.

（2）この辞書に関しては、Noam Chomsky and Ilan Pappe, *On Palestine*, London: Penguin, 2016を見よ。

〔訳註1〕judaismは「ユダヤ教」という意味のほか、ユダヤ主義、文化、慣習など「ユダヤ」的なものの総称として使われる。かつてはユダヤ教徒＝ユダヤ人でよかったが、現在は世俗派ユダヤ民族主義もあるから「ユダヤ」と「ユダヤ教」を同じとするわけにはいかない。ここでは、次にコービンの逸話への言及があるから「ユダヤ教」と訳出したが、著者は両義的にこの語を使用している。

〔訳註2〕二〇一八年、ガザで難民帰還を求める大規模な抗議運動、エルサレムで米大使館のエルサレム移転に抗議する大規模運動が展開され、イスラエル軍の殺人を伴う弾圧も展開されている。この抗議をかなりの数のイスラエル・ユダヤ人活動家が支援しており、毎日イスラエル軍の蛮行の映像をフェイスブックなどで世界に発信している。

結語　二十一世紀の殖民・植民地主義国家イスラエル

二〇一七年はイスラエルの西岸地区とガザ回廊占領より五〇年目にあたる。半世紀の長い期間続いてきたので、「占領」という言葉は何か不適切でもう不要な感じがする。二世代のパレスチナ人がそのような体制下で生活してきたのだ。彼らはその体制をまだ占領と呼んでいるが、彼らに途方もない苦難を強いるその体制は占領より打倒や変革が困難な別なもの――植民地化――となっている。本書の冒頭で書いたように、植民地主義という言葉を安易に現在に適用することには慎重になった方がよい――それは、基本的には過去の歴史に関する言葉であるから。それゆえ、現代イスラエルに言及するとき、研究者たちは、最近の研究成果を踏まえて、別の言葉――殖民・植民地主義――をよく使う。

植民地主義という言葉は、かつて先住民が王国を作って栄えていたところへヨーロッパ人が入り込んで、新たに「白い」国を作り出した行為を指す。ヨーロッパ人入植者は二つの論理を使って白い国を建設した。一つは排除の論理（the logic of elimination）――つまりあらゆる可能な手段、大量虐殺すらも用いて、先住民を除外することである。もう一つは非人間化の論理（the logic of dehumanization）――非ヨーロッパ人を劣等民族と見做し、従って入植者と同等の権利を認めるに値しないとする考え方である。南アフリカはこの双子の論理によって、ちょうどシオニスト運動が同じ論理でパレスチナ人民族浄化を行ったのと同じ一九四八年に、アパルトヘイト体制を作り上げた。

本書で私が明らかにしようとしたように、殖民・植民地主義の視点から見れば、西岸地区とガザ回廊の占領、オスロー合意、二〇〇五年のガザ撤退などの出来事はすべて、パレスチナの地をできるだけ多く吸収し、パレスチナ人をできるだけ少なく吸収しようというイスラエルの戦略の一部である。手段は時代状況によって変化し、目的はまだ実現されていない。これがイスラエル・パレスチナ紛争の火に油を注いでいるのだ。

このようにして、ヨーロッパ人の殖民・植民地主義の世界的展開で明らかになった排除の論理と非人間化の論理の恐ろしいつながりは、中東の独裁国家にも現れた。例は多くあるが、たとえばサッダーム・フセインのクルド族虐殺や、二〇一二年のシリアのアサド政権による懲罰的弾圧の中に冷酷な形で現れている。反アサド政権反乱諸グループもこの双子の論理を採用し、特に酷いのはイスラム国のジェノサイド政策であった。

このような中東地域の野蛮と野蛮の衝突を止めることができるのは、その地域で生活する人民だけである。しかし、国際市民社会の支援と連帯は必要だ。連帯と協力によって、中東地域をそう遠くない昔の姿、「自分も生き、他人も生かせよ」が生活指針としてあった時代に戻す努力がされなければならない。中東地域の人権問題を議論するとき、避けて通ることができないのが、一〇〇年間にわたって人権侵害が続いているパレスチナである。中東問題全体とパレスチナ問題とは不可分に結びついている。中東地域の一員というより西洋社会の一員と自認するイスラエル、イスラエル誕生前のシオニズム運動は、アラブ世界が人権意識が低いと西洋から批判されるのを嘲笑った。しかし、パレスチナの人権迫害を論じるとき、シオニズムのような殖民・植民地主義事業から必然的に生まれた状況の認識も含めて考える必要がある。今やユダヤ人入植者もパレスチナの内在的部分となっているからだ。彼らを追い出すことはできないし、またするべきではない。彼らも将来のパレスチナを構成する一部として扱うべきだが、彼らを現在パレスチナ人が収奪・抑圧されているのと同じ状態に置いてはならない。

二国解決案が上述した諸問題を解決してくれるものと錯覚して、我々は随分と長い時間を浪費した。しかし、その長い時間は、他民族の収奪の上に成立している国――たとえ文化が繁栄し、高水準のハイテク産業があり、強力な軍隊を持つ国であっても――は、その倫理的正当性がいつまでも問われ続けるだろうと、イスラエル・ユダヤ人と世界全体に訴えることに使われるべきだったのだ。その正当性の問題をイスラエルが一九六七年に占領した地域だけに限定するという現在進行中の問題設定は、問題の根本的解決を導くものではない。あり得ないことだが、もしイスラエルが西岸地区から撤退するようなことがあれば、それはそれでよいことであるが、結局二〇〇六年以降のガザ回廊政策のように、外から西岸地区を支配する間接的占領になる可能性が高い。それでは紛争の終結にはならず、紛争の形態が変わるだけである。

本当に紛争解決に努めるのならば、歴史の深層部も取り上げる必要がある。第二次世界大戦後文明世界が植民地主義を否定する時代背景の中で、西洋社会はシオニズムの植民地主義事業を許した。これは、ユダヤ国家の樹立を認めることが、ヨーロッパ、とりわけ西ドイツを、世界史上最悪の反ユダヤ主義の暴走を許した罪悪感から幾らか解放する手段となったからである。実際、「新しいドイツ」を最初に承認したのはイスラエルであった——見返りに多額の金銭を貰ったが。しかし、もっと重要なことは、パレスチナ全土をイスラエル国家にする白紙委任を得たことだ。シオニズムは自らを反ユダヤ主義の解決法としたが、実際には反ユダヤ主義から養分を吸い取る運動であったために、皮肉にも反ユダヤ主義の存続を必要とした。シオニズムと反ユダヤ主義キリスト教社会の「取引」はヨーロッパ社会の中心部に巣食うレイシズムと異民族嫌悪症を根絶するどころか、ヨーロッパ大陸にナチズムを、ヨーロッパ大陸の外に野蛮な植民地主義を生み出した。現在そのレイシズムと異民族嫌悪症はムスリムとイスラム教に矛先を向けている。レイシズムと異民族嫌悪症はイスラエル・パレスチナ問題と密接につながっている。イスラエル・パレスチナ問題の正しい解決こそがレイシズムと異民族嫌悪症の解消に資するであろう。

我々はホロコーストの歴史をもっと良い形で終わらせてもよいはずだ。それには、ドイツが豊かな多元主義文化国家としてヨーロッパに範を示すこと、米国社会が今なお災いの種になっている昔からの人種差別的犯罪に勇敢に立ち向かうこと、一部のアラブ世界が非人道的野蛮を絶滅することなどが必要であろう。

しかし、イスラエルが繰り出す神話を真実だと思う罠に嵌まり続けている限り、そういうことは起こり得ない。パレスチナは民なき地ではなかったし、ユダヤ人は国なき民ではなかった。パレスチナは植民地にされたのであって、ユダヤ民族のために「回復された」のではない。パレスチナ人は一九四八年に自発的に土地を捨てたのではなく、追い出されたのである。国連憲章の規定に依っても、被植民地の人々には、武器を使用してでも自らの解放のために闘う権利がある。その解放闘争の勝利とは、その地に住むすべての人々を包含する民主主義的な国を、人々自らが創造することである。本書で取り上げたイスラエルの十の神話から解き放たれて、事実に基づいてパレスチナの未来について議論することが、イスラエル・パレスチナに和平をもたらすのに資するばかりでなく、ヨーロッパがようやく第二次世界大戦の悪夢と植民地主義という暗黒時代に正しく幕を引くことにも、貢献するであろう。

年表

一八八一　ロシアでポグロムの波発生、一八八四年まで続く。シオニズム運動がヨーロッパで誕生。
一八八二　第一次アリヤー（一八八二〜一九〇四）パレスチナに最初のユダヤ人入植地リション・レジオン、ジフロン・ヤアコヴ、ロシュ・ピナが建設される。
一八九七　第一回シオニスト会議、バーゼル綱領採択。世界シオニスト会議設立。
一八九八　第二回シオニスト会議。
一八九九　第三回シオニスト会議。
一九〇一　ユダヤ民族基金（ＪＮＦ）設立。
一九〇四　第二次アリヤー（一九〇四〜一四）。
一九〇八　ユダヤ人パレスチナ事務所開設（一九二九年にユダヤ機関となる）。
一九〇九　最初のキブツがデガニアに建設される。テルアビブ建設。ハショメール設立。
一九一五
〜一六　フセイン・アリとヘンリー・マクマホンの間で書簡が交わされる。
一九一六　サイクス・ピコ条約。
一九一七　バルフォア宣言。英国のパレスチナ占領と軍政支配（一九二〇年まで続く）。
一九二〇　ハガナー設立。ヒスタドルート設立。国際連盟理事会サンレモ会議で英国のパレスチナ委任統治承諾。
一九二二　英国はヨルダン東岸にアミール・アブドゥッラーを首長とするトランスヨルダン首長国を認める。

一九二三　米国議会はバルフォア宣言を承認する。
英国パレスチナ委任統治とトランスヨルダンが国際連盟で認可され、さらにローザンヌ条約で認可された。
一九三一　シオニスト軍事組織イルグンがハガナーから分離独立。
一九三六　アラブの反乱勃発、一九三九年まで続く。
一九三七　ピール委員会（英国王立調査委員会）。
一九四〇　イルグンから「レヒ」（シュテルン団）分裂。パレスチナ人村ファイル化計画着手。
一九四六　アングロ／アメリカン調査委員会。
一九四七　英国はパレスチナ委任統治放棄を宣言、国連に委ねる。国連の特別委員会UNSCOPがパレスチナ分割案を提案、国連総会が可決（国連総会決議一八一号）。
一九四八　パレスチナ民族浄化：英国委任統治終了、イスラエル独立宣言、米ソが承認、イスラエルはパレスチナ人村の半分、一二のパレスチナ都市の一一を破壊して住民を追い出し、パレスチナ入りした近隣アラブ諸国軍と戦争。
一九四九　国連総会決議一九四号（パレスチナ難民の帰還を要請）。イスラエル、エジプト、ヨルダン、レバノン間で休戦協定。イスラエル内パレスチナ国民に対する軍政開始（一九六六年まで続く）。
一九五〇　アラブ諸国からのユダヤ人のイスラエル移民開始。
一九五六　イスラエルは英仏の反ナーセル戦争に参加、シナイ半島とガザ回廊を占領。カフル・カシム村虐殺事件。
一九五九　ワジ・サリブ暴動（ハイファのミズラヒームの反差別抗議行動）
一九六三　初代首相ベン＝グリオン辞任。
一九六七　六日戦争：イスラエルはシナイ半島、ガザ回廊、ゴラン高原、東エルサレム、西岸地区を占領。

一九七三　イスラエルに全占領地からの撤退を迫る国連安全保障理事会決議二四二号。西岸地区とガザ回廊における入植地建設計画開始。
一〇月戦争：イスラエルは奇襲に対応できず苦戦をしたが、ゴラン高原占領を保持、エジプト領一部を占領。
一九七四　国連安全保障理事会決議三三八号がパレスチナ人の民族自決権と独立国家樹立権を再確認。
一九七六　ガリラヤ地域のユダヤ化に端を発するイスラエル内パレスチナ人の土地の日抗議運動。
一九七七　メナヘム・ベギンのもとでリクードが総選挙に勝利、三〇年間の労働党統治が終焉。エジプトのアンワル・アッ＝サーダート大統領がエルサレム訪問、エジプト・イスラエル二国間会談が始まる。
一九七八　イスラエルとエジプトの講和条約。ＰＬＯがテルアビブを攻撃。イスラエルはリタニ作戦で報復、レバノン南部の一部を占領。
一九八一　イスラエルはゴラン高原を併合。
一九八二　シナイ半島をエジプトに返還。「ガリラヤの平和作戦」でＰＬＯせん滅を目指してレバノン侵攻。
一九八七　第一次インティファーダ勃発。
一九八九　ソ連邦崩壊で、東側圏からユダヤ人と非ユダヤ人が大量にイスラエルへ移民。
一九九一　第一次湾岸戦争。米国はパレスチナに関する国際会議をマドリードで開催。
一九九二　労働党政権復帰、イツハク・ラビンが再び首相となる。
一九九三　イスラエルとＰＬＯがホワイトハウスでオスロー合意に調印。
一九九四　パレスチナ自治政府（ＰＡ）が結成され、ＰＬＯ議長ヤーセル・アラファートがチュニジアから占領地へ移住、ＰＡ大統領となる。イスラエルとヨルダンが講和条約。
一九九五　オスロー合意二号（西岸地区とガザ回廊に関する暫定合意）が成立。イツハク・ラビン暗殺。

一九九六　リクード政権復帰、第一次ネタニヤフ政権発足。
一九九九　労働党のエフード・バラックが首相に選出される。
二〇〇〇　イスラエル軍南レバノンから撤退。第二次インティファーダ勃発。
二〇〇一　リクード党首アリエル・シャロンが首相に選出される。シャロンは後にリクードを出てカディマ（前進）党を結成、二〇〇五年選挙で勝利する。
二〇〇二　西岸地区の分離壁建設が承認され、二〇〇三年から建設が始まる。
二〇〇五　シャロン再選。BDS運動発足。イスラエルは軍基地と入植地をガザ回廊から引き揚げる。
二〇〇六　ハマースが第二回パレスチナ立法評議会（PLC）選挙で勝利。イスラエル、カルテット（米国、ロシア、国連、EU）、西側数か国、アラブ諸国はパレスチナ自治政府への援助を停止、経済制裁を課した。ガザ封鎖開始。第二次レバノン戦争。イスラエルのガザ攻撃。
二〇〇六　エフード・オルメルトが首相に選出された（オルメルトは二〇一六年二月に汚職と司法妨害の罪で一九か月の禁固刑）
二〇〇八　ガザ戦争：キャスト・レッド作戦。国連と人権団体がパレスチナ人死者は一四〇〇人以上、そのうち九二六人が非武装民間人であると発表。イスラエル側は民間人三人、兵士六人が死亡。
二〇〇九〜一三　第二次ネタニヤフ政権。
二〇一一　イスラエル国内経済改革を求める抗議運動（占拠運動）。
二〇一二　防衛の柱作戦。パレスチナ側のロケット砲でイスラエルの民間人四人と兵士二人が死亡。国連発表では、一七四人のパレスチナ人が死亡、そのうち一〇七人が民間人。
二〇一三〜一五　第三次ネタニヤフ政権。

二〇一四　境界線防衛作戦。推定によれば、二二二五～二三一〇人のガザ・パレスチナ人（民間人一四九二人、うち子ども五五一人、二九九人女性）が死亡、一〇八九五人が負傷（子どもの負傷者は三三七四人で、そのうち一〇〇〇人が回復不能の障害者となった）。六六人のイスラエル兵と五人のイスラエル民間人（子ども一人）と、タイの民間人一人が死亡。イスラエル側の負傷者は兵士四六九人、民間人二六一人であった。イスラエル軍によって全壊された家屋は一七〇〇〇戸、部分損壊は三〇〇〇〇戸。

二〇一五　第四次ネタニヤフ政権。

年表作成に関して友人のマルセロ・スヴィルスキー氏に感謝を表明する。

訳者あとがき

二〇一八年七月十九日、クネセト（イスラエル国会）は、イスラエルはユダヤ人のための民族郷土国家で、ユダヤ人だけが民族自決権を持ち、ヘブライ語を国語とするという「ユダヤ民族国家法－基本法」を成立させた。基本法とはイスラエル憲法にあたるもの。アパルトヘイト国家であることを法的に決定したのである。本書第七章でパペが分析した「イスラエルは民主主義国」という神話を、自ら捨てたのだ。この神話にもっともらしい体裁を与えていたのは「人間の尊厳と自由－基本法」（一九九二年）であるが、その法文は意図的にパレスチナ人マイノリティ国民を排除する内容であった。「この法律が保障する権利は、適正な目的に基づいて、必要とされる範囲を大幅に超えない限度で制定されるユダヤ人国家の価値観に相応しい法律がある場合を除いて、侵害されてはならない」（同法第八条）とあるが、その「ユダヤ国家の価値観に相応しい法律」を作ったのである。恐ろしいのは、このアナクロニズムに抗議した国民はイスラエル内パレスチナ人と一部の左翼活動家だけで、大きな国民的議論にならなかったことだ。

しかし、例えば親イスラエルの米国のリベラル（ユダヤ人も含む）はこれに反発している。親イスラエルといってよい民主党リベラルのイスラエル離れが最近加速し、ある世論調査によると、親イスラエル派と親パレスチナ派との比率が二年前と逆転し、前者三三％、後者四〇％となった。焦った親イスラエル・ロビーは教育に干渉し始めている。例えば親イスラエル・ロビー「ユダヤ人社会関連委員会」はバージニア州教育庁と大手教科書会社に、イスラエル社会と歴史の記述、特に軍事支配、土地強奪、アパルトヘイト、パレスチナ人虐殺や追放に関する記述の「改善」を求める圧力をかけている。ガザでの虐殺などイスラエルの野蛮な行動や政策がニュースを賑わしているので、親イスラエル派はかなり追い詰められ、焦り、歴史や教科書記述や地図の歪曲、行政や学生や知識人に対する恫喝や嫌がらせをやっている。やればやるほど彼らとイスラエルはますます孤立する。「事実を事実として語り、教えよう。不法入植地はあくまで不法入植地であり、軍事占領はあくまで軍事占領であるとはっきり言い、そのように子どもたちへ教えよう」と、教員たちを中心に市民的抗議が強まっている。

イスラエルは、パレスチナ人弾圧の中で開発した技術や武器を商品として、民衆を抑圧する外国政府に接近している。ミャンマー軍がロヒンギャ虐殺に使った武器はイスラエル製である。オリンピック警備の名目で日本の安倍政権にも接近し、最近川崎市でイスラエル製武器や警備技術の展示会を開いた。それに対して市民たちが抗議した。オリンピック警備を名目にして市民運動や反政府運動を弾圧する姿勢と死の商人イスラエルを批判する運動だ。この運動には韓国からも支援のメッセージが届いた。政府と民衆とは違うのだ。

パレスチナ問題は根本的にはイスラエル問題で、イスラエルの社会変革なくしてパレスチナ問題の解決はあり得ない。その意味で、イスラエルとシオニズムを歴史的に分析し、その虚偽プロパガンダを分かり易く説明した本書は、パレスチナ問題に関する絶好の入門書であり、さらに、これまで知らなかった史実や深い洞察を提供してくれているので、活動家は言うまでもなく、イスラエル国民が是非読むべき本だろう。

反ユダヤ主義の一形態であるキリスト教シオニズムとシオニズムの結び付きは、現在では米国の福音派キリスト教原理主義とイスラエル政権との結びつきに具象化しており、ジョン・アダムズ大統領の「私はユダヤ人がヘロデ王国があったユダヤの地に再び独立国家を作ることを望む」(本書三二頁)という発言は、現在のトランプ大統領によるエルサレムのイスラエル首都認定と米大使館のエルサレム移転に具象化している。

パペは、宗教的にせよ、世俗的にせよ、ユダヤ人嫌悪(judeophobia)とシオニズムの奇妙な重なりを指摘し、それがある意味で持ちつ持たれつの関係にあることを看破している。ユダヤ人を追い出したいユダヤ人嫌悪と、ユダヤ人社会を異教徒社会と切り離したい(この場合パレスチナへの殖民)シオニズムとが、精神的・イデオロギー的に奇妙に一致する。

現在もこれは、イスラエル批判者を「ユダヤ人差別者」として非難攻撃する形で使われている。英国労働党のコービンへの執拗な攻撃にそれが典型的に見られる。シオニズムと反ユダヤ主義が重なり合う点があるため、シオニストは、重要な局面では、反ユダヤ主義がポグロムや集団殺戮の形をとっているときでさえ、それと争うよりは協力する道を選択したこともあった。(これに関しては、Ben Hecht, *Perfidy*, 1962 や Lenni Brenner, *Zionism in the Age of the Dictators: A Reappraisal*, 1983 を参照されたい。)特にナチ政権との黒い癒着関係は、ハアヴァラ協定とかカストナー事件の暴露という形で、今もイスラエル社会で燻っている。

この点では、本書にホロコースト神話の一章が追加されたらよいのにと、私は思った。ノーマン・フィンケルスタインが自著『ホロコースト産業』で同胞ユダヤ人の苦しみを「売り物」にするシオニストや米国イスラエル・ロビーのことを描いているが、そういう政治的・経済的利用ばかりでなく、シオニストは意識的にホロコースト・アイデンティティを育成し、国民統合に利用した。ホロコーストを「人道に対する犯罪」というより「ユダヤ人に対する犯罪」と狭義に規定して、アイデンティティを強化し、外敵(パレスチナ人、アラブ人、最近ではイラン)に対する恐怖と不安を国民に植え付けているのだ。トム・セゲフは「ホロコーストは、イスラエル社会のより広い層、例えばユダヤ教正統派、アラブ世界からの移民ユダヤ人、さらにイスラエル内パレスチナ人などを含む様々なアイデンティティ集団の中でも、大きな意味を持つようになった」と書いている（『七番目の百万人』日本語版へのメッセージ）。聖書に記述されているアマレク族と同じように、パレスチナ人もアラブ人もイラン人も「生存の危機を脅かす」外敵であり、それからユダヤ人を守っているのはイスラエル国とその軍隊だという神話が教育やメディアを通じて流れ、軍国主義が推し進められている。

ホロコースト・アイデンティティは悪いことではないし、迫害を経験したヨーロッパ系ユダヤ人がそれを民族的アイデンティティにするのは当然の権利であろう。しかし、アラブ、アフリカ、アジア系のユダヤ人をむりやり「ホロコーストの犠牲者」に引きずり込み、そのうえ彼らの本来のアイデンティティである文化や言語や慣習を禁止して、ヨーロッパ起源のシオニズム思想に同化させるのは、やはり神話である。イスラエル内パレスチナ人国民は学校で「ナクバ」の学習を禁じられている。アラブ・アフリカ世界のユダヤ人（セファルディム）については、エラ・ハビーバ・ショハトが「フランス植民地下セネガルやベトナムの子どもたちが『先祖のガリア人は青い目と金髪だった』と勉強したように、セファルディの子どもたちは『先祖はポーランドやロシアのユダヤ人村（シュテットル）の住人』だという歴史的記憶を叩きこまれ、未開地に前哨基地のような開拓地を建設したシオニスト建国の父への誇りを刷り込まれる。ユダヤ史は基本的にヨーロッパ史とされ、オリエンタル＝『他者』という当惑させられる事実をそっと隠すために、セファルディムに関する史的資料を闇の奥へしまい込み、セファルディムはヨーロッパ・ユダヤ人＝『我々』の下位部門に組み入れられるのである。」と書いている。（Ella Habiba Shohat, "Sephardim in Israel: Zionism from the Standpoint of its Jewish Victims", Social Text, 1988）

ホロコースト・アイデンティティやショハトの議論から見えてくるのは、二国解決案の欺瞞である。パレスチナ・イスラエル問題は、端的に表現すればヨーロッパの外にヨーロッパを作った米国やオーストラリアと同じ殖民・植民地主義で、新基本法が規定するように「民族自決権があるのはユダヤ人だけ」なので、先住民は二級国民として同化させるか、追放する対象にすぎない。従ってパレスチナ問題は軍事占領の問題ではなく、植民地主義の問題である。軍事占領を問題にすればパレスチナ問題の発生は一九六七年となり、あるいは一九六七年戦争を一九四七年の民族浄化の仕上げと見れば、一九四七年になるが、パペは一八八二年の第一次移民の波から現在のベドウィン追い出しの波まで脈々と続いている民族浄化と見ている。そういう視点から見ると、問題解決は民族浄化という犯罪を行う社会を変革することからしか始まらない。パペが二〇〇七年十一月二十九日に「一国解決案宣言」に署名したのは、そういう社会変革を念頭に置いてのことだったのであろう。一国解決案はイスラエルの社会変革ばかりでなく、パレスチナ人にも途方もなく大きな心を要求する倫理革命にもなる。

最後になったが、文中のアラビア語やヘブライ語の固有名詞のカタカナ表記に関しては、広島市立大学の田浪亜央江氏、校正に関しては、前の『イスラエル内パレスチナ人』翻訳出版のときと同様、法政大学出版局の高橋浩貴氏にお世話になった。心から感謝を申し上げる。もちろん、訳文、訳註に関する責任はすべて訳者にあることは言うまでもない。

二〇一八年十月　脇浜義明

索　引

ア行

カ行

サ行

タ行

ナ行

ハ行

マ行

ヤ行

ラ行・ワ行

A-Z

サピエンティア　55
イスラエルに関する十の神話

2018年11月22日　初版第1刷発行
2024年11月15日　　　第2刷発行

著　者　イラン・パペ
訳　者　脇浜義明
発行所　一般財団法人　法政大学出版局
〒102-0071 東京都千代田区富士見2-17-1
電話03(5214)5540　振替00160-6-95814
組版：HUP　印刷：日経印刷　製本：積信堂
装幀：奥定泰之

Printed in Japan
ISBN978-4-588-60355-6

著　者

イラン・パペ（Ilan Pappe）
1954年、イスラエル・ハイファ市生まれのユダヤ系イスラエル市民。ハイファ大学講師を経て、英イギリス・エクセター大学教授、同大学パレスチナ研究所所長。パレスチナ・イスラエル史研究。1984年に "Britain and the Arab-Israeli Conflict, 1948–51" で博士号を取得。著書に、*The Making of the Arab-Israeli Conflict, 1947–1951*（I.B. Tauris, 1992）; *A History of Modern Palestine*（Cambridege University Press, 2004）; *The Rise and Fall of a Palestinian Dynasty*（University of California Press, 2010）; *The Forgotten Palestinians*（Yale University Press, 2011）; *Israel*（Routledge, 2018）などがある。日本語訳に『パレスチナの民族浄化』（田浪亜央江、早尾貴紀訳、法政大学出版局、2017年）、日本での講演録に『イラン・パペ、パレスチナを語る』（ミーダーン〈パレスチナ・対話のための広場〉訳、柘植書房新社、2008年）がある。

訳　者

脇浜義明（わきはま・よしあき）
1941年生まれ。1973年、神戸大学大学院文学研究科修士課程修了。著書に、『ボクシングに賭ける』（岩波書店、1996年）、『教育困難校の可能性』（岩波書店、1999年）、編訳書に、『アメリカの差別問題』（明石書店、1995年）、訳書に、マン『GM帝国への挑戦』（第三書館、1993年）、セゲフ『エルヴィス・イン・エルサレム』（ミネルヴァ書房、2004年）、同『七番目の百万人』（ミネルヴァ書房、2013年）、キマーリング『ポリティサイド』（柘植書房新社、2004年）、ワイズ『アメリカ人種問題のジレンマ』（明石書店、2011年）、ワルシャウスキー『国境にて』（柘植書房新社、2014年）、ホワイト『イスラエル内パレスチナ人』（法政大学出版局、2018年）がある。